U0513296

中国社会科学院创新工程学术出版资助项目

中国城乡发展一体化指数（2018）

以全面建成小康社会为目标

Index of Urban-rural Development Integration in China (2018)

To Build a Moderately Prosperous Society in an All-round Way

朱　钢　张海鹏　陈　方　著

社会科学文献出版社
SOCIAL SCIENCES ACADEMIC PRESS (CHINA)

目　录

第一章 中国城乡发展一体化指数指标体系

2014 年出版的《中国城乡发展一体化指数——2006～2012 年各地区排序与进展》对中国城乡发展一体化指数构建理论与概念框架、指数编制基本原则进行了详细论述，[①]《中国城乡发展一体化指数（2014）——以全面建成小康社会为目标》则对以全面建成小康社会为目标的中国城乡发展一体化指数的指标选取原则、指标体系、指标解释、目标值设置依据与设置、目标值解释、测算方法等进行了详细描述，[②]《中国城乡发展一体化指数（2017）——以全面建成小康社会为目标》对“土地相对利用率”衡量指标、“农村安全饮用水”具体指标以及目标值进行了调整，[③] 本书将只保留指标体系和目标值设置，其他内容不再重复。

一 指标体系

以全面建成小康社会为目标的中国城乡发展一体化指数指标体系包括 4 个

① 朱钢、张军、王小映、张海鹏、陈方：《中国城乡发展一体化指数——2006～2012 年各地区排序与进展》，社会科学文献出版社，2014。

② 朱钢、张海鹏、陈方：《中国城乡发展一体化指数（2014）——以全面建成小康社会为目标》，社会科学文献出版社，2016。

③ 朱钢、张海鹏、陈方：《中国城乡发展一体化指数（2017）——以全面建成小康社会为目标》，社会科学文献出版社，2017。

方面，每一个方面构成一个中国城乡发展一体化指数一级指标，这4个一级指标分别是：经济发展一体化、社会发展一体化、生活水平一体化和生态环境一体化。

每个一级指标由若干个二级指标构成，每个二级指标下再由若干个三级指标构成，每个三级指标由1~2个具体指标衡量。本书构建的中国城乡发展一体化指数指标体系包括4个一级指标、12个二级指标、24个三级指标以及31个具体指标（见表1-1）。

表1-1　中国城乡发展一体化指数指标

一级指标	二级指标	三级指标	具体指标	单位
经济发展一体化	经济发展	GDP水平	人均GDP	元
		城镇化率	人口城镇化率	%
	产业协调	城乡二元经济	二元对比系数	
		农业发展	第一产业劳动生产率	万元/人
			农业综合机械化率	%
	要素配置	劳动力配置	非农产业劳动力比重	%
		资金配置	农业贷款相对强度	
			财政支农相对程度	
		土地配置	土地相对利用率	亿元/平方公里
社会发展一体化	教育均衡发展	农村教育人力资源水平与城乡差异	农村义务教育教师平均受教育年限	年
			城乡义务教育教师平均受教育年限比(农村/城市)	
		农村人力资源水平与城乡差异	农村人口平均受教育年限	年
			城乡人口平均受教育年限比(农村/城市)	
	卫生均衡发展	农村妇女健康和保健水平	农村孕产妇死亡率(县级孕产妇死亡率)	1/10万
		农村医疗卫生人力资源水平与城乡差异	农村每千人口卫生技术人员	人
			城乡每千人口卫生技术人员比(城市/农村)	
	文化均衡发展	文化传播可及性	开展互联网业务的行政村比重	%
			农村宽带入户率	%
	社会保障均衡发展	城乡基本医疗保障差异	城乡居民基本医疗保障水平比(城市/农村)	
		城乡最低生活保障差异	城乡居民最低生活保障标准比(城市/农村)	

续表

一级指标	二级指标	三级指标	具体指标	单位
生活水平一体化	收入消费水平	农村居民收入与城乡差距	农民人均可支配收入	元
			城乡居民收入比(城市/农村)	
		城乡居民消费差距	城乡居民生活消费支出比(城市/农村)	
	居住卫生条件	农村安全饮用水	村庄集中供水普及率	%
		农村卫生厕所	农村无害化卫生厕所普及率	%
生态环境一体化	水资源利用	农业用水效率	农田灌溉水有效利用系数	
	污染物排放	化学需氧量排放强度	亿元 GDP 化学需氧量排放量	吨
		二氧化硫排放强度	亿元 GDP 二氧化硫排放量	吨
	环境卫生治理	城市生活垃圾处理	城市生活垃圾无害化处理率	%
		农村生活垃圾处理	对生活垃圾进行处理的行政村比例	%
		农村生活污水处理	对生活污水进行处理的行政村比例	%

二　目标值设置

按照目标值设置的依据,[①] 确定 2020 年全面建成小康社会下中国城乡发展一体化各个具体指标应达到目标值（见表 1－2）。

表 1－2　中国城乡发展一体化指数目标值

指标	2007 年全国平均值	目标值
人均 GDP(元)	23411	≥61000
人口城镇化率(%)	45.90	≥60
二元对比系数	0.17	≥0.35
第一产业劳动生产率(万元/人)	1.12	≥2.40
农业综合机械化率(%)	42.24	≥68
非农产业劳动力比重(%)	59.20	≥80
农业贷款相对强度	0.48	≥1
财政支农相对程度	0.66	≥1

① 朱钢、张海鹏、陈方：《中国城乡发展一体化指数（2014）——以全面建成小康社会为目标》，社会科学文献出版社，2016。

续表

指标	2007 年全国平均值	目标值
土地相对利用率(亿元/平方公里)	4.12	≥7.50
农村义务教育教师平均受教育年限(年)	14.21	≥15.80
城乡义务教育教师平均受教育年限比(农村/城市)	0.95	≥0.98
农村人口平均受教育年限(年)	7.18	≥8.50
城乡人口平均受教育年限比(农村/城市)	0.76	≥0.80
农村孕产妇死亡率(县级孕产妇死亡率)(1/10 万)	34.32	10≤
农村每千人口卫生技术人员(人)	2.70	≥4.70
城乡每千人口卫生技术人员比(城市/农村)	2.37	≤2
开展互联网业务的行政村比重(%)	48.05	100
农村宽带入户率(%)	6.03	≥50
城乡居民基本医疗保障水平比(城市/农村)	8.75	≤2
城乡居民最低生活保障标准比(城市/农村)	2.61	1
农民人均可支配收入(元)	4554.6	≥12000
城乡居民收入比(城市/农村)	3.33	≤2
城乡居民生活消费支出比(城市/农村)	3.53	≤2
村庄集中供水普及率(%)	62.66	≥90
农村无害化卫生厕所普及率(%)	34.80	≥70
农田灌溉水有效利用系数	0.48	≥0.60
亿元 GDP 化学需氧量排放量(吨)	85.69	≤25
亿元 GDP 二氧化硫排放量(吨)	79.90	≤20
城市生活垃圾无害化处理率(%)	62.00	100
对生活垃圾进行处理的行政村比例(%)	11.70	≥90
对生活污水进行处理的行政村比例(%)	3.40	≥30

三　数据来源与说明

（1）各类统计年鉴：《中国统计年鉴》《中国教育统计年鉴》《中国教育经费统计年鉴》《中国卫生统计年鉴》《中国卫生和计划生育统计年鉴》《中国民政统计年鉴》《全国第六次人口普查》《中国财政年鉴》《农村金融年鉴》《中国农村统计年鉴》《中国劳动统计年鉴》《国土资源年鉴》《中国区域经济统计年鉴》《中国人力资源和社会保障年鉴》《中国环境统计年鉴》，《中国城乡建设统计年鉴》，以及各省、自治区、直辖市统计年鉴。

（2）《中华人民共和国国民经济和社会发展第十三个五年规划纲要》。

（3）相关部委统计公报和统计年报。

（4）人均 GDP、第一产业劳动生产率、城镇建设用地第二和第三产业产出率、农民人均可支配收入、亿元 GDP 化学需氧量排放量、亿元 GDP 二氧化硫排放量等数据采用平减指数计算（以 2010 年不变价计算）。

（5）由于个别数据在部分年份缺失，可能造成个别年份某些指标出现异常现象，因而不能准确、客观反映这些指标个别年份的城乡发展一体化实际进展和趋势，但个别异常值对总体趋势结果没有实质性影响。

第二章
中国及各地区城乡发展一体化指数

本章依据笔者构建的中国城乡发展一体化指数指标体系、衡量标准以及目标值，描述2020年全面建成小康社会目标下，2010～2016年中国城乡发展一体化总水平[①]实现程度、总水平实现程度进展以及各地区总水平实现程度排序，并对中国城乡发展一体化现状及存在的主要问题进行评价。

一　城乡发展一体化实现程度

（一）2016年城乡发展一体化实现程度

1. 城乡发展一体化总水平实现程度达到63.77%

2016年，中国城乡发展一体化总水平实现程度为63.77%，比2015年提高5.75个百分点，比2010年提高40.25个百分点。

2. 约一半的省份总水平实现程度超过60%

2016年，有14个省份城乡发展一体化总水平实现程度超过60%，比2015年增加4个省份（河南、湖北、海南和陕西）（见表2－1、图2－1）。

① 中国城乡发展一体化总水平表示的是中国城乡一体化整体发展水平，由笔者构建的中国城乡发展一体化总指数表示，本书在不同地方交替使用总指数和总水平。

表 2-1　中国及各地区城乡发展一体化总水平实现程度

单位：%

地　区	2010 年	2011 年	2012 年	2013 年	2014 年	2015 年	2016 年
北　京	87.09	88.07	88.52	87.67	87.54	88.01	89.11
天　津	73.04	77.86	80.17	83.52	83.80	84.98	86.15
河　北	32.46	39.60	44.99	50.65	55.17	61.81	69.28
山　西	20.61	26.57	33.30	37.92	42.55	47.22	51.72
内蒙古	10.22	19.98	27.03	34.89	41.63	47.11	54.53
辽　宁	36.17	43.10	47.48	52.82	55.73	61.03	64.11
吉　林	24.99	30.98	36.79	42.33	46.00	50.83	54.97
黑龙江	27.22	31.67	37.09	41.70	45.12	51.33	59.22
上　海	83.32	84.34	88.10	87.61	89.66	89.23	89.34
江　苏	74.56	80.05	84.01	85.70	89.06	90.12	91.72
浙　江	75.54	78.82	82.42	84.72	85.13	86.50	88.12
安　徽	15.89	23.28	29.92	37.75	43.72	49.16	55.52
福　建	48.61	54.67	60.54	66.69	71.31	75.49	78.75
江　西	21.03	29.24	35.45	41.86	45.81	51.29	57.31
山　东	51.84	58.94	64.96	68.67	74.08	78.19	82.55
河　南	27.63	38.52	38.86	45.23	50.40	54.35	60.43
湖　北	18.38	27.71	32.68	41.83	48.21	53.76	61.43
湖　南	9.41	21.29	26.95	33.35	38.41	43.81	49.65
广　东	39.24	46.19	50.15	54.32	60.38	64.26	68.47
广　西	2.93	13.35	20.36	28.85	35.69	41.41	50.15
海　南	33.72	40.86	45.92	52.73	57.63	59.99	66.12
重　庆	14.76	24.07	30.11	38.43	44.78	50.53	57.65
四　川	0.84	11.14	17.64	25.08	32.81	38.70	47.25
贵　州	-37.71	-30.18	-20.49	-7.10	-4.18	4.07	11.84
云　南	-17.83	-11.86	-6.41	4.06	10.10	16.24	23.18
陕　西	22.68	30.31	36.19	43.78	49.32	54.00	61.60
甘　肃	-16.06	-8.22	-0.44	7.24	13.73	18.27	29.61
青　海	-19.06	-8.16	5.50	3.20	7.00	9.96	19.63
宁　夏	-3.67	-0.98	-2.09	17.97	25.54	33.82	44.84
新　疆	8.20	14.52	16.53	28.00	33.09	38.70	49.95
全　国	23.52	32.36	39.44	46.23	52.34	58.02	63.77

注：在描述实现程度时，符号“-”表示实现程度低于 2007 年全国平均水平，后同。

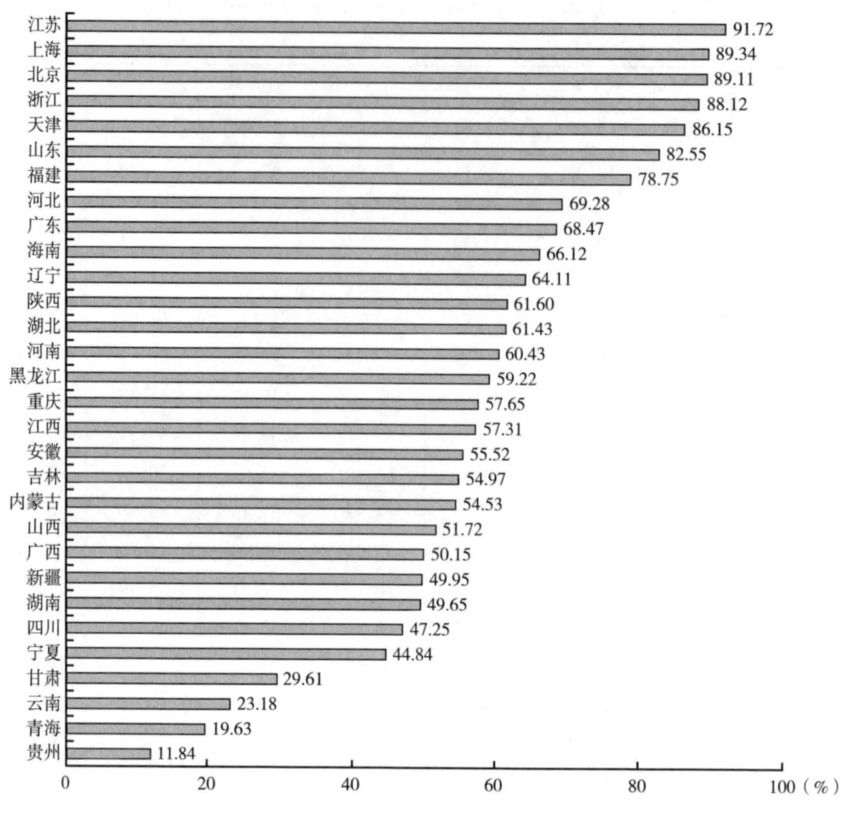

图2-1　各地区城乡发展一体化总水平实现程度

3. 6个省份总水平实现程度超过80%

2016年，江苏、上海、北京、浙江、天津和山东6个省份城乡发展一体化总水平实现程度超过80%，其中江苏超过90%，上述省份已比较接近实现目标（见表2-1、图2-1）。

4. 4个省份总水平实现程度尚未达到30%

2016年，贵州、青海、云南和甘肃4个省份城乡发展一体化总水平实现程度尚未达到30%，其中贵州和青海总水平实现程度尚未达到20%，分别只有11.84%和19.63%，距实现目标差距巨大（见表2-1、图2-1）。

5. 生态环境一体化实现程度最高，达到75.9%

2016年，四个一体化中，生态环境一体化实现程度最高，达到75.86%，比总水平实现程度高 12.09 个百分点；生活水平一体化和经济发展一体化实现程度均超过 60%，分别为 66.07% 和 60.03%；社会发展一体化实现程度最低，仅达到 53.13%（见表 2－2）。

表 2－2　四个一体化实现程度

单位：%

年份	2010	2011	2012	2013	2014	2015	2016
经济发展一体化	21.28	29.21	35.93	43.24	50.02	54.93	60.03
社会发展一体化	21.79	31.88	39.17	41.04	45.76	49.61	53.13
生活水平一体化	23.16	32.97	39.46	51.11	58.35	62.10	66.07
生态环境一体化	27.87	35.40	43.21	49.54	55.24	65.45	75.86

（二）城乡发展一体化实现程度持续全面提升

1. 城乡发展一体化总水平实现程度逐年提高

2016 年，中国城乡发展一体化总水平实现程度继续提高，保持了 2010 年以来逐年持续提高的态势（见图 2－2、表 2－1）。

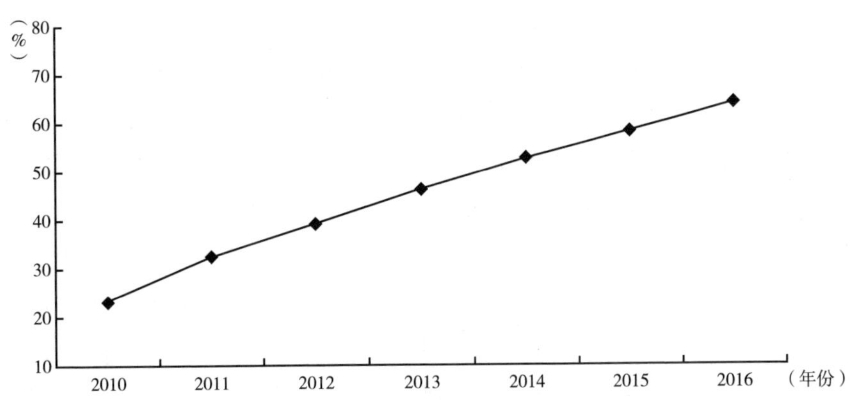

图 2－2　中国城乡发展一体化总水平实现程度

2. 四个一体化实现程度全部逐年提升

2016 年，四个一体化实现程度比上年不同程度地提高，均保持了自 2010 年以来逐年持续提高的态势（见图 2－3、表 2－2）。

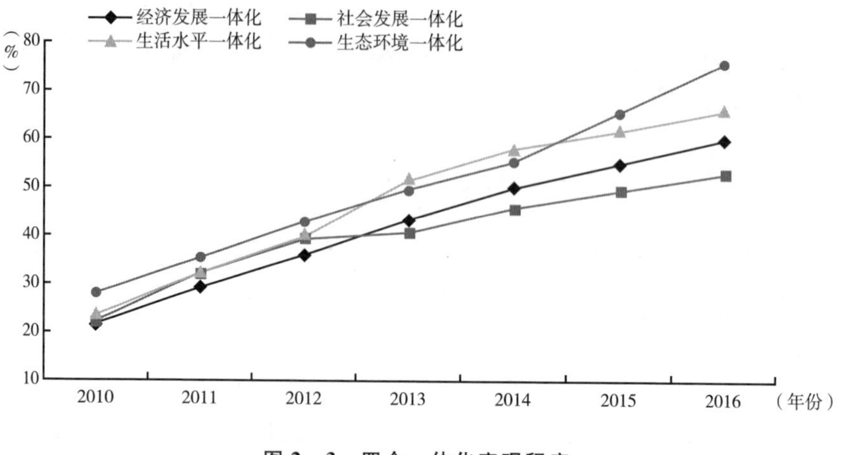

图 2－3　四个一体化实现程度

二　城乡发展一体化实现程度进展

（一）2016年城乡发展一体化实现程度进展

1. 城乡发展一体化总水平实现程度进展基本与上年持平

2016 年，中国城乡发展一体化总水平实现程度比 2015 年提高 5.75 个百分点，进展基本与 2015 年持平，进展速度仅提高了 0.07 个百分点，进展依然缓慢，比 2010～2016 年平均进展速度低 0.96 个百分点（见表 2－3）。

2. 多数省份进展超过全国平均进展，甘肃进展最快

分省份看，2016 年有 19 个省份城乡发展一体化总水平实现程度进展超过全国平均进展，有 24 个省份进展超过上年。进展速度最快的是甘肃，比上年提高 11.34 个百分点，比全国平均进展快了近一倍；新疆、宁夏、青海总水平实现程度进展也很快，分别比上年提高 11.25 个、11.03 个和 9.67 个百分点（见表 2－3）。

广西、海南、甘肃、青海和新疆城乡发展一体化总水平实现程度进展大幅加快，进展提高幅度超过 3 个百分点，其中甘肃、青海和新疆进展提升幅度较大，分别比上年进展提高 6.8 个、6.7 个和 5.6 个百分点（见表 2－3）。甘肃进展加快主要是由于社会发展一体化和生态环境一体化实现程度进展大幅加

表 2－3　中国及各地区城乡发展一体化总水平实现程度进展（环比提高）

单位：个百分点

地　区	2011 年	2012 年	2013 年	2014 年	2015 年	2016 年	2010～2016 年年均提高
北　京	0.97	0.45	－0.85	－0.13	0.47	1.10	0.34
天　津	4.82	2.31	3.34	0.28	1.18	1.17	2.19
河　北	7.14	5.39	5.66	4.52	6.65	7.46	6.14
山　西	5.95	6.74	4.62	4.63	4.67	4.50	5.18
内蒙古	9.76	7.04	7.87	6.74	5.48	7.42	7.38
辽　宁	6.93	4.38	5.34	2.92	5.30	3.08	4.66
吉　林	5.99	5.81	5.54	3.67	4.83	4.14	5.00
黑龙江	4.46	5.42	4.61	3.42	6.21	7.88	5.33
上　海	1.01	3.76	－0.49	2.05	－0.43	0.12	1.00
江　苏	5.49	3.96	1.70	3.36	1.06	1.60	2.86
浙　江	3.28	3.60	2.31	0.41	1.37	1.62	2.10
安　徽	7.39	6.64	7.82	5.97	5.44	6.35	6.60
福　建	6.06	5.87	6.15	4.62	4.18	3.26	5.02
江　西	8.21	6.21	6.41	3.95	5.48	6.02	6.05
山　东	7.10	6.02	3.71	5.41	4.11	4.37	5.12
河　南	10.89	0.34	6.36	5.17	3.95	6.08	5.47
湖　北	9.33	4.97	9.16	6.38	5.54	7.67	7.18
湖　南	11.87	5.67	6.40	5.06	5.40	5.84	6.71
广　东	6.96	3.96	4.16	6.07	3.88	4.21	4.87
广　西	10.42	7.01	8.50	6.84	5.71	8.74	7.87
海　南	7.14	5.06	6.81	4.90	2.35	6.13	5.40
重　庆	9.31	6.04	8.32	6.35	5.74	7.12	7.15
四　川	10.30	6.50	7.44	7.73	5.89	8.55	7.73
贵　州	7.53	9.69	13.39	2.92	8.25	7.78	8.26
云　南	5.97	5.44	10.47	6.04	6.15	6.93	6.83
陕　西	7.63	5.88	7.59	5.54	4.68	7.60	6.49
甘　肃	7.84	7.79	7.68	6.49	4.54	11.34	7.61
青　海	10.90	13.66	－2.31	3.81	2.96	9.67	6.45
宁　夏	2.69	－1.10	20.05	7.58	8.27	11.03	8.09
新　疆	6.33	2.00	11.48	5.08	5.61	11.25	6.96
全　国	8.84	7.08	6.79	6.11	5.68	5.75	6.71

注：在描述实现程度进展时，符号“－”表示实现程度下降，后同。

快；青海进展加快主要是由于社会发展一体化和生活水平一体化进展大幅加快；新疆进展加快主要由于生态环境一体化进展大幅加快。

（二）2010～2016年城乡发展一体化实现程度进展

1. 城乡发展一体化总水平实现程度进展基本呈逐年减缓趋势

2010～2016 年，虽然中国城乡发展一体化总水平实现程度呈逐年上升态势，但进展基本呈逐年减缓趋势（见图 2－4），仅 2016 年进展比 2015 年快 0.07 个百分点；6 个年份中，有 3 个年份进展低于 2010～2016 年年均进展（见表 2－3）。

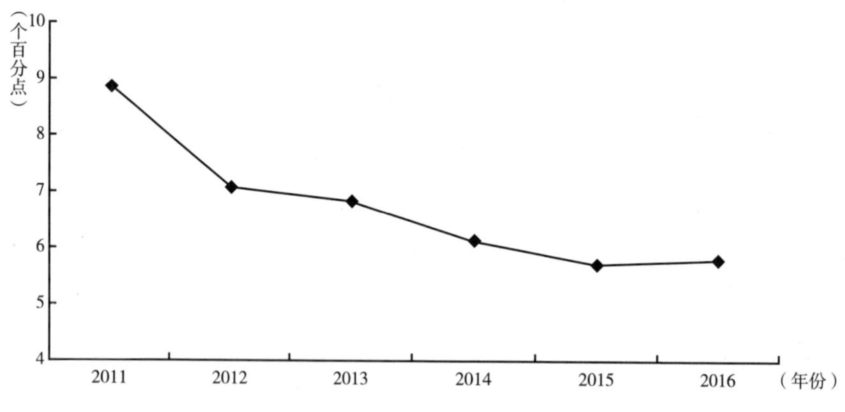

图 2－4　中国城乡发展一体化总水平实现程度进展

2. 贵州进展最快，北京进展最慢

分省份看，2010～2016 年，贵州城乡发展一体化总水平实现程度进展最快，年均达到 8.26 个百分点，比全国平均进展快 1.55 个百分点。北京进展最慢，仅为 0.34 个百分点。贵州进展虽然最快，但由于起点最低，2016 年实现程度依然最低，距 2020 年目标还有约 90% 的路程。北京进展慢则是由于实现程度起点高，2010 年已接近实现目标，2016 年城乡发展一体化总体水平依然位列前 3 甲（见表 2－1、表 2－3）。

3. 生态环境一体化实现程度进展最快，社会发展一体化实现程度进展最慢

（1）生态环境一体化实现程度大幅提升，近两年进展大幅加快

四个一体化中，生态环境一体化不仅实现程度最高，而且进展最快。

2010～2016 年，生态环境一体化实现程度大幅提高 48 个百分点，年均提高 8 个百分点，比同期城乡发展一体化总水平实现程度进展快 1.29 个百分点，距实现目标仅有不到 1/4 的路程。总体上看，生态环境一体化实现程度进展经历了从逐年减缓到近两年大幅加快的过程，2015 年和 2016 年连续两年进展超过 10 个百分点（见表 2－4、图 2－5）。

表 2－4　四个一体化实现程度进展

单位：个百分点

项目	2011 年	2012 年	2013 年	2014 年	2015 年	2016 年	2010～2016 年年均提高
经济发展一体化	7.93	6.72	7.31	6.78	4.91	5.10	6.46
社会发展一体化	10.09	7.29	1.86	4.73	3.84	3.53	5.22
生活水平一体化	9.81	6.49	11.65	7.24	3.75	3.97	7.15
生态环境一体化	7.53	7.81	6.33	5.69	10.22	10.41	8.00
总指数	8.84	7.08	6.79	6.11	5.68	5.75	6.71

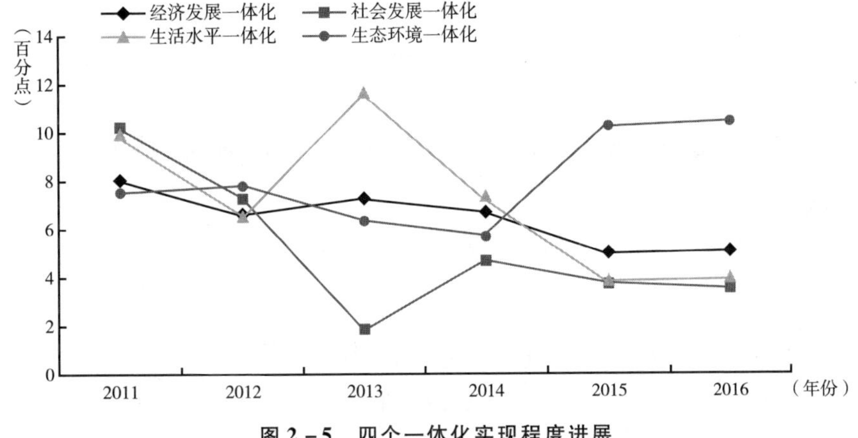

图 2－5　四个一体化实现程度进展

近几年生态环境一体化实现程度进展加快主要得益于环境污染治理和环境卫生治理力度的加大，使得污染物排放和环境卫生治理实现程度进展大幅加快。

（2）社会发展一体化实现程度进展最慢，且基本呈逐年减缓趋势

社会发展一体化实现程度不仅在四个一体化中最低，而且进展最慢。2010～2016 年，社会发展一体化实现程度年均提高 5.22 个百分点，比同期城

乡发展一体化总水平实现程度进展慢 1.49 个百分点。同时，进展速度基本呈逐年减缓趋势（见表 2－4、图 2－5）。

社会发展一体化实现程度进展较慢主要由于教育均衡发展和卫生均衡发展实现程度进展缓慢。

（3）生活水平一体化实现程度进展较快，但波动较大，近两年进展大幅减缓

2010～2016 年，生活水平一体化实现程度进展较快，年均提高 7.15 个百分点，比同期城乡发展一体化总水平实现程度进展快 0.44 个百分点。但是，年际间进展波动起伏较大，进展最快的年份（2013 年）与进展最慢的年份（2015 年）相差 7.9 个百分点，且近两年进展大幅减缓（见表 2－4、图 2－5）。

生活水平一体化实现程度较高、进展较快主要得益于收入消费水平实现程度进展较快，比同期总水平实现程度进展快 1.88 个百分点。

（4）经济发展一体化实现程度进展较慢，但较为均衡

2010～2016 年，虽然经济发展一体化实现程度进展相对较慢，年均提高 6.46 个百分点，比同期城乡发展一体化总水平实现程度进展慢 0.25 个百分点。但是，经济发展一体化实现程度进展在各个年份间相对较为均衡，波动起伏不大（见表 2－4、图 2－5）。

三　城乡发展一体化总水平实现程度排序及变化

（一）2016年排序：东部地区居前，西部地区靠后，整体排序变化较小

2016 年，城乡发展一体化总水平实现程度排名前 5 位的依次是江苏、上海、北京、浙江和天津；排名后 5 位的依次是宁夏、甘肃、云南、青海和贵州。

总体看，东部地区[①]城乡发展一体化总水平实现程度较高，整体排序居

---

① 本书未包括港澳台地区，由于数据采集上的困难，也不包括西藏自治区，其余 30 个省份划分为四大区域，即东部、中部、西部和东北地区。东部地区包括北京、天津、河北、上海、江苏、浙江、山东、福建、广东、海南等 10 个省、直辖市，中部地区包括山西、安徽、江西、河南、湖北、湖南等 6 个省，西部地区包括内蒙古、广西、重庆、四川、贵州、云南、陕西、甘肃、青海、宁夏、新疆等 11 个省、自治区、直辖市，东北地区包括辽宁、吉林、黑龙江等 3 个省。

前。2016 年排序前 10 名均为东部地区省份，其中海南时隔 1 年重返前 10 行列。

西部地区城乡发展一体化总水平实现程度低，整体排序居后。11 个省份中，有 8 个省份位列后 10 行列。其他 3 个省份，陕西排名最高，居中上游，排在第 12 位；重庆则位居中游，列第 16 位；内蒙古位居中下游，排在第 20 位。

东北地区整体处于中游，辽宁排序最高，但 2016 年首次退出前 10 行列，位于第 11 位；黑龙江和吉林分别位于第 15 位和第 19 位。

中部地区 6 个省份中，4 个省份位居中游，山西和湖南位居下游，分别位列第 21 位和第 24 位。

2016 年与 2015 年相比，整体排序变化较小，前 7 位和后 6 位排序没有发生变化，其余 17 个省份的变化仅为 1 ~2 个位次，其中河南、吉林和湖南下降 2 位，重庆上升 2 位（见表 2 -5）。

（二）2010 ~2016年整体排序变化：东部地区居前、西部地区居后的格局未发生变化，各省份排序变化较小

2010 ~2016 年，城乡发展一体化总水平实现程度排序前 10 位中，东部地区始终占据 9 位，上海、北京、江苏、浙江、天津、山东和福建始终占据前 7 位；广东除 2016 年下降 1 位，排在第 9 位外，其他年份均占据第 8 位；2016 年首次出现东部地区 10 个省份均位于前 10 位的情形。

后 10 位中，除 2016 年外，其他年份西部地区始终占据 9 位，宁夏、甘肃、云南、青海和贵州则始终位于后 5 位。

东北地区整体处于中游，但 3 个省份排序基本处于下降趋势；辽宁虽排位相对较高，但近几年有所下滑，从第 9 位下降到 2016 年的第 11 位；黑龙江从 2012 年的第 13 位下降到 2013 年的第 17 位，近两年有所上升；吉林在 2010 ~2013 年稳定排在第 14 位，但之后 3 年大幅下滑，从第 14 位下降至第 19 位，下降了 5 个位次。

中部地区整体基本处于中下游，河南排序相对较高，除 2016 年下降外，其余年份均位于第 12 位；湖南始终位于后 10 位；山西排序基本呈逐步下降趋势，从第 17 位下降至第 21 位。

2016 年与 2010 年相比，上海、天津、山东、福建、海南、新疆、四川、

表 2-5　各地区城乡发展一体化总水平实现程度排序

排序	2010 年	2011 年	2012 年	2013 年	2014 年	2015 年	2016 年
1	北　京	北　京	北　京	北　京	上　海	江　苏	江　苏
2	上　海	上　海	上　海	上　海	江　苏	上　海	上　海
3	浙　江	江　苏	江　苏	江　苏	北　京	北　京	北　京
4	江　苏	浙　江	浙　江	浙　江	浙　江	浙　江	浙　江
5	天　津	天　津	天　津	天　津	天　津	天　津	天　津
6	山　东	山　东	山　东	山　东	山　东	山　东	山　东
7	福　建	福　建	福　建	福　建	福　建	福　建	福　建
8	广　东	广　东	广　东	广　东	广　东	广　东	河　北
9	辽　宁	辽　宁	辽　宁	辽　宁	海　南	河　北	广　东
10	海　南	海　南	海　南	海　南	辽　宁	辽　宁	海　南
11	河　北	河　北	河　北	河　北	河　北	海　南	辽　宁
12	河　南	河　南	河　南	河　南	河　南	河　南	陕　西
13	黑龙江	黑龙江	黑龙江	陕　西	陕　西	陕　西	湖　北
14	吉　林	吉　林	吉　林	吉　林	湖　北	湖　北	河　南
15	陕　西	陕　西	陕　西	江　西	吉　林	黑龙江	黑龙江
16	江　西	江　西	江　西	湖　北	江　西	江　西	重　庆
17	山　西	湖　北	山　西	黑龙江	黑龙江	吉　林	江　西
18	湖　北	山　西	湖　北	重　庆	重　庆	重　庆	安　徽
19	安　徽	重　庆	重　庆	山　西	安　徽	安　徽	吉　林
20	重　庆	安　徽	安　徽	安　徽	山　西	山　西	内蒙古
21	内蒙古	湖　南	内蒙古	内蒙古	内蒙古	内蒙古	山　西
22	湖　南	内蒙古	湖　南	湖　南	湖　南	湖　南	广　西
23	新　疆	新　疆	广　西	广　西	广　西	广　西	新　疆
24	广　西	广　西	四　川	新　疆	新　疆	新　疆	湖　南
25	四　川	四　川	新　疆	四　川	四　川	四　川	四　川
26	宁　夏	宁　夏	青　海	宁　夏	宁　夏	宁　夏	宁　夏
27	甘　肃	青　海	甘　肃	甘　肃	甘　肃	甘　肃	甘　肃
28	云　南	甘　肃	宁　夏	云　南	云　南	云　南	云　南
29	青　海	云　南	云　南	青　海	青　海	青　海	青　海
30	贵　州	贵　州	贵　州	贵　州	贵　州	贵　州	贵　州

宁夏、甘肃、云南、青海和贵州 12 个省份排序没有发生变化，其中天津、山东、福建和贵州排序非常稳定，没有发生任何变化。

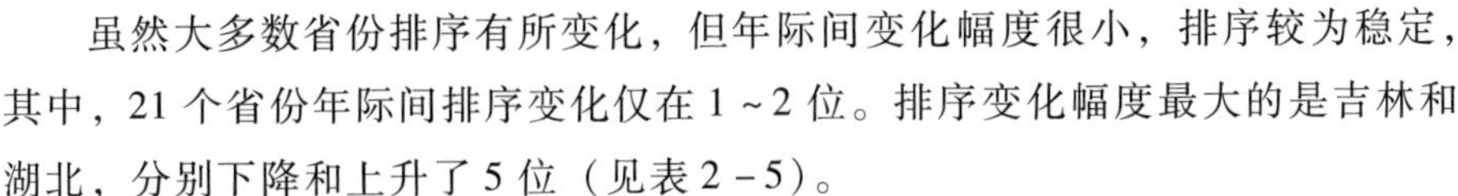

虽然大多数省份排序有所变化，但年际间变化幅度很小，排序较为稳定，其中，21 个省份年际间排序变化仅在 1 ~ 2 位。排序变化幅度最大的是吉林和湖北，分别下降和上升了 5 位（见表 2 – 5）。

四　城乡发展一体化实现程度区域差距

（一）区域差距持续全面缩小

1. 2016 年，城乡发展一体化实现程度区域差距全面缩小

2016 年与 2015 年相比，以省份为单位的中国城乡发展一体化实现程度的区域差距全面缩小，其中生态环境一体化和经济发展一体化实现程度区域差距缩小幅度相对较大（见表 2 – 6、图 2 – 6、图 2 – 7）。

表 2 – 6　中国城乡发展一体化区域差距变化（变异系数）

项目	2010 年	2011 年	2012 年	2013 年	2014 年	2015 年	2016 年
总指数	1. 2302	0. 9184	0. 7569	0. 5851	0. 5058	0. 4340	0. 3486
经济发展一体化	1. 6410	1. 3343	1. 1037	0. 9233	0. 7847	0. 6811	0. 5879
经济发展	2. 0367	1. 4627	1. 1184	0. 9174	0. 7606	0. 6366	0. 5282
产业协调	1. 8234	1. 7634	1. 5983	1. 4275	1. 2386	1. 1220	1. 0115
要素配置	1. 8222	1. 4782	1. 2400	1. 0320	0. 8943	0. 8074	0. 7135
社会发展一体化	1. 0069	0. 6878	0. 6124	0. 5093	0. 5277	0. 4851	0. 4291
教育均衡发展	1. 2096	1. 2014	1. 0674	1. 0213	0. 9189	0. 8738	0. 7852
卫生均衡发展	3. 1208	1. 7587	1. 9935	1. 4301	1. 6488	1. 6373	1. 5726
文化均衡发展	0. 7685	0. 5731	0. 5057	0. 4225	0. 3869	0. 3455	0. 2443
社会保障均衡发展	0. 5604	0. 2826	0. 2159	0. 2013	0. 2069	0. 1688	0. 1374
生活水平一体化	1. 0487	0. 7934	0. 6838	0. 4982	0. 4134	0. 3686	0. 3335
收入消费水平	0. 8441	0. 6037	0. 5384	0. 3304	0. 2469	0. 2287	0. 2199
居住卫生条件	1. 6547	1. 3661	1. 1527	0. 9991	0. 8730	0. 7556	0. 6629
生态环境一体化	1. 9419	1. 4034	1. 0035	0. 7481	0. 6037	0. 4722	0. 2927
水资源利用	2. 8882	2. 273	1. 8586	1. 4261	1. 2014	0. 9962	0. 8706
污染物排放	3. 1430	1. 9203	1. 1469	0. 8089	0. 6317	0. 4812	0. 1658
环境卫生治理	1. 2562	1. 0029	0. 8484	0. 7050	0. 6075	0. 4449	0. 3455

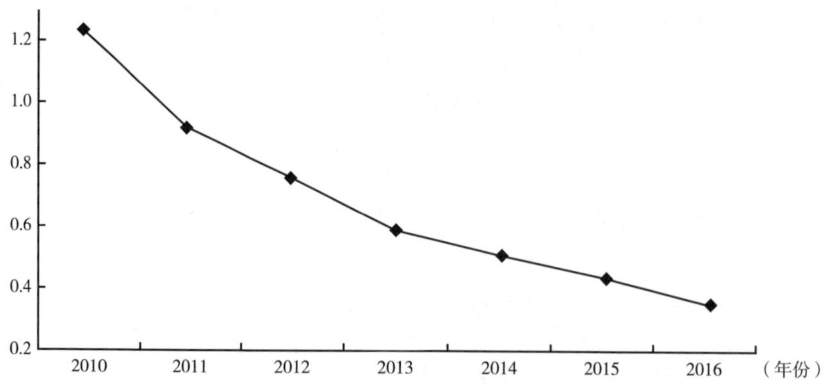

图 2－6　中国城乡发展一体化总水平实现程度区域差距变化（变异系数）

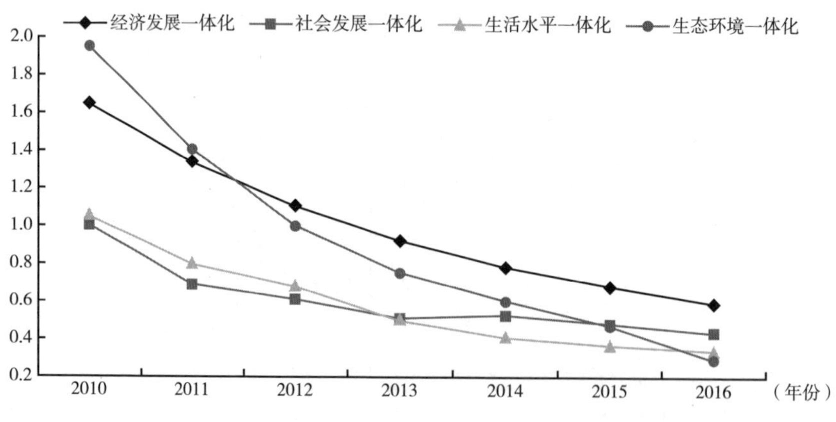

图 2－7　四个一体化实现程度区域差距变化（变异系数）

2. 2010～2016 年，城乡发展一体化实现程度区域差距呈逐年持续全面缩小趋势

2010～2016 年，中国城乡发展一体化总水平实现程度区域差距呈现逐年持续缩小的态势；经济发展一体化、生活水平一体化和生态环境一体化实现程度区域差距也呈逐年缩小趋势；社会发展一体化实现程度区域差距仅在 2014 年出现短暂的扩大，之后则继续呈持续缩小趋势。同时，城乡发展一体化总水平和四个一体化实现程度区域差距大幅缩小，其中生态环境一体化实现程度区域差距缩小幅度最大，社会发展一体化实现程度区域差距缩小幅度相对较小（见表 2－6）。

（二）区域差距依然较大

尽管城乡发展一体化实现程度区域差距持续全面缩小，但区域差距依然较大。

2016 年，尚有 8 个省份城乡发展一体化总水平实现程度距 2020 年目标还有一半以上的路程，除湖南外，其他 7 个省份均为西部地区省份；有 2 个省份尚未达到目标的 1/5；实现程度最高省份（江苏）与最低省份（贵州）之间相差近 80 个百分点（见表 2－1）。

2016 年，有 16 个省份经济发展一体化实现程度尚未过半，有 4 个省份尚未达到目标的 1/5，其中贵州、云南和甘肃尚未达到 2007 年全国平均水平，实现程度最高省份（江苏）与最低省份（贵州）之间相差 106 个百分点。

2016 年，有 7 个省份社会发展一体化实现程度尚未过半，有 2 个省份尚未达到目标的 1/5，其中青海尚未达到 2007 年全国平均水平，实现程度最高省份（上海）与最低省份（青海）之间相差 127 个百分点。

2016 年，有 9 个省份生活水平一体化实现程度尚未过半，实现程度最高省份（天津）与最低省份（甘肃）之间相差 70 个百分点。

2016 年，有 4 个省份生态环境一体化实现程度尚未过半，实现程度最高省份（上海）与最低省份（贵州）之间相差 72 个百分点。

五　城乡发展一体化实现程度进程预测

尽管中国及各地区城乡发展一体化总水平以及四个一体化实现程度逐年提高，但由于进展较慢，整体距离实现目标还有较大差距，特别是城乡发展一体化总水平实现程度进展基本呈逐年下降趋势，除生态环境一体化实现程度进展较快外，其他三个一体化实现程度进展均呈现下降趋势，且下降幅度较大，按期完成目标任务艰巨。

（一）城乡发展一体化总水平及四个一体化实现程度进程预测

1. 按目前进展，城乡发展一体化总水平如期实现目标有一定难度

虽然 2016 年城乡发展一体化总水平实现程度接近完成 2/3，但如考虑到进展呈持续下降趋势，到 2020 年如期实现目标将有一定难度。按 2010～2016

年实现程度平均进展水平，2020 年总水平实现程度将达到 90.61%，接近实现目标；但如按 2016 年进展水平，目标实现的程度将有所降低，为 86.77%。总水平如期实现目标的主要制约因素是经济发展一体化和社会发展一体化（见表 2－7）。

表 2－7　2020 年中国城乡发展一体化实现程度预测

单位：%，个百分点

项目	2016 年实现程度	2016 年进展	2010～2016 年年均进展	预计（按年均进展）	预计（按 2016 年进展）
经济发展一体化	60.03	5.10	6.46	85.87	80.43
社会发展一体化	53.13	3.53	5.22	74.01	67.25
生活水平一体化	66.07	3.97	7.15	94.67	81.95
生态环境一体化	75.86	10.41	8.00	100	100
总指数	63.77	5.75	6.71	90.61	86.77

2. 生态环境一体化将如期实现目标

生态环境一体化实现程度起步最高，且进展较快，特别是近几年，进展速度大幅加快，2016 年实现程度已经达到 75.86%，距实现目标仅有 1/4 的路程，无论是按 2010～2016 年平均进展，还是按 2016 年进展，生态环境一体化都将如期实现目标（见表 2－7）。

3. 社会发展一体化实现目标任务十分艰巨

2016 年社会发展一体化实现程度仅为 53.13%，距实现目标还有约一半的路程。同时，自 2013 年以来，实现程度进展大幅减缓，2016 年进展仅有 3.53 个百分点，仅及 2010～2016 年平均进展的 67.6%。无论是按 2016 年进展，还是按 2010～2016 年平均进展，到 2020 年，社会发展一体化实现程度均不能达到 75%，距实现目标尚有较大差距（见表 2－7）。

4. 近两年生活水平一体化实现程度进展大幅减缓，将极大制约目标的如期实现

2016 年生活水平一体化实现程度相对较高，达到了目标的 2/3。2010～2014 年，生活水平一体化实现程度保持了较高的提升水平，如按 2010～2016 年平均进展，2020 年将十分接近实现目标。但是，近两年来，进展大幅减缓，如按近两年进展水平，到 2020 年，距实现目标尚有约 1/5 的路程

（见表 2－7）。

5. 经济发展一体化距实现目标有一定差距

经济发展一体化实现程度起点最低，且进展较慢，无论是按 2010～2016 年平均进展，还是按 2016 年进展，到 2020 年均还有约 1/5 的路程（见表 2－7）。

（二）各省份城乡发展一体化总水平实现程度进程预测

由于城乡发展一体化实现程度年际间进展不均衡，部分省份波动较大，因此，使用 2010～2016 年平均进展来预测各省份 2020 年城乡发展一体化总水平实现程度。

从表 2－8 可以看出，按 2010～2016 年实现程度平均进展，东部地区多数省份将如期或接近实现目标，其中江苏和山东将如期实现目标，福建和浙江将非常接近实现目标，天津、河北、上海、北京等省份接近实现目标；中部地区的湖北也将接近实现目标；但贵州、青海和云南等省份距实现目标差距依然较大（见表 2－8）。

表 2－8 2020 年各地区城乡发展一体化总水平实现程度预测

单位：%，个百分点

地　区	2016 年实现程度	2010～2016 年平均进展	预计 2020 年实现程度
北　京	89.11	0.34	90.45
天　津	86.15	2.19	94.89
河　北	69.28	6.14	93.83
山　西	51.72	5.18	72.45
内蒙古	54.53	7.38	84.06
辽　宁	64.11	4.66	82.73
吉　林	54.97	5.00	74.95
黑龙江	59.22	5.33	80.55
上　海	89.34	1.00	93.36
江　苏	91.72	2.86	100
浙　江	88.12	2.10	96.51
安　徽	55.52	6.60	81.93
福　建	78.75	5.02	98.84
江　西	57.31	6.05	81.50
山　东	82.55	5.12	100
河　南	60.43	5.47	82.29

续表

地　区	2016 年实现程度	2010～2016 年平均进展	预计 2020 年实现程度
湖　北	61.43	7.18	90.13
湖　南	49.65	6.71	76.48
广　东	68.47	4.87	87.95
广　西	50.15	7.87	81.63
海　南	66.12	5.40	87.71
重　庆	57.65	7.15	86.24
四　川	47.25	7.73	78.18
贵　州	11.84	8.26	44.88
云　南	23.18	6.83	50.51
陕　西	61.60	6.49	87.55
甘　肃	29.61	7.61	60.06
青　海	19.63	6.45	45.43
宁　夏	44.84	8.09	77.19
新　疆	49.95	6.96	77.79

按 2010～2016 年平均进展，北京、天津、上海、浙江、福建和广东等沿海发达省份不能如期实现目标，这种结果与我们的测度方法相关。本研究使用设置上限值来测度城乡发展一体化实现程度，因此，虽然这些发达省份城乡发展一体化的大多数方面水平较高，但由于某些方面存在明显短板，特别是城乡二元经济结构方面，城乡发展一体化仍然存在发展不均衡的问题，制约了整体目标的如期实现。如果不设上限值，北京、天津、上海、江苏、浙江等沿海发达省份在 2016 年或之前就已提前实现目标。这个问题后面还将详细描述。

六　城乡发展一体化主要短板

近几年来，中国城乡发展一体化取得了长足的进步。但是，城乡发展一体化水平依然较低，发展不平衡和不充分的问题依然较为严重，不仅区域发展差距较大，而且城乡发展一体化内部发展也不均衡。虽然发达地区省份城乡发展一体化水平相对较高，但也依然存在一些明显的短板。

（一）城乡二元经济突出，改善十分缓慢

2010 年以来，中国农业劳动生产率不断提高，现代农业发展进程加快，城乡二元经济问题不断得到改善。但是，城乡二元经济问题依然十分严重，农业比较劳动生产率水平过低，提高速度缓慢。因此，还须加快现代农业发展，进一步转移农业劳动力，大幅提高农业劳动生产率。

1. 改善程度十分有限

2010 年以来，城乡二元经济结构呈逐年持续改善趋势，但改善进程十分缓慢，程度有限，2016 年二元对比系数为 0.246，仅比 2010 年提高了 0.065，年均提高 0.01，按此速度，到 2020 年实现 0.35 的目标值差距较大。

2. 近年来改善速度持续减缓

2010 年以来，虽然城乡二元经济结构不断改善，但近几年来改善速度持续减缓。2014 年以来，已经连续 3 年改善速度下降，2016 年仅比 2015 年提高 0.002，远远低于 2010～2016 年平均提高水平。2016 年，城乡二元经济实现程度为 43.07%，比 2010 年提高了 35.19 个百分点，年均提高 5.87 个百分点，按此速度，到 2020 年也仅能实现目标的 2/3。如果未来几年改善速度持续下降的状况不能得到有效遏制，将极大影响产业协调实现程度进程和提高，并最终影响到经济发展一体化目标的实现。按 2016 年进展，到 2020 年，城乡二元经济实现程度距目标还有一半以上的路程。

3. 部分省份二元经济结构恶化

2016 年与 2010 年相比，有 16 个省份二元经济结构不仅没有得到改善，反而有所恶化；有 13 个省份二元经济结构至少已经连续 3 年恶化。

（二）城乡要素配置不合理，实现程度低，进展缓慢

2016 年，要素配置实现程度为 51.36%，距实现目标还有约一半的路程，在经济发展一体化的 3 个二级指标中实现程度最低，比经济发展实现程度低 19.9 个百分点，比产业协调实现程度低 6.1 个百分点（见图 2－8）。要素配置不仅实现程度低，而且进展也很缓慢，2010～2016 年要素配置实现程度年均仅提高 4.7 个百分点，分别比经济发展和产业协调实现程度进展低 3.19 个和 2.08 个百分点。

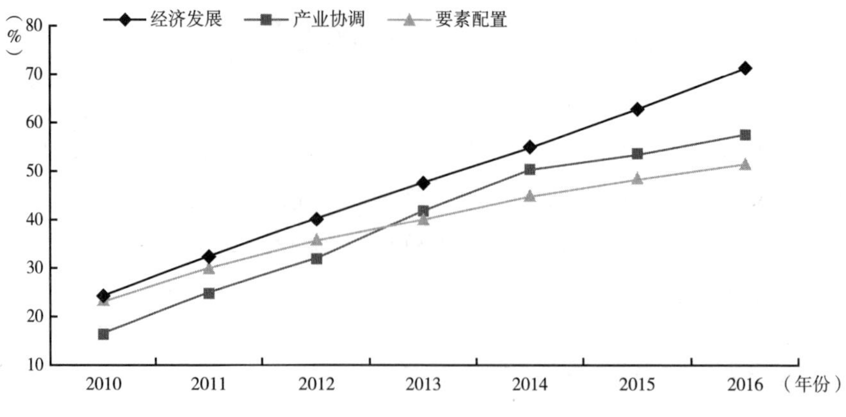

图 2－8　经济发展、产业协调和要素配置实现程度

1. 与 GDP 比重相比，农业依然容纳了较多的劳动力

2016 年，劳动力配置的实现程度仅达到 47.27%，距实现目标还有一半以上的路程。劳动力配置实现程度低表现为农业劳动力比重过大，与 GDP 比重相比，农业容纳了过多的劳动力。2016 年，第一产业劳动力约占劳动力总数的 30%，但占 GDP 的比重仅为 8.6%，就业结构与 GDP 结构存在着较大的偏差，导致第一产业比较劳动生产率低下。

2. 金融资金城乡流动不合理

2016 年，资金配置的实现程度为 49.27%，距实现目标尚有一半以上的路程，差距较大。资金配置实现程度低完全是由信贷资金城乡之间流动不合理导致的。各省份财政对农业的相对支持力度较大，2016 年，除广西和海南外，其余 28 个省份财政支农相对程度已提前实现目标，广西也非常接近实现目标。但是，2010～2016 年，农业贷款相对强度提高非常缓慢，2016 年甚至倒退至不及 2007 年水平，大多数省份信贷资金对农业的支持明显不足。2016 年，虽然北京等 4 个省份农业贷款相对强度已提前实现目标，但有 22 个省份实现程度尚未过半，其中有 13 个省份实现程度尚不及 2007 年全国平均水平，有 6 个省份距 2007 年全国平均水平还有较大差距。

3. 中西部地区城镇化土地利用效率低

2016 年，土地配置实现程度为 57.52%，低于经济发展一体化实现程度，比经济发展实现程度低 13.75 个百分点，城镇化土地利用效率远低于经济发展水平。

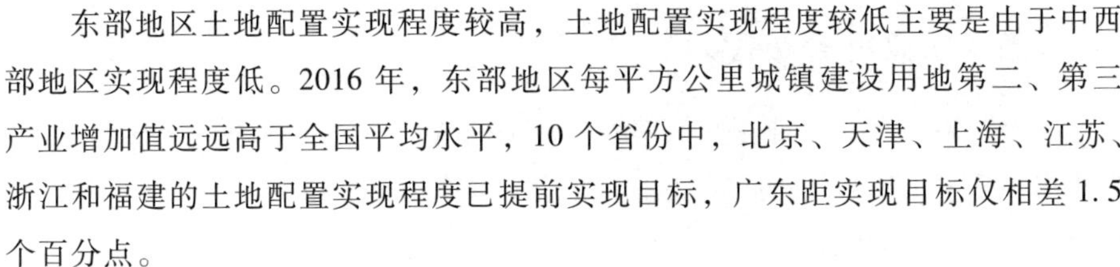

东部地区土地配置实现程度较高，土地配置实现程度较低主要是由于中西部地区实现程度低。2016 年，东部地区每平方公里城镇建设用地第二、第三产业增加值远远高于全国平均水平，10 个省份中，北京、天津、上海、江苏、浙江和福建的土地配置实现程度已提前实现目标，广东距实现目标仅相差 1.5 个百分点。

但是，西部地区土地配置实现程度低，11 个省份中，仅重庆城镇化土地利用效率高于全国平均水平，有 4 个省份尚未达到 2007 年全国平均水平。

中部地区土地配置实现程度也很低，6 个省份城镇化土地利用效率均低于全国平均水平。

（三）城乡人力资源差距大，城乡公共资源配置不合理

1. 农村人口平均受教育水平提升缓慢，城乡差距有所扩大

虽然农村人口平均受教育年限不断提高，但受教育水平依然较低，且提高速度缓慢，2016 年与 2010 年相比，平均受教育年限仅提高 0.11 年，距 2020 年目标相差较远。同时，人口受教育水平城乡差距有所扩大。

农村人口受教育水平较低、提升缓慢，城乡差距扩大，严重制约了教育均衡发展实现程度进展和水平。2016 年，农村人力资源水平与城乡差异的实现程度尚未达到 10%，教育均衡发展实现程度仅达到 42%，距 2020 年实现目标还有约 3/5 的路程。

2. 城乡医疗卫生服务人力资源差距扩大

2010～2016 年，农村每千人口卫生技术人员由 3 人增加到 4 人，增长 33.3%。但是，城乡每千人口卫生技术人员差距却呈逐年扩大趋势，2016 年城乡差距远远大于 2007 年水平，致使农村医疗卫生人力资源水平与城乡差异的实现程度还没有达到 2007 年水平，并最终制约了卫生均衡发展实现程度的提高，在 12 个二级指标中，卫生均衡发展实现程度最低。

（四）城乡居民收入差距较大

2010 年以来，在农村居民收入不断增长的同时，城乡居民收入差距继续不断缩小。但是，与 2020 年目标相比，城乡差距依然较大。2016 年，城乡居民收入差距实现程度为 45.92%，距实现目标尚有一半以上的路程。

（五）农业用水效率较低

2010～2016 年，农业用水效率继续逐年提高，但是，与 2020 年目标相比，农业用水效率依然较低。2016 年，农业用水效率实现程度为 50.43%，距实现目标还有约一半的路程。

七　两种测度方法的实现程度比较

由于本书构建的指数主要考察的是中国及各地区城乡发展一体化是否以及何时实现，并不考察目标实现后的水平。因此，在测度计算公式中，只要某一具体指标实际值达到了 2020 年目标值，不管其超出目标值多少，该指标的实现程度也只能是 100%。基于这样的设定，城乡发展一体化实现程度的最大值就是 100%。因此，虽然许多具体指标实际值已超过目标值，但实现程度依然只能为 100%，因而也不能相应提高上一级指标的实现程度，即下级指标实际值超出目标值的部分不能对上级指标的实现程度产生贡献。结果是，不设上限值的实现程度要高于设上限值的实现程度，并相应影响到各地区实现程度的排序。总体上看，不同测度方法对发达地区省份的影响较大，对其他地区省份，特别是中西部地区省份影响较小，两种方法测度的实现程度差异较小。

但是，不设上限值所测度的实现程度可能会在一定程度上掩盖一些省份城乡发展一体化的短板，特别是发达省份，不利于城乡发展一体化均衡发展。设置上限值所测度的实现程度将更客观、更全面地反映城乡一体化的均衡发展。

本节对两种方法测度的实现程度进行比较，作为对前面按设置上限值所测度的实现程度以及实现程度排序的补充描述，使读者能够更加全面地了解中国及各地区城乡发展一体化实现程度的现状。

（一）城乡发展一体化总水平实现程度和排序比较

按设上限值测度，2016 年没有 1 个省份提前实现目标；但按不设上限值测度，2016 年，北京、天津、上海、江苏和浙江 5 个发达省份已提前实现目标，福建和山东接近实现目标，特别是上海、北京和天津，实现程度远远超过目标（见表 2－9）。

表 2-9 中国及各地区城乡发展一体化总水平实现程度比较（2016 年）

地 区	实现程度			实现程度排序	
	设上限值(%)	不设上限值(%)	相差(百分点)	设上限值	不设上限值
北 京	89.11	188.61	99.50	3	2
天 津	86.15	141.88	55.73	5	3
河 北	69.28	78.79	9.51	8	9
山 西	51.72	58.50	6.78	21	20
内蒙古	54.53	65.85	11.32	20	14
辽 宁	64.11	71.47	7.36	11	10
吉 林	54.97	61.05	6.08	19	18
黑龙江	59.22	65.98	6.76	15	13
上 海	89.34	195.82	106.48	2	1
江 苏	91.72	119.03	27.31	1	5
浙 江	88.12	122.08	33.96	4	4
安 徽	55.52	58.15	2.63	18	21
福 建	78.75	91.05	12.30	7	7
江 西	57.31	59.65	2.34	17	19
山 东	82.55	91.20	8.65	6	6
河 南	60.43	63.48	3.05	14	16
湖 北	61.43	63.82	2.39	13	15
湖 南	49.65	51.35	1.70	24	24
广 东	68.47	80.39	11.92	9	8
广 西	50.15	52.28	2.13	22	23
海 南	66.12	70.84	4.72	10	11
重 庆	57.65	61.83	4.18	16	17
四 川	47.25	48.83	1.58	25	26
贵 州	11.84	15.02	3.18	30	30
云 南	23.18	24.66	1.48	28	28
陕 西	61.60	66.20	4.60	12	12
甘 肃	29.61	32.26	2.65	27	27
青 海	19.63	23.82	4.19	29	29
宁 夏	44.84	49.72	4.88	26	25
新 疆	49.95	54.76	4.81	23	22
全 国	63.77	67.25	3.48		

设上限值和不设上限值城乡发展一体化总水平实现程度相差较大的主要是发达地区省份，全国平均仅相差 3.48 个百分点。2016 年，相差超过 10 个以上

百分点的 8 个省份中，除内蒙古外，其余全部来自东部地区，上海、北京和天津分别相差 106. 48 个、99. 5 个和 55. 73 个百分点（见表 2 –9）。

实现程度的不同，也导致了排序的变化。如按不设上限值测度，上海排序升至榜首，北京升至第 2 位，天津升至第 3 位，内蒙古则由第 20 位大幅上升至第 14 位，而江苏则由榜首下降至第 5 位（见表 2 –9、图 2 –9）。

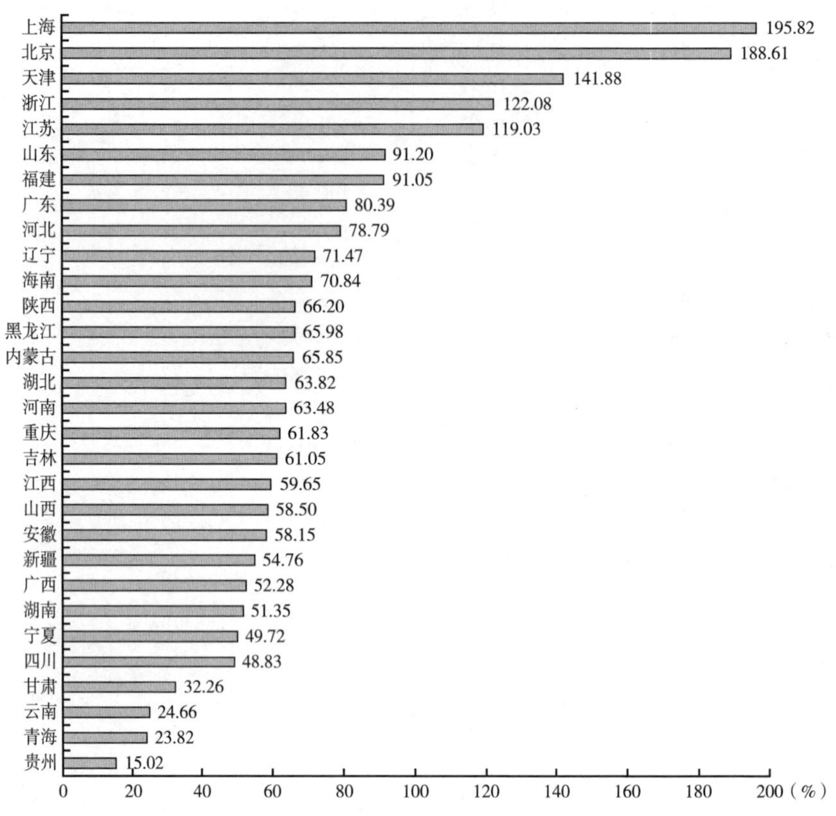

图 2 –9　2016 年不设上限值的城乡发展一体化总水平实现程度

（二）不设上限值城乡发展一体化总水平实现程度提高的主要因素

不设上限值与设上限值城乡发展一体化总水平实现程度相差较大的省份主要来自东部地区，这些省份最主要的优势在于经济发展水平远远超过其他省份，特别是上海和北京，由人均 GDP、人口城镇化率构成的经济发展实现程度高，由财政支农相对程度、农业贷款相对强度、城镇化土地利用效率构成的要素配置实现程度高，这是这些省份（特别是上海和北京）不设上限值城乡发展一体化总水平实现程度大幅高于设上限值实现程度的主要因素（见表2－10）。

表2－10　经济发展与要素配置实现程度比较（2016年）

单位：%，个百分点

地　区	经济发展			要素配置		
	设上限值	不设上限值	相差	设上限值	不设上限值	相差
北　京	100	245.52	145.52	100	805.50	705.50
天　津	100	253.58	153.58	89.75	338.78	249.03
河　北	53.42	53.42	0	38.66	56.68	18.02
山　西	56.36	56.36	0	48.77	121.50	72.72
内蒙古	100	129.60	29.60	60.38	137.18	76.80
辽　宁	98.43	124.51	26.08	61.11	81.71	20.60
吉　林	75.10	75.10	0	39.80	69.72	29.92
黑龙江	73.38	73.38	0	44.78	79.59	34.80
上　海	100	262.22	162.22	76.82	777.43	700.61
江　苏	100	163.53	63.53	84.96	163.67	78.71
浙　江	100	148.71	48.71	83.39	191.98	108.59
安　徽	38.55	38.55	0	23.20	30.71	7.50
福　建	100	122.87	22.87	78.40	103.69	25.29
江　西	43.49	43.49	0	52.96	72.71	19.76
山　东	96.54	103.70	7.16	52.67	80.14	27.47
河　南	33.28	33.28	0	39.34	40.73	1.39
湖　北	77.11	77.11	0	31.44	37.79	6.35
湖　南	48.65	48.65	0	28.83	35.76	6.93
广　东	100	141.39	41.39	71.86	92.37	20.51
广　西	22.22	22.22	0	16.70	16.70	0
海　南	58.14	58.14	0	－18.50	－18.50	0
重　庆	88.85	98.06	9.21	51.42	77.51	26.09
四　川	30.38	30.38	0	27.36	37.89	10.53
贵　州	－2.96	－2.96	0	－15.87	10.80	26.66
云　南	2.84	2.84	0	1.35	10.47	9.11
陕　西	66.54	66.54	0	41.94	76.43	34.49
甘　肃	1.89	1.89	0	2.06	31.39	29.33
青　海	43.69	43.69	0	22.49	72.71	50.22
宁　夏	63.35	63.35	0	24.20	82.72	58.52
新　疆	31.60	31.60	0	17.35	21.42	4.07
全　国	71.27	71.27	0	51.36	79.83	28.47

第三章 中国及各地区经济发展一体化指数

一 经济发展一体化指数

（一）经济发展一体化实现程度

1. 经济发展一体化实现程度达到60.03%，低于城乡发展一体化总水平实现程度

2016年，中国经济发展一体化实现程度为60.03%，比2015年提高5.1个百分点；经济发展一体化实现程度比城乡发展一体化总水平实现程度低3.74个百分点，高于社会发展一体化实现程度，低于生活水平一体化和生态环境一体化实现程度。

2. 多数省份实现程度未超过全国平均水平

2016年，仅有11个省份经济发展一体化实现程度超过全国平均水平，仅江苏实现程度超过80%，贵州、云南和甘肃尚未达到2007年全国平均水平（见表3-1、图3-1）。

3. 中部地区内部差距呈扩大趋势

虽然，经济发展一体化实现程度的极差在全国范围内呈缩小趋势，但是从各区域的角度观察又呈现不同的景象。其中，东部地区内部差距呈明显的缩小趋势，东北地区自2011年起也呈现缩小趋势，西部地区则呈先扩大后缩小的趋势，而中部地区自2012年起则呈现明显的扩大趋势（见图3-2）。

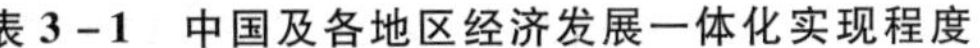

表 3－1　中国及各地区经济发展一体化实现程度

单位：%

地　区	2010 年	2011 年	2012 年	2013 年	2014 年	2015 年	2016 年
北　京	75.06	74.02	74.41	76.29	77.76	77.13	76.71
天　津	68.83	73.58	74.07	75.17	75.31	75.89	76.56
河　北	23.71	29.79	35.63	40.77	43.94	47.21	51.40
山　西	13.00	19.14	25.36	30.63	33.25	34.27	35.91
内蒙古	36.15	43.76	49.87	56.16	60.23	64.10	67.30
辽　宁	57.56	64.77	69.14	74.11	76.42	77.61	74.93
吉　林	31.83	34.68	39.94	45.27	51.18	54.90	59.24
黑龙江	46.46	50.53	55.66	59.12	62.23	64.31	66.00
上　海	71.95	72.22	72.01	69.89	71.67	70.23	69.81
江　苏	75.95	76.02	79.09	81.48	82.80	82.66	82.25
浙　江	62.89	66.32	72.31	73.79	74.59	74.70	75.19
安　徽	6.82	11.49	18.91	25.17	30.61	35.70	40.74
福　建	42.90	50.63	57.42	62.58	67.44	68.96	70.67
江　西	10.32	19.42	26.87	32.37	38.21	44.87	49.64
山　东	42.00	44.68	48.27	53.57	58.77	63.84	68.11
河　南	8.59	30.76	21.41	27.80	30.54	33.09	34.59
湖　北	-4.41	12.03	18.11	24.70	32.95	41.93	50.27
湖　南	-2.96	8.55	14.61	19.35	24.21	28.21	31.78
广　东	40.80	46.70	49.87	54.02	58.45	60.21	62.73
广　西	-17.09	-11.99	-7.80	-2.10	2.67	9.36	16.99
海　南	11.24	14.49	18.89	25.04	28.72	30.35	35.53
重　庆	15.34	14.53	21.16	26.27	35.70	41.49	49.26
四　川	-15.23	-6.57	0.71	6.60	12.33	16.78	21.84
贵　州	-40.42	-53.84	-49.11	-44.08	-37.81	-31.14	-24.35
云　南	-41.42	-37.27	-30.80	-25.26	-20.00	-15.12	-9.73
陕　西	9.68	17.63	23.85	28.70	33.82	37.63	41.11
甘　肃	-37.41	-29.90	-23.86	-18.89	-13.40	-8.75	-3.78
青　海	-2.25	4.89	10.60	15.91	20.30	23.32	28.55
宁　夏	10.79	3.31	7.20	11.62	18.39	25.62	32.30
新　疆	13.87	13.88	16.73	23.36	30.61	36.52	41.34
全　国	21.28	29.21	35.93	43.24	50.02	54.93	60.03

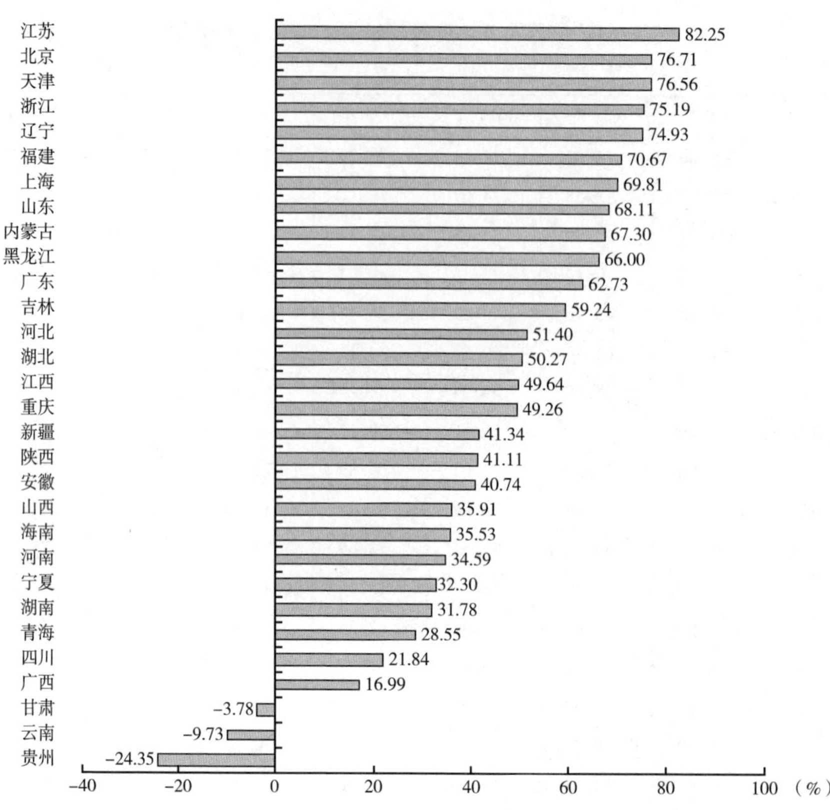

图 3-1　2016 年各地区经济发展一体化实现程度

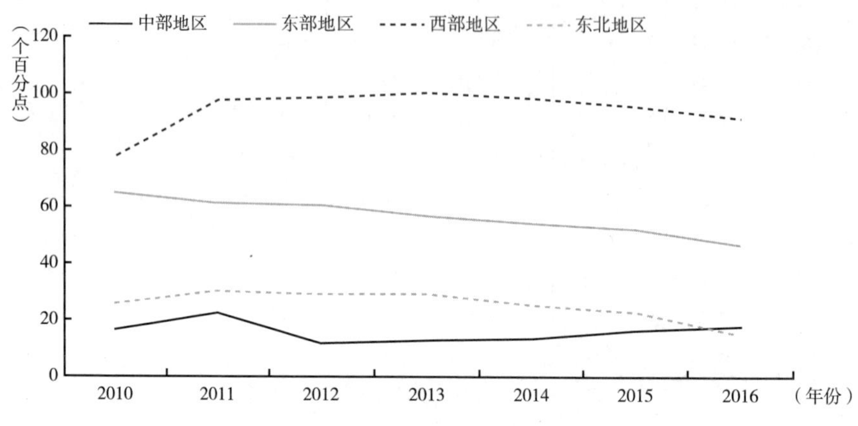

图 3-2　四大区域经济发展一体化内部差距（极差）

（二）经济发展一体化实现程度进展

1. 2016 年实现程度提升，进展有所加快

2016 年，经济发展一体化实现程度比 2015 年提升了 5.1 个百分点，进展比上年提高了 0.19 个百分点（见表 3－2）。

表 3－2　中国及各地区经济发展一体化实现程度进展（环比提高）

单位：个百分点

地　区	2011 年	2012 年	2013 年	2014 年	2015 年	2016 年	2010～2016 年年均提高
北　京	－1.04	0.39	1.88	1.47	－0.64	－0.42	0.27
天　津	4.75	0.49	1.10	0.15	0.58	0.67	1.29
河　北	6.09	5.84	5.14	3.16	3.27	4.19	4.62
山　西	6.15	6.22	5.26	2.62	1.02	1.64	3.82
内蒙古	7.61	6.11	6.29	4.07	3.87	3.20	5.19
辽　宁	7.21	4.37	4.97	2.31	1.19	－2.69	2.90
吉　林	2.85	5.26	5.33	5.92	3.72	4.34	4.57
黑龙江	4.07	5.13	3.46	3.11	2.08	1.69	3.26
上　海	0.27	－0.21	－2.12	1.79	－1.44	－0.42	－0.36
江　苏	0.08	3.06	2.39	1.32	－0.14	－0.41	1.05
浙　江	3.43	5.99	1.48	0.80	0.11	0.49	2.05
安　徽	4.67	7.42	6.26	5.45	5.08	5.05	5.65
福　建	7.73	6.79	5.16	4.86	1.53	1.71	4.63
江　西	9.10	7.45	5.50	5.83	6.67	4.77	6.55
山　东	2.68	3.59	5.29	5.21	5.07	4.27	4.35
河　南	22.17	－9.35	6.39	2.73	2.55	1.49	4.33
湖　北	16.44	6.08	6.59	8.25	8.98	8.34	9.11
湖　南	11.51	6.05	4.74	4.86	4.00	3.57	5.79
广　东	5.90	3.16	4.16	4.42	1.77	2.52	3.65
广　西	5.10	4.19	5.70	4.77	6.69	7.63	5.68
海　南	3.25	4.40	6.15	3.68	1.63	5.18	4.05
重　庆	－0.82	6.63	5.11	9.44	5.78	7.77	5.65
四　川	8.66	7.28	5.88	5.73	4.45	5.06	6.18
贵　州	－13.43	4.74	5.03	6.27	6.67	6.78	2.68
云　南	4.15	6.47	5.53	5.26	4.88	5.39	5.28
陕　西	7.95	6.22	4.85	5.12	3.81	3.48	5.24
甘　肃	7.51	6.04	4.97	5.49	4.65	4.96	5.60
青　海	7.14	5.71	5.31	4.39	3.02	5.23	5.13
宁　夏	－7.48	3.89	4.42	6.77	7.23	6.69	3.58
新　疆	0.01	2.85	6.63	7.25	5.91	4.82	4.58
全　国	7.93	6.72	7.31	6.78	4.91	5.10	6.46

2. 少数省份实现程度下降，半数省份实现程度进展不同程度加快

2016 年，大多数省份经济发展一体化实现程度比上年提高，但北京、辽宁、上海和江苏等实现程度下降；有一半的省份实现程度进展比上年提高；湖北进展最快，比上年提高 8.34 个百分点，但低于上年进展。

3. 经济发展一体化实现程度逐年提高，但近两年实现程度进展大幅下降

2010～2016 年，经济发展一体化实现程度逐年提高，由 21.28% 提高到 60.03%，提高了 38.75 个百分点（见表 3－1）。

2014 年以前，经济发展一体化实现程度保持了相对较快的进展，年均达到 7.19 个百分点；但是，2015 年和 2016 年，进展速度大幅下降，平均只有 5.01 个百分点，比前 4 年平均进展大幅下降了 2.18 个百分点（见表 3－2、图 3－3）。

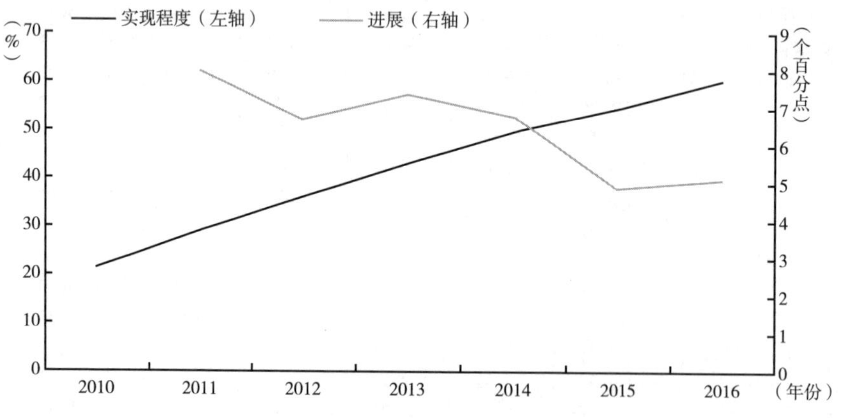

图 3－3　经济发展一体化实现程度与进展

（三）经济发展一体化实现程度排序及变化

1. 2016 年排序：东部地区居前，西部地区居后，整体变化较小

2016 年，经济发展一体化实现程度排名前 5 位的依次是江苏、北京、天津、浙江和辽宁；整体看，东部地区居前，前 10 位中有 7 位为东部地区省份，但海南排序靠后，仅位列第 21 位。

排名后 5 位的依次是四川、广西、甘肃、云南和贵州；西部地区整体排序靠后，后 10 位中有 7 位为西部地区省份，后 6 位均为西部地区省份，但内蒙古排名相对靠前，位居第9位。

2016年与2015年相比，整体排序变化较小。虽然有16个省份排序发生变化，但除辽宁排序下降3个位次外，其余变动幅度仅在1～2个位次（见表3－3）。

表3－3　各地区经济发展一体化实现程度排序

排序	2010年	2011年	2012年	2013年	2014年	2015年	2016年
1	江　苏	江　苏	江　苏	江　苏	江　苏	江　苏	江　苏
2	北　京	北　京	北　京	北　京	北　京	辽　宁	北　京
3	上　海	天　津	天　津	天　津	辽　宁	北　京	天　津
4	天　津	上　海	浙　江	辽　宁	天　津	天　津	浙　江
5	浙　江	浙　江	上　海	浙　江	浙　江	浙　江	辽　宁
6	辽　宁	辽　宁	辽　宁	上　海	上　海	上　海	福　建
7	黑龙江	福　建	福　建	福　建	福　建	福　建	上　海
8	福　建	黑龙江	黑龙江	黑龙江	黑龙江	黑龙江	山　东
9	山　东	广　东	内蒙古	内蒙古	内蒙古	内蒙古	内蒙古
10	广　东	山　东	广　东	广　东	山　东	山　东	黑龙江
11	内蒙古	内蒙古	山　东	山　东	广　东	广　东	广　东
12	吉　林	吉　林	吉　林	吉　林	吉　林	吉　林	吉　林
13	河　北	河　南	河　北	河　北	河　北	河　北	河　北
14	重　庆	河　北	江　西	江　西	江　西	江　西	湖　北
15	新　疆	江　西	山　西	山　西	重　庆	湖　北	江　西
16	山　西	山　西	陕　西	陕　西	陕　西	重　庆	重　庆
17	海　南	陕　西	河　南	河　南	山　西	陕　西	新　疆
18	宁　夏	重　庆	重　庆	重　庆	湖　北	新　疆	陕　西
19	江　西	海　南	安　徽	安　徽	安　徽	安　徽	安　徽
20	陕　西	新　疆	海　南	海　南	新　疆	山　西	山　西
21	河　南	湖　北	湖　北	湖　北	河　南	河　南	海　南
22	安　徽	安　徽	新　疆	新　疆	海　南	海　南	河　南
23	青　海	湖　南	湖　南	湖　南	湖　南	湖　南	宁　夏
24	湖　南	青　海	青　海	青　海	青　海	宁　夏	湖　南
25	湖　北	宁　夏	宁　夏	宁　夏	宁　夏	青　海	青　海
26	四　川	四　川	四　川	四　川	四　川	四　川	四　川
27	广　西	广　西	广　西	广　西	广　西	广　西	广　西
28	甘　肃	甘　肃	甘　肃	甘　肃	甘　肃	甘　肃	甘　肃
29	贵　州	云　南	云　南	云　南	云　南	云　南	云　南
30	云　南	贵　州	贵　州	贵　州	贵　州	贵　州	贵　州

2. 2010～2016 年排序变化：中部地区整体上升，东部地区始终保持领先地位

2010～2016 年，中部地区省份经济发展一体化实现程度进展较快，因此，整体排序有所上升。虽然山西排序下降了 4 位，但湖北排序呈不断上升趋势，由第 25 位大幅上升至第 14 位，上升了 11 位，江西和安徽排序分别上升了 4 位和 3 位。

东部地区排序始终保持领先地位，但上海和海南排序均下降 4 位，其他省份排序相对稳定。西部地区整体排序始终靠后，其中宁夏排序大幅下降 5 位，其他省份排序相对稳定（见表 3－3）。

（四）经济发展一体化实现程度预测

由于经济发展一体化实现程度起点较低，进展速度又相对缓慢，特别是近两年进展大幅减缓，到 2020 年难以如期实现目标。仅有 8 个省份实现程度将超过 80%，还有 7 个省份实现程度达不到 50%，贵州甚至不能达到 2007 年全国平均水平（见表 3－4）。

表 3－4　2020 年各地区经济发展一体化实现程度预测

单位：%，个百分点

地　区	2016 年实现程度	2010～2016 年平均进展	预计 2020 年实现程度
北　京	76.71	0.27	77.81
天　津	76.56	1.29	81.71
河　北	51.40	4.62	69.86
山　西	35.91	3.82	51.18
内蒙古	67.30	5.19	88.06
辽　宁	74.93	2.90	86.51
吉　林	59.24	4.57	77.51
黑龙江	66.00	3.26	79.02
上　海	69.81	－0.36	68.39
江　苏	82.25	1.05	86.45
浙　江	75.19	2.05	83.39
安　徽	40.74	5.65	63.36
福　建	70.67	4.63	89.19

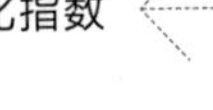

续表

地 区	2016 年实现程度	2010～2016 年平均进展	预计 2020 年实现程度
江 西	49.64	6.55	75.85
山 东	68.11	4.35	85.52
河 南	34.59	4.33	51.92
湖 北	50.27	9.11	86.72
湖 南	31.78	5.79	54.94
广 东	62.73	3.65	77.35
广 西	16.99	5.68	39.71
海 南	35.53	4.05	51.72
重 庆	49.26	5.65	71.87
四 川	21.84	6.18	46.56
贵 州	-24.35	2.68	-13.64
云 南	-9.73	5.28	11.40
陕 西	41.11	5.24	62.07
甘 肃	-3.78	5.60	18.64
青 海	28.55	5.13	49.08
宁 夏	32.30	3.58	46.64
新 疆	41.34	4.58	59.66

二 经济发展指数

（一）经济发展实现程度

1. 实现程度较高

2016 年，经济发展实现程度为 71.27%，比 2015 年提高 8.31 个百分点，实现程度分别比经济发展一体化中的产业协调和要素配置高 13.8 个和 19.9 个百分点。

2. 已有 8 个省份提前实现目标，但仍有 11 个省份实现程度尚未过半

2016 年，有 8 个省份经济发展提前实现目标，辽宁和山东距实现目标咫尺之遥。但仍有 11 个省份实现程度仍未过半，其中有 7 个省份尚未达到 1/3，贵州、云南和甘肃等省实现程度仅相当于 2007 年全国平均水平（见表 3－5、图 3－4）。

表 3－5　中国及各地区经济发展实现程度

单位：%

地　区	2010 年	2011 年	2012 年	2013 年	2014 年	2015 年	2016 年
北　京	100	100	100	100	100	100	100
天　津	100	100	100	100	100	100	100
河　北	1.63	9.54	17.50	25.59	32.67	42.99	53.42
山　西	10.73	20.78	30.06	38.18	44.51	50.19	56.36
内蒙古	65.73	78.34	90.36	95.43	98.30	100	100
辽　宁	74.98	81.71	87.58	93.55	97.86	100	98.43
吉　林	37.33	43.21	50.00	56.16	62.14	67.69	75.10
黑龙江	39.42	46.84	52.35	57.63	62.55	68.49	73.38
上　海	100	100	100	100	100	100	100
江　苏	88.89	96.29	100	100	100	100	100
浙　江	86.56	92.43	98.12	100	100	100	100
安　徽	－13.75	－3.71	5.93	14.14	21.88	29.81	38.55
福　建	61.69	71.27	82.89	90.99	97.46	100	100
江　西	－9.44	－0.30	9.47	17.65	25.95	34.47	43.49
山　东	36.70	46.75	57.55	68.16	78.39	89.72	96.54
河　南	－24.66	－13.36	－3.16	5.28	14.02	23.58	33.28
湖　北	19.45	31.93	42.39	50.48	59.40	68.16	77.11
湖　南	－7.83	2.56	11.89	20.27	28.80	38.23	48.65
广　东	77.48	82.95	87.62	93.12	98.31	100	100
广　西	－24.40	－14.82	－5.52	2.19	9.28	15.89	22.22
海　南	14.42	20.31	27.05	34.34	41.27	48.92	58.14
重　庆	30.71	43.25	55.49	65.69	75.53	82.73	88.85
四　川	－22.93	－12.88	－2.87	5.52	13.72	21.71	30.38
贵　州	－56.37	－49.55	－41.83	－34.01	－23.51	－13.62	－2.96
云　南	－49.90	－39.77	－27.99	－20.78	－14.15	－5.91	2.84
陕　西	4.44	14.89	29.61	39.14	48.43	57.30	66.54
甘　肃	－44.30	－38.13	－29.50	－21.75	－13.71	－5.87	1.89
青　海	－3.23	5.60	14.42	22.04	30.03	35.47	43.69
宁　夏	11.37	22.02	29.31	37.71	46.59	55.82	63.35
新　疆	－8.20	－2.76	2.71	8.31	17.75	24.68	31.60
全　国	23.91	32.25	40.04	47.57	54.67	62.96	71.27

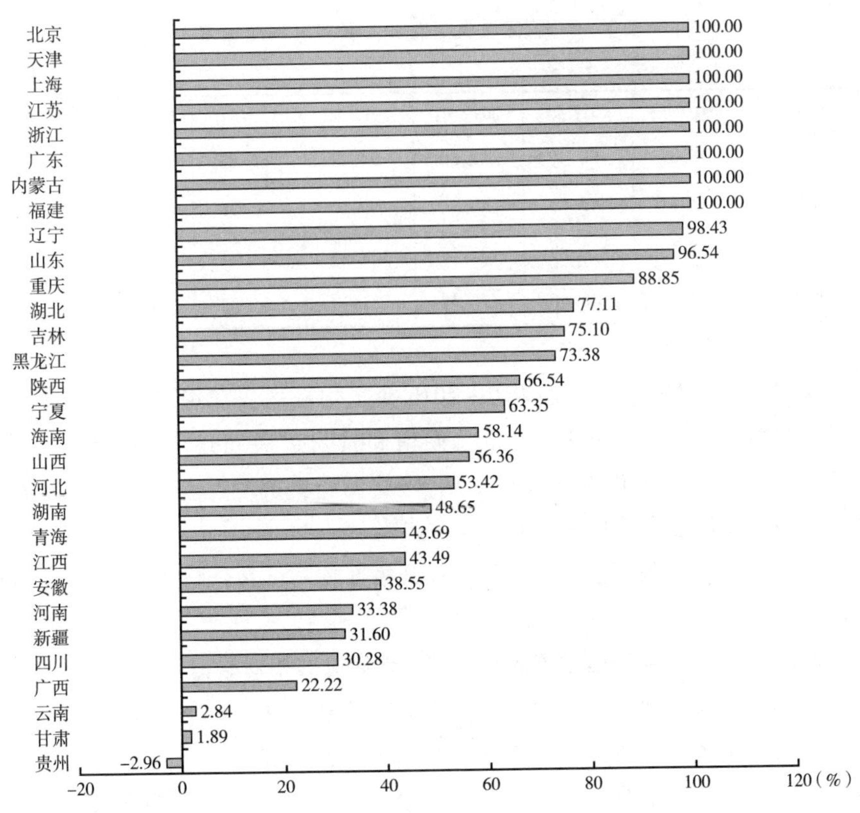

图 3-4　2016 年各地区经济发展实现程度

东部地区实现程度高，8 个提前实现目标的省份中有 7 个来自东部地区省份，山东也非常接近实现目标，但河北和海南实现程度较低。

3. 西部地区内部差距较大

虽然经济发展实现程度的极差在全国范围内是呈缩小趋势，但是从各区域的角度观察又呈现不同的景象。东部地区内部差距呈明显缩小趋势；东北地区内部差距最小且呈缩小趋势；西部地区内部差距最大，呈现先扩大后缩小的趋势，但缩小速度较为缓慢；中部地区自 2010 年起几乎没有发生变化（见表 3-6）。

（二）经济发展实现程度进展

1. 2016 年进展较快

2016 年，经济发展实现程度比 2015 年提升了 8.31 个百分点，提升幅度较

表 3－6　各区域内部经济发展实现程度极差

单位：个百分点

地区	2010 年	2011 年	2012 年	2013 年	2014 年	2015 年	2016 年
东部地区	98.37	90.46	82.50	74.41	67.33	57.01	46.58
中部地区	44.11	45.29	45.56	45.20	45.38	44.58	43.83
西部地区	122.10	127.89	132.18	129.44	121.81	113.62	102.96
东北地区	37.65	38.50	37.58	37.39	35.72	32.31	25.05

快，进展仅低于 2011 年，比 2010～2016 年平均进展快 0.42 个百分点。在尚未实现目标的 22 个省份中，河北、湖南和贵州进展超过 10 个百分点（见表 3－7）。经济发展的进展也远远快于产业协调和要素配置，在 12 个二级指标中，仅慢于环境卫生治理和污染物排放。

2016 年，经济发展实现程度不仅提升幅度较高，而且略快于 2015 年进展（见表 3－7）。

2. 2016 年，中部地区进展较快，东北地区进展相对缓慢

2016 年，中部地区经济发展实现程度提升较快，6 个省份中，除山西外，其余 5 个省份进展均超过全国平均水平，其中江西、河南和湖南进展超过 9 个百分点。东北地区进展缓慢，吉林、黑龙江进展低于全国平均水平，辽宁出现负增长。东部地区的河北和海南进展较快，超过 9 个百分点（见表 3－7）。

3. 2010～2016 年进展较快

2010～2016 年，经济发展实现程度由 23.91% 提高到 71.27%，提高了 47.36 个百分点，年均提高 7.89 个百分点，快于经济发展一体化中的产业协调和要素配置实现程度进展，在 12 个二级指标中仅慢于环境卫生治理、污染物排放和收入消费水平进展。

中部地区进展较快，6 个省份中，除山西外，其余 5 个省份进展均超过全国平均水平，其中河南、湖北和湖南进展超过 9 个百分点。西部地区进展也较快，11 个省份中，有 6 个省份进展超过全国平均水平，其中陕西进展为全国最快，超过 10 个百分点，内蒙古则提前实现目标。东北地区进展缓慢，吉林和黑龙江进展均慢于全国平均水平（见表 3－7）。

表 3－7 中国及各地区经济发展实现程度进展（环比提高）

单位：个百分点

地区	2011 年	2012 年	2013 年	2014 年	2015 年	2016 年	2010～2016 年年均提高
北京	0	0	0	0	0	0	0
天津	0	0	0	0	0	0	0
河北	7.91	7.97	8.09	7.08	10.32	10.43	8.63
山西	10.05	9.28	8.12	6.34	5.68	6.17	7.61
内蒙古	12.61	12.02	5.07	2.87	1.70	0	5.71
辽宁	6.73	5.88	5.96	4.31	2.14	－1.57	3.91
吉林	5.88	6.80	6.15	5.98	5.55	7.41	6.29
黑龙江	7.41	5.52	5.27	4.92	5.94	4.90	5.66
上海	0	0	0	0	0	0	0
江苏	7.41	3.71	0	0	0	0	1.85
浙江	5.88	5.68	1.88	0	0	0	2.24
安徽	10.04	9.65	8.21	7.74	7.93	8.74	8.72
福建	9.58	11.62	8.10	6.47	2.54	0	6.38
江西	9.14	9.77	8.17	8.31	8.52	9.01	8.82
山东	10.05	10.80	10.61	10.24	11.33	6.81	9.97
河南	11.30	10.20	8.44	8.74	9.56	9.70	9.66
湖北	12.47	10.47	8.09	8.92	8.76	8.95	9.61
湖南	10.39	9.34	8.38	8.53	9.43	10.42	9.41
广东	5.47	4.67	5.49	5.19	1.69	0	3.75
广西	9.57	9.30	7.71	7.09	6.61	6.34	7.77
海南	5.90	6.73	7.29	6.94	7.64	9.23	7.29
重庆	12.53	12.24	10.20	9.84	7.20	6.12	9.69
四川	10.05	10.01	8.39	8.21	7.98	8.67	8.88
贵州	6.82	7.72	7.82	10.50	9.89	10.67	8.90
云南	10.13	11.78	7.21	6.63	8.24	8.75	8.79
陕西	10.45	14.72	9.52	9.30	8.86	9.24	10.35
甘肃	6.17	8.63	7.75	8.04	7.84	7.76	7.70
青海	8.83	8.82	7.62	7.99	5.43	8.23	7.82
宁夏	10.65	7.29	8.40	8.88	9.22	7.54	8.66
新疆	5.44	5.47	5.60	9.44	6.93	6.92	6.63
全国	8.34	7.80	7.53	7.10	8.29	8.31	7.89

（三）经济发展实现程度排序及变化

1. 2016 年排序：东部地区居前，中西部地区居后

2016 年，经济发展实现程度排名前 10 位的省份中有 8 个来自东部地区，但海南和河北排名相对靠后，分别位列第 17 和第 19；中部地区排序相对靠后，6 个省份中有 3 个进入后 10 位，山西和湖南排序也较为靠后，分别列第 18 位和第 20 位，湖北排名相对较高，位于第 12 位；西部地区排序整体靠后，排名后 10 位的省份中有 7 个来自西部地区，但内蒙古已提前实现目标，排序高，并列第一（见表 3－8）。

表 3－8　各地区经济发展实现程度排序

排序	2010 年	2011 年	2012 年	2013 年	2014 年	2015 年	2016 年
1	北京(1)	北京(1)	北京(1)	北京(1)	北京(1)	北京(1)	北京(1)
2	天津(1)	天津(1)	天津(1)	天津(1)	天津(1)	天津(1)	天津(1)
3	上海(1)	上海(1)	上海(1)	上海(1)	上海(1)	上海(1)	上海(1)
4	江苏	江苏	江苏(1)	江苏(1)	江苏(1)	江苏(1)	江苏(1)
5	浙江	浙江	浙江	浙江(1)	浙江(1)	浙江(1)	浙江(1)
6	广东	广东	内蒙古	内蒙古	广东	广东(1)	广东(1)
7	辽宁	辽宁	广东	辽宁	内蒙古	内蒙古(1)	内蒙古(1)
8	内蒙古	内蒙古	辽宁	广东	辽宁	辽宁(1)	福建(1)
9	福建	福建	福建	福建	福建	福建(1)	辽宁
10	黑龙江	黑龙江	山东	山东	山东	山东	山东
11	吉林	山东	重庆	重庆	重庆	重庆	重庆
12	山东	重庆	黑龙江	黑龙江	黑龙江	黑龙江	湖北
13	重庆	吉林	吉林	吉林	吉林	湖北	吉林
14	湖北	湖北	湖北	湖北	湖北	吉林	黑龙江
15	海南	宁夏	山西	陕西	陕西	陕西	陕西
16	宁夏	山西	陕西	山西	宁夏	宁夏	宁夏
17	山西	海南	宁夏	宁夏	山西	山西	海南
18	陕西	陕西	海南	海南	海南	海南	山西
19	河北	河北	河北	河北	河北	河北	河北
20	青海	青海	青海	青海	青海	湖南	湖南
21	湖南	湖南	湖南	湖南	湖南	青海	青海
22	新疆	江西	江西	江西	江西	江西	江西

续表

排序	2010 年	2011 年	2012 年	2013 年	2014 年	2015 年	2016 年
23	江西	新疆	安徽	安徽	安徽	安徽	安徽
24	安徽	安徽	新疆	新疆	新疆	新疆	河南
25	四川	四川	四川	四川	河南	河南	新疆
26	广西	河南	河南	河南	四川	四川	四川
27	河南	广西	广西	广西	广西	广西	广西
28	甘肃	甘肃	云南	云南	甘肃	甘肃	云南
29	云南	云南	甘肃	甘肃	云南	云南	甘肃
30	贵州	贵州	贵州	贵州	贵州	贵州	贵州

注：括号（1）表示该省份在当年已实现目标时排序为并列第一。

2. 2010～2016 年排序变化：东部地区领先地位巩固，西部地区整体居后，中部地区排序整体提升

2010～2016 年，东部地区经济发展实现程度整体处于领先地位，除 2010 年和 2011 年外，其余年份前 10 位中始终有 8 个省份来自东部地区。

中部地区经济发展实现程度整体排序有所上升，6 个省份中，除山西排序下降 1 位外，其余 5 个省份排序均不同程度上升。

西部地区经济发展实现程度整体排序居后，并有所下移。排名后 10 位的省份中，来自西部地区的省份由 6 个增加到 7 个。

东北地区经济发展实现程度排序整体有所下移，3 个省份排序不同程度下降，其中黑龙江下降较多，由第 10 位下降至第 14 位（见表 3－8）。

3. 2010～2016 年各省份排序变化：基本稳定

2016 年与 2010 年相比，北京、天津、上海、江苏、浙江、广东、宁夏、河北和贵州等 9 个省份实现程度排序未发生变化，其余 21 个省份的实现程度排序均发生变化，但变动较小，除黑龙江和新疆排序分别下降 4 位和 3 位、河南上升 3 位外，其余省份排序变动仅为 1～2 位（见表 3－8）。

（四）经济发展实现程度预测

由于经济发展实现程度进展速度较快，到 2020 年，将有 14 个省份实现目标，黑龙江和宁夏非常接近实现目标，但西部地区一些省份距目标仍有较大差距（见表 3－9）。

表 3－9　2020 年各地区经济发展实现程度预测

单位：%，个百分点

地　区	2016 年实现程度	2010～2016 年平均进展	预计 2020 年实现程度
北　京	100	0	100
天　津	100	0	100
河　北	53.42	8.63	87.94
山　西	56.36	7.61	86.78
内蒙古	100	5.71	100
辽　宁	98.43	3.91	100
吉　林	75.10	6.29	100
黑龙江	73.38	5.66	96.03
上　海	100	0	100
江　苏	100	1.85	100
浙　江	100	2.24	100
安　徽	38.55	8.72	73.42
福　建	100	6.38	100
江　西	43.49	8.82	78.77
山　东	96.54	9.97	100
河　南	33.28	9.66	71.91
湖　北	77.11	9.61	100
湖　南	48.65	9.41	86.31
广　东	100	3.75	100
广　西	22.22	7.77	53.30
海　南	58.14	7.29	87.29
重　庆	88.85	9.69	100
四　川	30.38	8.88	65.91
贵　州	－2.96	8.90	32.66
云　南	2.84	8.79	38.00
陕　西	66.54	10.35	100
甘　肃	1.89	7.70	32.69
青　海	43.69	7.82	74.98
宁　夏	63.35	8.66	98.01
新　疆	31.60	6.63	58.13

三 产业协调指数

（一）产业协调实现程度

1. 实现程度较低

2016 年，产业协调实现程度为 57.45%，实现程度较低，分别比城乡发展一体化总水平实现程度和经济发展一体化实现程度低 6.3 个和 2.6 个百分点。

2. 2/3 的省份实现程度未超过 50%

2016 年，仅有 8 个省份产业协调实现程度超过 60%，10 个省份实现程度超过 50%，仅黑龙江和新疆实现程度超过 70%；一半省份实现程度尚未达到 1/3，其中甘肃、云南和贵州实现程度距 2007 年全国平均水平还有较大差距（见表 3－10、图 3－5）。

表 3－10 中国及各地区产业协调实现程度

单位：%

地 区	2010 年	2011 年	2012 年	2013 年	2014 年	2015 年	2016 年
北 京	40.28	37.29	39.16	39.76	38.01	31.38	30.12
天 津	20.79	34.92	36.78	39.94	40.62	40.17	39.92
河 北	51.31	56.74	59.60	61.94	62.50	61.77	62.11
山 西	－11.38	－8.35	－3.60	0.01	2.64	2.84	2.59
内蒙古	25.49	27.96	28.95	34.46	37.01	39.35	41.53
辽 宁	54.78	62.28	64.00	66.17	64.67	65.93	65.23
吉 林	40.45	40.97	44.42	48.51	55.39	59.78	62.83
黑龙江	67.80	68.10	73.09	74.93	77.92	79.00	79.83
上 海	37.50	35.22	31.36	26.22	33.87	30.68	32.62
江 苏	75.42	65.25	64.03	63.11	62.76	62.79	61.79
浙 江	43.34	44.45	53.57	51.59	48.55	44.26	42.17
安 徽	42.22	42.11	47.21	49.94	53.68	57.70	60.48
福 建	19.73	26.19	29.88	31.45	32.40	32.14	33.61
江 西	19.70	27.68	32.51	37.82	43.15	51.07	52.47
山 东	42.72	40.15	42.05	44.89	47.57	51.23	55.13
河 南	36.06	65.59	37.69	40.54	36.67	33.79	31.13
湖 北	－12.74	4.46	6.62	13.23	23.65	33.28	42.26
湖 南	1.37	12.51	13.75	13.28	14.58	16.40	17.84
广 东	－1.78	4.10	5.89	7.67	9.93	12.36	16.33
广 西	－8.49	－7.02	－7.73	－0.87	1.62	5.16	12.06

续表

地　区	2010 年	2011 年	2012 年	2013 年	2014 年	2015 年	2016 年
海　南	61.09	63.10	66.81	69.15	71.01	67.66	66.95
重　庆	-9.52	-18.96	-16.84	-18.41	-6.76	-1.35	7.51
四　川	-11.47	-12.25	-9.86	-4.85	-0.11	3.80	7.80
贵　州	-48.85	-71.90	-68.70	-66.23	-63.40	-57.95	-54.24
云　南	-50.84	-51.40	-47.81	-44.62	-40.38	-36.74	-33.37
陕　西	2.14	9.13	11.68	12.03	14.70	16.00	14.86
甘　肃	-39.32	-35.16	-31.94	-28.71	-24.40	-20.17	-15.30
青　海	-1.37	2.50	6.60	12.38	14.10	15.61	19.47
宁　夏	9.71	-8.65	-5.34	-3.85	1.08	6.03	9.35
新　疆	72.93	64.93	62.04	69.18	70.39	72.36	75.07
全　国	16.79	25.02	32.32	41.90	50.33	53.50	57.45

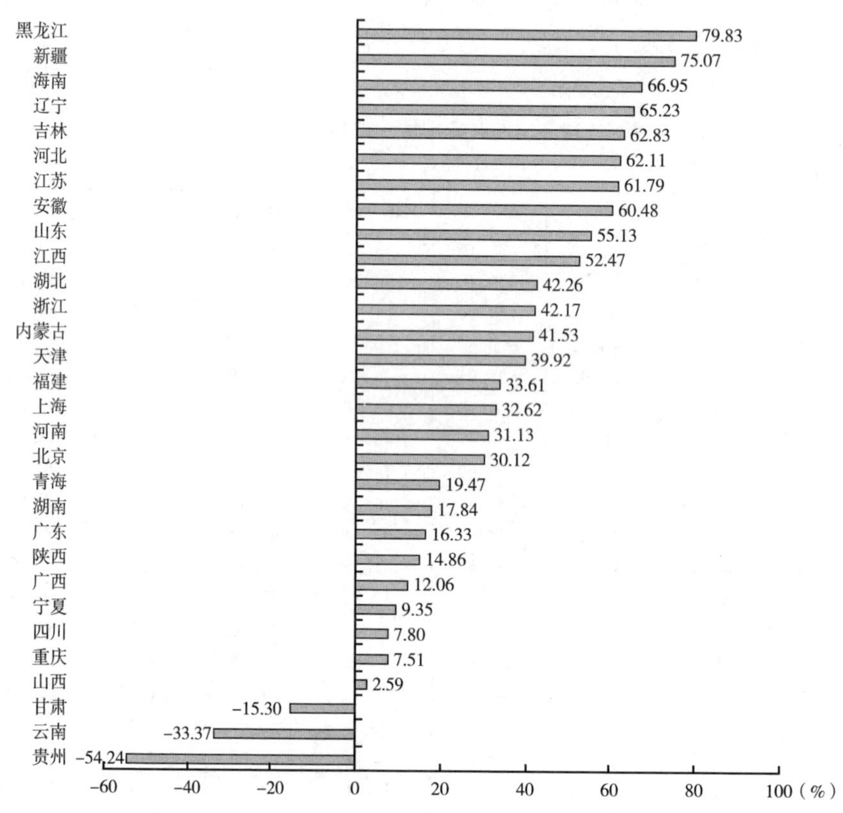

图 3-5　2016 年各地区产业协调实现程度

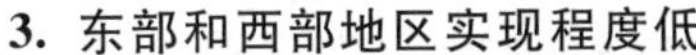

3. 东部和西部地区实现程度低

2016 年，东部地区 10 个省份中，仅有 4 个省份实现程度超过 50%，实现程度最高的海南也只达到 67%，广东最低，仅为 16%。产业协调实现程度低是拖累东部地区城乡发展一体化和经济发展一体化实现程度提高的最主要制约因素。

西部地区 11 个省份中，有 9 个省份实现程度尚未达到 20%，其中 3 个省份距 2007 年全国平均水平还有很大差距，但新疆实现程度较高，达到 75%。

相比较而言，东北地区产业协调实现程度较高，3 个省份均超过 60%，黑龙江实现程度为全国最高，接近 80%（见表 3－10）。

4. 西部地区内部差距较大

西部地区产业协调实现程度内部差距较大，东北地区内部差距较小（见表 3－11）。

表 3－11　各区域内部产业协调实现程度极差

单位：%

地区	2010 年	2011 年	2012 年	2013 年	2014 年	2015 年	2016 年
东部地区	77.20	61.15	60.92	61.49	61.08	55.30	50.62
中部地区	54.96	73.95	50.81	49.93	51.04	54.86	57.88
西部地区	123.77	136.82	130.74	135.42	133.80	130.31	129.31
东北地区	27.35	27.13	28.68	26.41	22.53	19.23	17.00

（二）产业协调实现程度进展

1. 2016 年进展有所加快，但依然缓慢

2016 年，产业协调实现程度比 2015 年提升了 3.95 个百分点，虽然比 2015 年进展快 0.78 个百分点，但依然缓慢（见表 3－12）。

2. 省份之间进展非常不均衡

2016 年，省份之间产业协调实现程度进展非常不均衡，湖北、重庆和广西等进展较快，特别是湖北和重庆超过 8 个百分点；但是，多达 9 个省份实现程度却出现下降（见表 3－12）。

3. 东部地区进展较为缓慢

2016 年，东部地区 10 个省份中，除广东实现程度进展超过全国平均水平

表 3－12　中国及各地区产业协调实现程度进展（环比提高）

单位：个百分点

地　区	2011 年	2012 年	2013 年	2014 年	2015 年	2016 年	2010～2016 年年均提高
北　京	－2.99	1.87	0.61	－1.75	－6.63	－1.25	－1.69
天　津	14.13	1.86	3.16	0.68	－0.45	－0.25	3.19
河　北	5.43	2.86	2.34	0.56	－0.73	0.34	1.80
山　西	3.03	4.76	3.60	2.63	0.20	－0.25	2.33
内蒙古	2.47	0.99	5.51	2.55	2.34	2.18	2.67
辽　宁	7.50	1.72	2.17	－1.50	1.26	－0.70	1.74
吉　林	0.52	3.45	4.10	6.88	4.38	3.05	3.73
黑龙江	0.30	4.99	1.83	2.99	1.08	0.83	2.00
上　海	－2.28	－3.86	－5.14	7.65	－3.19	1.94	－0.81
江　苏	－10.17	－1.22	－0.92	－0.36	0.04	－1.00	－2.27
浙　江	1.10	9.13	－1.98	－3.05	－4.29	－2.09	－0.20
安　徽	－0.11	5.10	2.73	3.74	4.02	2.77	3.04
福　建	6.46	3.69	1.58	0.95	－0.26	1.47	2.31
江　西	7.97	4.83	5.31	5.34	7.91	1.40	5.46
山　东	－2.57	1.90	2.84	2.68	3.66	3.90	2.07
河　南	29.54	－27.90	2.85	－3.87	－2.88	－2.66	－0.82
湖　北	17.20	2.16	6.61	10.41	9.63	8.98	9.17
湖　南	11.14	1.24	－0.46	1.30	1.82	1.44	2.75
广　东	5.88	1.79	1.78	2.27	2.43	3.97	3.02
广　西	1.47	－0.71	6.86	2.49	3.53	6.90	3.42
海　南	2.02	3.70	2.35	1.86	－3.35	－0.71	0.98
重　庆	－9.44	2.13	－1.58	11.65	5.42	8.86	2.84
四　川	－0.78	2.38	5.02	4.74	3.90	4.00	3.21
贵　州	－23.05	3.20	2.47	2.83	5.45	3.71	－0.90
云　南	－0.56	3.60	3.18	4.24	3.64	3.37	2.91
陕　西	6.99	2.55	0.35	2.67	1.30	－1.14	2.12
甘　肃	4.15	3.23	3.23	4.31	4.23	4.87	4.00
青　海	3.87	4.10	5.78	1.73	1.51	3.85	3.47
宁　夏	－18.36	3.31	1.49	4.94	4.95	3.32	－0.06
新　疆	－8.00	－2.89	7.14	1.21	1.96	2.72	0.36
全　国	8.23	7.30	9.58	8.43	3.17	3.95	6.78

以及山东实现程度进展接近全国平均水平外，有5个省份实现程度下降，3个省份进展未超过2个百分点（见表3－12）。

4. 近两年实现程度进展大幅减缓

2010～2014年，产业协调实现程度持续保持较快提升，年均提高8.38个百分点，但是，2015年和2016年，进展大幅下滑，年均仅为3.56个百分点，不及前几年进展水平的一半（见表3－12）。

（三）产业协调实现程度排序及变化

1. 2016年排序：东北地区领先，西部地区整体靠后

2016年，东北地区产业协调实现程度处于领先地位，3个省份全部位于前5行列，其中黑龙江高居榜首。西部地区实现程度整体居后，后10名中，8个省份来自西部地区；后5名中，4个来自西部地区（见表3－13）。

2. 东部地区排序与其经济发展水平不相匹配

东部地区经济发达，经济发展实现程度处于领先地位，但是，东部地区产业发展不协调，实现程度较低，多数省份距实现目标有较大差距，产业协调实现程度排名与其经济发展实现程度排名非常不协调。2016年，经济发展实现程度前10行列中东部地区占据8位，但产业协调前10行列中，东部地区仅占据4位；经济发展实现程度前5名均为东部地区省份，但仅海南进入产业协调前5行列（见表3－8、表3－13）。

3. 2010～2016年排序变化：东北地区整体上升，东部地区整体下降

2010～2016年，东北地区产业协调实现程度整体排序上升，3个省份中，黑龙江由第3位升至榜首；吉林由第10位升至第5位，上升5位；辽宁上升1位。东部地区整体排序下降，其中江苏由榜首下降至第7位，下降了6位；北京、浙江和上海分别下降7位、5位和4位；天津、福建、广东和海南等省份虽然排序上升，但均只上升1位（见表3－13）。

（四）产业协调实现程度预测

由于产业协调实现程度起点低，进展缓慢，如期实现目标难度较大。按2010～2016年平均进展，到2020年，实现程度最高的黑龙江也只能达到87.85%，2/3的省份实现程度不足60%，一半省份实现程度距目标尚有2/3以上的差距，贵州和云南甚至距2007年全国平均水平尚有较大差距（见表3－14）。

表 3－13　各地区产业协调实现程度排序

排序	2010 年	2011 年	2012 年	2013 年	2014 年	2015 年	2016 年
1	江　苏	黑龙江	黑龙江	黑龙江	黑龙江	黑龙江	黑龙江
2	新　疆	河　南	海　南	新　疆	海　南	新　疆	新　疆
3	黑龙江	江　苏	江　苏	海　南	新　疆	海　南	海　南
4	海　南	新　疆	辽　宁	辽　宁	辽　宁	辽　宁	辽　宁
5	辽　宁	海　南	新　疆	江　苏	江　苏	江　苏	吉　林
6	河　北	辽　宁	河　北	河　北	河　北	河　北	河　北
7	浙　江	河　北	浙　江	浙　江	吉　林	吉　林	江　苏
8	山　东	浙　江	安　徽	安　徽	安　徽	安　徽	安　徽
9	安　徽	安　徽	吉　林	吉　林	浙　江	山　东	山　东
10	吉　林	吉　林	山　东	山　东	山　东	江　西	江　西
11	北　京	山　东	北　京	河　南	江　西	浙　江	湖　北
12	上　海	北　京	河　南	天　津	天　津	天　津	浙　江
13	河　南	上　海	天　津	北　京	北　京	内蒙古	内蒙古
14	内蒙古	天　津	江　西	江　西	内蒙古	河　南	天　津
15	天　津	内蒙古	上　海	内蒙古	河　南	湖　北	福　建
16	福　建	江　西	福　建	福　建	上　海	福　建	上　海
17	江　西	福　建	内蒙古	上　海	福　建	北　京	河　南
18	宁　夏	湖　南	湖　南	湖　南	湖　北	上　海	北　京
19	陕　西	陕　西	陕　西	湖　北	陕　西	湖　南	青　海
20	湖　南	湖　北	湖　北	青　海	湖　南	陕　西	湖　南
21	青　海	广　东	青　海	陕　西	青　海	青　海	广　东
22	广　东	青　海	广　东	广　东	广　东	广　东	陕　西
23	广　西	广　西	山　西	山　西	山　西	宁　夏	广　西
24	重　庆	山　西	宁　夏	广　西	广　西	广　西	宁　夏
25	山　西	宁　夏	广　西	宁　夏	宁　夏	四　川	四　川
26	四　川	四　川	四　川	四　川	四　川	山　西	重　庆
27	湖　北	重　庆	重　庆	重　庆	重　庆	重　庆	山　西
28	甘　肃	甘　肃	甘　肃	甘　肃	甘　肃	甘　肃	甘　肃
29	贵　州	云　南	云　南	云　南	云　南	云　南	云　南
30	云　南	贵　州	贵　州	贵　州	贵　州	贵　州	贵　州

表 3-14 2020 年各地区产业协调实现程度预测

单位：%，个百分点

地 区	2016 年实现程度	2010~2016 年平均进展	预计 2020 年实现程度
北 京	30.12	-1.69	23.35
天 津	39.92	3.19	52.67
河 北	62.11	1.80	69.30
山 西	2.59	2.33	11.90
内蒙古	41.53	2.67	52.22
辽 宁	65.23	1.74	72.20
吉 林	62.83	3.73	77.75
黑龙江	79.83	2.00	87.85
上 海	32.62	-0.81	29.36
江 苏	61.79	-2.27	52.70
浙 江	42.17	-0.20	41.38
安 徽	60.48	3.04	72.64
福 建	33.61	2.31	42.86
江 西	52.47	5.46	74.31
山 东	55.13	2.07	63.40
河 南	31.13	-0.82	27.85
湖 北	42.26	9.17	78.92
湖 南	17.84	2.75	28.82
广 东	16.33	3.02	28.40
广 西	12.06	3.42	25.76
海 南	66.95	0.98	70.86
重 庆	7.51	2.84	18.87
四 川	7.80	3.21	20.64
贵 州	-54.24	-0.90	-57.83
云 南	-33.37	2.91	-21.73
陕 西	14.86	2.12	23.35
甘 肃	-15.30	4.00	0.71
青 海	19.47	3.47	33.35
宁 夏	9.35	-0.06	9.12
新 疆	75.07	0.36	76.50

四 要素配置指数

（一）要素配置实现程度

1. 实现程度较低

2016 年，要素配置实现程度为 51.36%，比 2015 年提高 3.04 个百分点，进程过半，实现程度依然较低，比经济发展和产业协调实现程度分别低 19.91 个和 6.1 个百分点，不仅低于城乡发展一体化总水平和经济发展一体化，且拉低了经济发展一体化实现程度。

2. 近 2/3 省份实现程度尚未过半

2016 年，依然有 18 个省份要素配置实现程度未达到 50%，有 12 个省份实现程度尚未达到目标的 1/3，其中海南和贵州的实现程度还未达到 2007 年全国平均水平，但北京已提前实现目标（见图 3－6、表 3－15）。

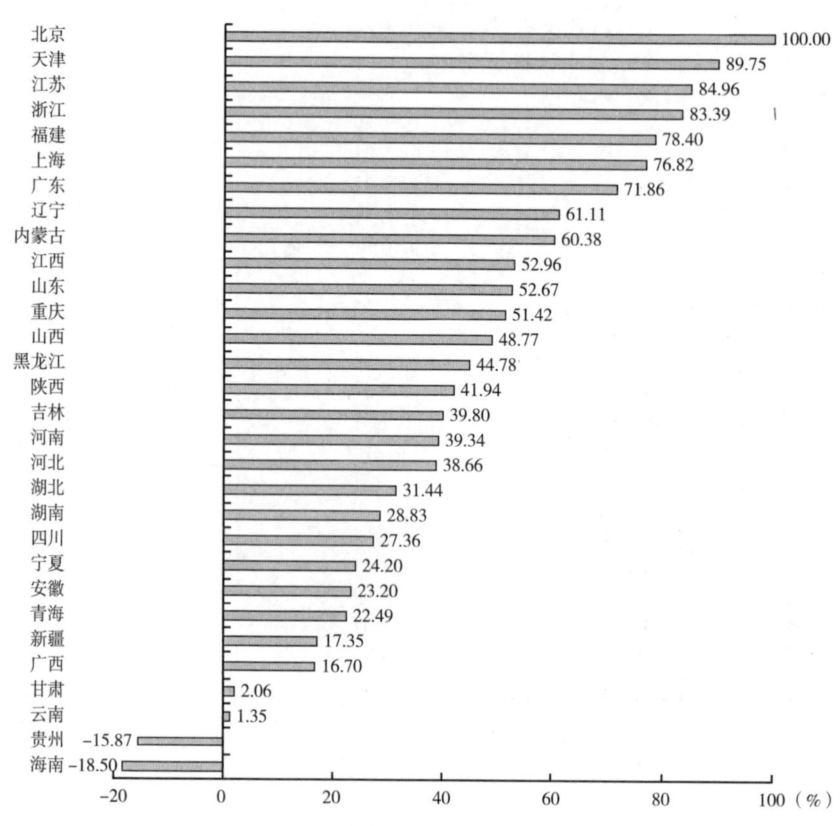

图 3－6　2016 年各地区要素配置实现程度

3. 东部地区实现程度较高，西部地区实现程度低

虽然全国要素配置实现程度较低，但东部地区要素配置实现程度相对较高，除北京已提前实现目标，天津、江苏和浙江等 3 个省份实现程度均超过

80%，但海南实现程度位居全国末位，尚未达到2007年全国平均水平。西部地区整体实现程度较低，11个省份中，有8个省份实现程度尚未达到目标的1/3，其中贵州实现程度尚未达到2007年全国平均水平（见表3-15）。

表3-15　中国及各地区要素配置实现程度

单位：%

地　区	2010年	2011年	2012年	2013年	2014年	2015年	2016年
北　京	84.91	84.76	84.07	89.11	95.28	100	100
天　津	85.69	85.81	85.43	85.56	85.32	87.50	89.75
河　北	18.17	23.11	29.80	34.79	36.64	36.86	38.66
山　西	39.63	45.00	49.63	53.69	52.60	49.76	48.77
内蒙古	17.25	24.99	30.31	38.58	45.37	52.96	60.38
辽　宁	42.91	50.31	55.83	62.61	66.74	66.91	61.11
吉　林	17.73	19.87	25.39	31.13	36.02	37.25	39.80
黑龙江	32.15	36.66	41.54	44.80	46.22	45.44	44.78
上　海	78.35	81.43	84.66	83.44	81.15	80.01	76.82
江　苏	63.54	66.53	73.23	81.33	85.64	85.18	84.96
浙　江	58.76	62.07	65.24	69.78	75.23	79.84	83.39
安　徽	-8.01	-3.94	3.58	11.42	16.28	19.57	23.20
福　建	47.28	54.43	59.49	65.30	72.45	74.75	78.40
江　西	20.71	30.89	38.63	41.66	45.51	49.07	52.96
山　东	46.60	47.14	45.22	47.65	50.36	50.57	52.67
河　南	14.36	40.05	29.71	37.59	40.93	41.91	39.34
湖　北	-19.94	-0.29	5.31	10.39	15.80	24.35	31.44
湖　南	-2.42	10.59	18.18	24.50	29.25	30.00	28.83
广　东	46.72	53.06	56.09	61.29	67.10	68.28	71.86
广　西	-18.38	-14.12	-10.13	-7.62	-2.90	7.04	16.70
海　南	-41.79	-39.94	-37.19	-28.38	-26.13	-25.53	-18.50
重　庆	24.84	19.30	24.82	31.52	38.34	43.07	51.42
四　川	-11.28	5.42	14.88	19.13	23.39	24.85	27.36
贵　州	-16.04	-40.09	-36.79	-31.99	-26.51	-21.84	-15.87
云　南	-23.53	-20.64	-16.59	-10.38	-5.46	-2.70	1.35
陕　西	22.46	28.87	30.26	34.94	38.32	39.59	41.94
甘　肃	-28.62	-16.40	-10.14	-6.20	-2.08	-0.20	2.06
青　海	-2.15	6.58	10.78	13.32	16.77	18.89	22.49
宁　夏	11.30	-3.44	-2.37	0.99	7.49	15.00	24.20
新　疆	-23.12	-20.52	-14.56	-7.41	3.68	12.53	17.35
全　国	23.13	30.37	35.42	40.24	45.04	48.32	51.36

4. 东部地区内部差距大

由于海南要素配置实现程度起点低且进展缓慢，因此东部地区内部差距远远大于其他三个区域；中部地区和东北地区内部差距较小（见表 3－16）。

表 3－16　各区域内部要素配置实现程度极差

单位：个百分点

地区	2010 年	2011 年	2012 年	2013 年	2014 年	2015 年	2016 年
东部地区	127.48	125.75	122.61	117.49	121.41	125.53	118.50
西部地区	53.46	68.96	67.10	70.57	71.88	74.79	76.24
中部地区	59.58	48.93	46.05	43.31	36.80	30.18	29.76
东北地区	25.18	30.43	30.44	31.48	30.72	29.66	21.31

（二）要素配置实现程度进展

1. 进展速度进一步放缓

2016 年，要素配置实现程度比 2015 年提升了 3.03 个百分点，进展速度比 2015 年下降了 0.25 个百分点，有 7 个省份实现程度下降（见表 3－17）。

2. 西部地区进展较快，东北地区实现程度下降

2016 年，西部地区多数省份要素配置实现程度进展相对较快，其中广西、宁夏、重庆和内蒙古进展较快，广西和宁夏进展超过 9 个百分点；东北地区进展较慢，其中辽宁和黑龙江实现程度下降（见表 3－17）。

3. 进展逐年持续减缓

2010～2016 年，虽然要素配置实现程度逐年提升，但进展却呈逐年减缓趋势，且减缓幅度较大，由 2011 年的 7.24 个百分点下降至 2016 年的 3.03 个百分点（见表 3－17）。

（三）要素配置实现程度排序及变化

1. 2016 年排序：东部地区靠前，西部地区靠后

2016 年，要素配置实现程度排名前 5 位的依次是北京、天津、江苏、浙江和福建，排名前 7 的均为东部地区省份，但海南排名末端，河北排名也相对靠后；排名后 5 位的依次是广西、甘肃、云南、贵州和海南，总体上看，西部地区排序靠后，后 10 位中，西部地区省份占据 8 位（见表 3－18）。

表 3－17　中国及各地区要素配置实现程度进展（环比提高）

单位：个百分点

地　区	2011 年	2012 年	2013 年	2014 年	2015 年	2016 年	2010～2016 年年均提高
北　京	-0.15	-0.69	5.04	6.17	4.72	0	2.52
天　津	0.12	-0.38	0.13	-0.24	2.18	2.24	0.68
河　北	4.93	6.69	4.99	1.85	0.22	1.80	3.41
山　西	5.36	4.63	4.06	-1.10	-2.84	-0.98	1.52
内蒙古	7.74	5.31	8.27	6.79	7.59	7.42	7.19
辽　宁	7.40	5.53	6.78	4.13	0.17	-5.80	3.03
吉　林	2.15	5.52	5.74	4.89	1.23	2.56	3.68
黑龙江	4.51	4.88	3.27	1.42	-0.78	-0.66	2.10
上　海	3.08	3.23	-1.22	-2.29	-1.14	-3.19	-0.26
江　苏	2.99	6.70	8.10	4.30	-0.46	-0.22	3.57
浙　江	3.31	3.17	4.54	5.45	4.61	3.56	4.11
安　徽	4.08	7.51	7.84	4.86	3.30	3.63	5.20
福　建	7.15	5.06	5.80	7.15	2.30	3.65	5.19
江　西	10.18	7.74	3.03	3.85	3.57	3.88	5.37
山　东	0.54	-1.92	2.43	2.71	0.21	2.10	1.01
河　南	25.69	-10.33	7.88	3.34	0.98	-2.56	4.16
湖　北	19.65	5.60	5.08	5.41	8.55	7.10	8.56
湖　南	13.01	7.59	6.32	4.76	0.75	-1.17	5.21
广　东	6.34	3.03	5.20	5.81	1.19	3.58	4.19
广　西	4.26	3.99	2.52	4.71	9.94	9.66	5.85
海　南	1.85	2.76	8.80	2.25	0.59	7.03	3.88
重　庆	-5.55	5.53	6.70	6.82	4.73	8.35	4.43
四　川	16.70	9.46	4.25	4.26	1.46	2.52	6.44
贵　州	-24.05	3.30	4.80	5.48	4.67	5.97	0.03
云　南	2.90	4.04	6.21	4.92	2.76	4.05	4.15
陕　西	6.41	1.39	4.68	3.38	1.27	2.35	3.25
甘　肃	12.22	6.26	3.94	4.11	1.89	2.25	5.11
青　海	8.73	4.20	2.53	3.45	2.12	3.60	4.11
宁　夏	-14.74	1.07	3.36	6.50	7.51	9.20	2.15
新　疆	2.60	5.95	7.15	11.09	8.85	4.82	6.75
全　国	7.24	5.05	4.82	4.80	3.28	3.03	4.70

表 3-18 各地区要素配置实现程度排序

排序	2010 年	2011 年	2012 年	2013 年	2014 年	2015 年	2016 年
1	天津	天津	天津	北京	北京	北京	北京
2	北京	北京	上海	天津	江苏	天津	天津
3	上海	上海	北京	上海	天津	江苏	江苏
4	江苏	江苏	江苏	江苏	上海	上海	浙江
5	浙江	浙江	浙江	浙江	浙江	浙江	福建
6	福建	福建	福建	福建	福建	福建	上海
7	广东	广东	广东	辽宁	广东	广东	广东
8	山东	辽宁	辽宁	广东	辽宁	辽宁	辽宁
9	辽宁	山东	山西	山西	山西	内蒙古	内蒙古
10	山西	山西	山东	山东	山东	山东	江西
11	黑龙江	河南	黑龙江	黑龙江	黑龙江	山西	山东
12	重庆	黑龙江	江西	江西	江西	江西	重庆
13	陕西	江西	内蒙古	内蒙古	内蒙古	黑龙江	山西
14	江西	陕西	陕西	河南	河南	重庆	黑龙江
15	河北	内蒙古	河北	陕西	重庆	河南	陕西
16	吉林	河北	河南	河北	陕西	陕西	吉林
17	内蒙古	吉林	吉林	重庆	河北	吉林	河南
18	河南	重庆	重庆	吉林	吉林	河北	河北
19	宁夏	湖南	湖南	湖南	湖南	湖南	湖北
20	青海	青海	四川	四川	四川	四川	湖南
21	湖南	四川	青海	青海	青海	湖北	四川
22	安徽	湖北	湖北	安徽	安徽	安徽	宁夏
23	四川	宁夏	安徽	湖北	湖北	青海	安徽
24	贵州	安徽	宁夏	宁夏	宁夏	宁夏	青海
25	广西	广西	广西	甘肃	新疆	新疆	新疆
26	湖北	甘肃	甘肃	新疆	甘肃	广西	广西
27	新疆	新疆	新疆	广西	广西	甘肃	甘肃
28	云南	云南	云南	云南	云南	云南	云南
29	甘肃	海南	贵州	海南	海南	贵州	贵州
30	海南	贵州	海南	贵州	贵州	海南	海南

2. 2010～2016 年排序变化：中部地区整体排序上升，西部地区整体排序呈下降趋势

2010～2016 年，中部地区实现程度排序整体略微上升，西部地区实现程

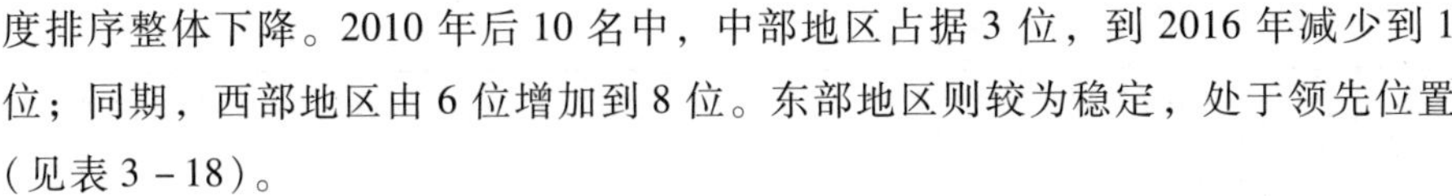

度排序整体下降。2010 年后 10 名中，中部地区占据 3 位，到 2016 年减少到 1 位；同期，西部地区由 6 位增加到 8 位。东部地区则较为稳定，处于领先位置（见表 3 - 18）。

（四）要素配置实现程度预测

虽然要素配置实现程度起点相对较高，但进展十分缓慢，因此，如期实现目标难度较大。按 2010 ~ 2016 年平均进展，到 2020 年，除北京已提前实现目标外，江苏、浙江和福建等也将如期实现目标，天津、内蒙古和广东将接近实现目标。但依然有 10 个省份实现程度不能达到 50%，其中 7 个省份来自西部地区；海南和贵州实现程度甚至不及 2007 年全国平均水平（见表 3 - 19）。

表 3 - 19　2020 年各地区产业协调实现程度预测

单位：%，个百分点

地　区	2016 年实现程度	2010 ~ 2016 年平均进展	预计 2020 年实现程度
北　京	100	2.52	100
天　津	89.75	0.68	92.45
河　北	38.66	3.41	52.32
山　西	48.77	1.52	54.87
内蒙古	60.38	7.19	89.13
辽　宁	61.11	3.03	73.25
吉　林	39.80	3.68	54.52
黑龙江	44.78	2.10	53.20
上　海	76.82	-0.26	75.80
江　苏	84.96	3.57	99.24
浙　江	83.39	4.11	99.82
安　徽	23.20	5.20	44.01
福　建	78.40	5.19	99.16
江　西	52.96	5.37	74.45
山　东	52.67	1.01	56.72
河　南	39.34	4.16	56.00
湖　北	31.44	8.56	65.70
湖　南	28.83	5.21	49.67

续表

地　区	2016 年实现程度	2010～2016 年平均进展	预计 2020 年实现程度
广　东	71.86	4.19	88.63
广　西	16.70	5.85	40.08
海　南	-18.50	3.88	-2.98
重　庆	51.42	4.43	69.14
四　川	27.36	6.44	53.13
贵　州	-15.87	0.03	-15.75
云　南	1.35	4.15	17.94
陕　西	41.94	3.25	54.93
甘　肃	2.06	5.11	22.51
青　海	22.49	4.11	38.91
宁　夏	24.20	2.15	32.81
新　疆	17.35	6.75	44.34

第四章
中国及各地区社会发展一体化指数

一　社会发展一体化指数

（一）社会发展一体化实现程度

1. 社会发展一体化实现程度达到53.13%

2016年，中国社会发展一体化实现程度达到53.13%，基本完成2020年目标的一半；但低于城乡发展一体化总水平实现程度10.64个百分点，也低于经济发展一体化、生活水平一体化和生态环境一体化实现程度。

2. 1/3的省份实现程度超过60%，7个省份未达到50%

2016年，有12个省份社会发展一体化实现程度超过60%，除陕西、湖北、湖南外，其他9个省份均为东部地区省份；有4个省份实现程度超过80%，均为东部地区省份，其中上海为95.49%，非常接近实现目标。但是，还有7个省份实现程度未达到50%，均为西部地区省份，其中青海距2007年全国平均水平还有较大差距（见表4－1、图4－1）。

（二）社会发展一体化实现程度进展

1. 2016年实现程度进展继续减缓

2016年，中国社会发展一体化实现程度虽然比上年提高3.53个百分点，但增幅比上年下降0.31个百分点，实现程度进展继续保持减缓的趋势（见表4－2）。

表 4－1　中国及各地区社会发展一体化实现程度

单位：%

地　区	2010 年	2011 年	2012 年	2013 年	2014 年	2015 年	2016 年
北　京	83.95	84.98	86.05	85.92	86.85	88.07	88.52
天　津	66.27	63.33	65.52	67.81	69.79	72.02	74.33
河　北	29.01	39.32	44.11	47.58	45.15	53.20	63.34
山　西	42.87	48.09	48.75	49.01	50.89	57.53	56.30
内蒙古	20.26	30.12	34.62	36.30	44.96	45.07	49.36
辽　宁	39.77	45.67	47.40	48.09	48.73	52.73	51.96
吉　林	49.43	53.96	61.34	58.66	59.14	62.26	57.05
黑龙江	42.28	42.21	45.53	47.07	48.00	53.24	56.85
上　海	75.49	84.86	91.08	93.91	96.12	94.04	95.49
江　苏	67.27	74.33	78.48	75.76	81.30	81.09	87.32
浙　江	69.89	75.40	79.37	83.91	79.92	82.59	86.37
安　徽	35.83	38.99	45.77	46.61	51.32	55.02	58.84
福　建	42.16	45.34	50.62	55.10	58.76	67.40	71.60
江　西	40.36	46.30	49.80	50.08	48.06	52.98	55.59
山　东	45.86	58.28	65.95	65.64	67.31	73.55	76.94
河　南	32.84	41.70	42.34	45.67	45.77	49.26	51.75
湖　北	38.42	43.30	42.01	51.26	55.45	56.46	60.19
湖　南	22.28	41.41	45.41	48.43	49.85	55.69	60.96
广　东	44.71	51.43	54.11	46.00	57.32	61.85	67.30
广　西	29.21	37.39	42.55	47.98	51.48	50.43	59.54
海　南	41.15	44.83	52.18	56.09	64.17	55.40	55.77
重　庆	22.55	36.87	45.24	48.41	48.18	52.99	58.19
四　川	16.83	28.03	31.47	31.31	34.91	41.32	55.12
贵　州	－38.38	－21.08	－8.59	12.65	－1.05	7.65	11.95
云　南	－19.31	－3.49	－1.04	11.86	12.61	19.14	23.62
陕　西	38.73	48.83	54.36	60.78	64.82	67.03	74.94
甘　肃	2.17	6.69	19.22	24.38	27.78	29.31	37.82
青　海	－56.43	－37.57	－5.06	－31.05	－36.88	－39.00	－31.33
宁　夏	3.60	20.08	－13.77	30.73	34.72	37.67	43.68
新　疆	1.72	22.60	10.50	32.26	32.47	39.82	49.85
全　国	21.79	31.88	39.17	41.04	45.76	49.61	53.13

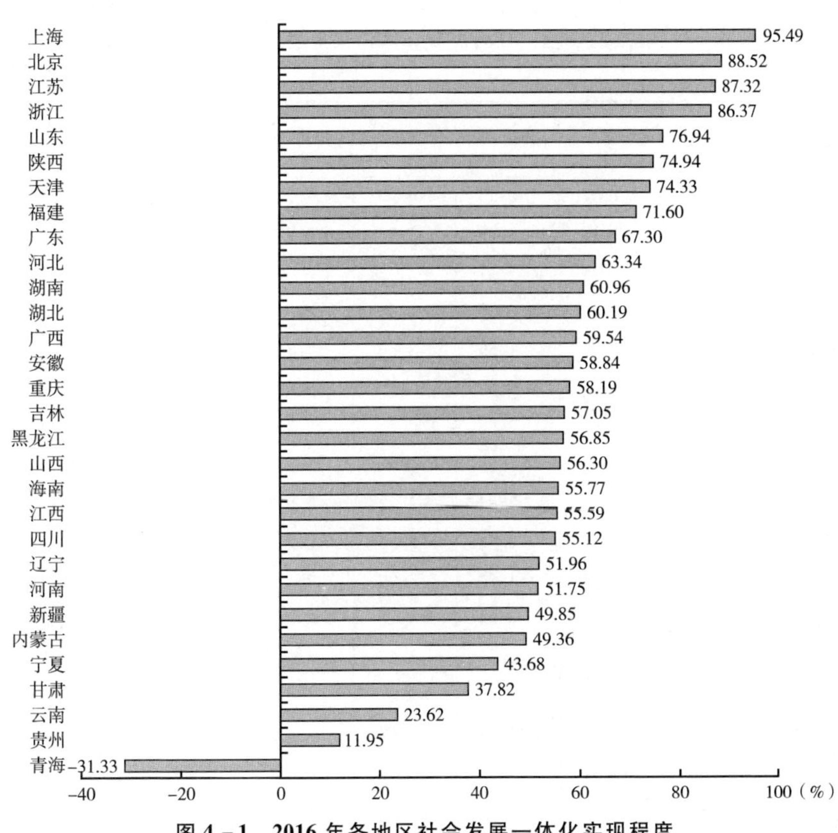

图 4－1　2016 年各地区社会发展一体化实现程度

2. 2016 年实现程度进展缓慢

2016 年，中国社会发展一体化实现程度进展不仅比上年减缓，而且进展缓慢，比总水平实现程度进展低 2. 22 个百分点，也低于其他三个一体化实现程度进展。

3. 西部地区进展加快，东北地区进展较慢

2016 年，有 18 个省份进展快于上年。西部地区 11 个省份中，有 9 个省份进展加快；增幅超过 8 个百分点的 5 个省份中，西部地区占据 4 席，分别是广西（9. 12 个百分点）、四川（13. 80 个百分点）、甘肃（8. 51 个百分点）和新疆（10. 02 个百分点）。东北地区整体进展减缓，其中辽宁和吉林实现程度出现下降（见表 4－2）。

4. 2010～2016 年实现程度逐年提高，但进展较慢且进展速度呈不断下降趋势，西部地区进展较快

2010～2016 年，中国社会发展一体化实现程度提高了 31. 35 个百分点，并

表4－2 中国及各地区社会发展一体化实现程度进展（环比提高）

单位：个百分点

地区	2011年	2012年	2013年	2014年	2015年	2016年	2010～2016年年均提高
北京	1.03	1.07	-0.13	0.93	1.22	0.45	0.76
天津	-2.94	2.19	2.29	1.98	2.23	2.31	1.34
河北	10.31	4.79	3.47	-2.43	8.06	10.14	5.72
山西	5.22	0.66	0.26	1.88	6.64	-1.23	2.24
内蒙古	9.86	4.50	1.69	8.66	0.11	4.29	4.85
辽宁	5.90	1.73	0.69	0.65	3.99	-0.76	2.03
吉林	4.53	7.38	-2.68	0.48	3.12	-5.21	1.27
黑龙江	-0.07	3.32	1.54	0.93	5.24	3.62	2.43
上海	9.38	6.21	2.83	2.22	-2.08	1.45	3.33
江苏	7.06	4.15	-2.71	5.53	-0.21	6.22	3.34
浙江	5.51	3.97	4.54	-3.99	2.67	3.77	2.75
安徽	3.16	6.78	0.84	4.70	3.70	3.82	3.83
福建	3.18	5.29	4.47	3.67	8.64	4.20	4.91
江西	5.94	3.51	0.28	-2.02	4.92	2.61	2.54
山东	12.41	7.68	-0.31	1.67	6.25	3.39	5.18
河南	8.86	0.64	3.33	0.09	3.49	2.49	3.15
湖北	4.88	-1.29	9.24	4.19	1.01	3.73	3.63
湖南	19.13	4.00	3.03	1.42	5.84	5.27	6.45
广东	6.72	2.69	-8.12	11.32	4.53	5.45	3.76
广西	8.17	5.16	5.43	3.50	-1.05	9.12	5.05
海南	3.68	7.35	3.90	8.08	-8.77	0.36	2.44
重庆	14.32	8.37	3.17	-0.24	4.82	5.20	5.94
四川	11.20	3.45	-0.16	3.60	6.41	13.80	6.38
贵州	17.31	12.49	21.24	-13.70	8.70	4.30	8.39
云南	15.81	2.46	12.90	0.75	6.54	4.48	7.15
陕西	10.10	5.52	6.42	4.05	2.20	7.91	6.03
甘肃	4.53	12.53	5.16	3.40	1.53	8.51	5.94
青海	18.87	32.50	-25.99	-5.83	-2.11	7.67	4.18
宁夏	16.48	-33.85	44.50	3.99	2.95	6.02	6.68
新疆	20.88	-12.11	21.76	0.21	7.36	10.02	8.02
全国	10.09	7.29	1.86	4.73	3.84	3.53	5.22

呈逐年提高态势；但是，进展速度却呈不断下降趋势，2016 年进展比 2011 年进展低 6.56 个百分点。此外，进展也较为缓慢，不仅低于总水平实现程度进展，也低于其他 3 个一体化进展。但是，西部地区进展相对较快，11 个省份中有 8 个省份进展快于全国平均进展（见表 4－2）。

（三）社会发展一体化实现程度排序及变化

1. 2016 年排序：东部地区居前，西部地区居后

2016 年，中国社会发展一体化实现程度排在前 10 位的省份中，有 9 个来自东部地区；排在前 5 位的均为东部地区省份，依次为上海、北京、江苏、浙江和山东，东部地区整体排序居前，但海南排序相对较低，位列第 19 位（见表 4－3）。

2016 年，西部地区社会发展一体化实现程度整体排序靠后。排在社会发展一体化水平实现程度后 10 位的省份中，有 8 个省份来自西部地区；排在后 5 位的均为西部地区省份，依次为宁夏、甘肃、云南、贵州和青海；但陕西排序靠前，排在第 6 位，是唯一进入前 10 行列的非东部地区省份（见表 4－3）。

2016 年，各省份排序变化不大，但吉林、山西和海南等实现程度排序大幅下降，分别下降了 7 位、7 位和 5 位，而广西和河北实现程度分别大幅上升 8 位和 7 位（见表 4－3）。

2. 2010～2016 年排序变化：东部地区整体领先地位更加巩固，东北地区整体排序下降

2010～2016 年，东部地区虽然进展相对缓慢，但是由于基础好、起点高，因此，整体排序领先的地位依然稳固，并有所上升，处于前 10 行列的省份由 7 个增加到 9 个。

西部地区虽然实现程度进展相对较快，实现程度大幅提升，但由于起点太低，因此，大部分省份的排序变化不大，整体排序依然靠后，但重庆和陕西提升幅度较大，分别提升 6 位和 9 位。

东北地区 3 个省份的排序均出现大幅下滑，吉林排序大幅下降 10 位，辽宁和黑龙江排序分别下降 8 位和 7 位（见表 4－3）。

（四）社会发展一体化实现程度预测

由于社会发展一体化实现程度起点较低，且进展呈逐步减速趋势，进展缓

表 4－3　各地区社会发展一体化实现程度排序

排序	2010 年	2011 年	2012 年	2013 年	2014 年	2015 年	2016 年
1	北　京	北　京	上　海	上　海	上　海	上　海	上　海
2	上　海	上　海	北　京	北　京	北　京	北　京	北　京
3	浙　江	浙　江	浙　江	浙　江	江　苏	浙　江	江　苏
4	江　苏	江　苏	江　苏	江　苏	浙　江	江　苏	浙　江
5	天　津	天　津	山　东	天　津	天　津	山　东	山　东
6	吉　林	山　东	天　津	山　东	山　东	天　津	陕　西
7	山　东	吉　林	吉　林	陕　西	陕　西	福　建	天　津
8	广　东	广　东	陕　西	吉　林	海　南	陕　西	福　建
9	山　西	陕　西	广　东	海　南	吉　林	吉　林	广　东
10	黑龙江	山　西	海　南	福　建	福　建	广　东	河　北
11	福　建	江　西	福　建	湖　北	广　东	山　西	湖　南
12	海　南	辽　宁	江　西	江　西	湖　北	湖　北	湖　北
13	江　西	福　建	山　西	山　西	广　西	湖　南	广　西
14	辽　宁	海　南	辽　宁	湖　南	安　徽	海　南	安　徽
15	陕　西	湖　北	安　徽	重　庆	山　西	安　徽	重　庆
16	湖　北	黑龙江	黑龙江	辽　宁	湖　南	黑龙江	吉　林
17	安　徽	河　南	湖　南	广　西	辽　宁	河　北	黑龙江
18	河　南	湖　南	重　庆	河　北	重　庆	重　庆	山　西
19	广　西	河　北	河　北	黑龙江	江　西	江　西	海　南
20	河　北	安　徽	广　西	安　徽	黑龙江	辽　宁	江　西
21	重　庆	广　西	河　南	广　东	河　南	广　西	四　川
22	湖　南	重　庆	湖　北	河　南	河　北	河　南	辽　宁
23	内蒙古	内蒙古	内蒙古	内蒙古	内蒙古	内蒙古	河　南
24	四　川	四　川	四　川	新　疆	四　川	四　川	新　疆
25	宁　夏	新　疆	甘　肃	四　川	宁　夏	新　疆	内蒙古
26	甘　肃	宁　夏	新　疆	宁　夏	新　疆	宁　夏	宁　夏
27	新　疆	甘　肃	云　南	甘　肃	甘　肃	甘　肃	甘　肃
28	云　南	云　南	青　海	贵　州	云　南	云　南	云　南
29	贵　州	贵　州	贵　州	云　南	贵　州	贵　州	贵　州
30	青　海	青　海	宁　夏	青　海	青　海	青　海	青　海

慢，到 2020 年难以如期实现目标，全国实现程度仅能达到 74%，距实现目标还有 1/4 以上的路程。上海和江苏可如期实现目标，浙江、山东和陕西非常接

近实现目标，北京和福建接近实现目标，但有 12 个省份实现程度尚不能达到 70%，青海更是距 2007 年全国平均水平尚有一定距离（见表 4－4）。

表 4－4　2020 年各地区社会发展一体化实现程度预测

单位：%，个百分点

地　区	2016 年实现程度	2010～2016 年平均进展	预计 2020 年实现程度
北　京	88.52	0.76	91.57
天　津	74.33	1.34	79.71
河　北	63.34	5.72	86.23
山　西	56.30	2.24	65.25
内蒙古	49.36	4.85	68.76
辽　宁	51.96	2.03	60.09
吉　林	57.05	1.27	62.13
黑龙江	56.85	2.43	66.57
上　海	95.49	3.33	100
江　苏	87.32	3.34	100
浙　江	86.37	2.75	97.35
安　徽	58.84	3.83	74.17
福　建	71.60	4.91	91.23
江　西	55.59	2.54	65.74
山　东	76.94	5.18	97.66
河　南	51.75	3.15	64.35
湖　北	60.19	3.63	74.70
湖　南	60.96	6.45	86.75
广　东	67.30	3.76	82.36
广　西	59.54	5.05	79.76
海　南	55.77	2.44	65.51
重　庆	58.19	5.94	81.95
四　川	55.12	6.38	80.64
贵　州	11.95	8.39	45.50
云　南	23.62	7.15	52.24
陕　西	74.94	6.03	99.07
甘　肃	37.82	5.94	61.59
青　海	-31.33	4.18	-14.59
宁　夏	43.68	6.68	70.41
新　疆	49.85	8.02	81.93

二　教育均衡发展指数

（一）教育均衡发展实现程度

1. 实现程度低

2016 年，中国教育均衡发展指数实现程度为 41.94%，实现程度不仅远低于城乡发展一体化总水平实现程度，也低于社会发展一体化实现程度，在 12 个二级指标中，仅高于卫生均衡发展实现程度，距实现目标还有较大差距。

2. 半数以上省份实现程度未达到 50%，西部地区发展滞后

2016 年，尚有 16 个省份教育均衡发展实现程度未达到 50%，有 6 个省份实现程度未超过 20%，全部为西部地区省份，其中贵州、甘肃和青海实现程度尚未达到 2007 年全国平均水平，特别是青海和甘肃距离 2007 年全国平均水平尚有较大差距。上海、山西实现程度相对较高，超过 80%（见表 4－5、图 4－2）。

表 4－5　中国及各地区教育均衡发展实现程度

单位：%

地　区	2010 年	2011 年	2012 年	2013 年	2014 年	2015 年	2016 年
北　京	80.65	71.10	73.87	69.50	70.52	67.69	66.19
天　津	61.63	45.05	46.82	50.21	53.92	54.86	57.49
河　北	61.77	73.13	78.87	72.40	75.35	79.51	78.34
山　西	64.03	70.35	74.24	75.09	78.70	82.85	84.69
内蒙古	42.93	33.68	45.04	45.67	45.26	48.56	45.89
辽　宁	34.96	29.29	19.86	20.31	26.23	33.93	34.20
吉　林	34.91	41.63	48.57	43.43	38.83	38.68	37.29
黑龙江	39.89	35.65	30.99	35.40	38.66	39.51	32.98
上　海	28.01	63.36	79.64	87.12	91.01	76.86	82.35
江　苏	65.92	65.65	69.59	69.09	68.55	72.04	74.91
浙　江	48.38	47.01	53.04	53.07	53.41	58.48	60.30
安　徽	21.73	21.66	16.60	24.14	35.13	41.75	42.76
福　建	45.01	55.57	59.33	53.59	53.79	56.09	48.81
江　西	34.59	45.71	50.55	53.34	55.80	59.86	62.17
山　东	23.45	35.77	46.11	39.08	46.12	45.37	53.68
河　南	43.92	49.83	55.28	56.98	59.81	63.54	61.92
湖　北	27.41	25.33	26.77	24.87	25.68	25.70	25.98

续表

地　区	2010 年	2011 年	2012 年	2013 年	2014 年	2015 年	2016 年
湖　南	55.66	64.08	67.86	67.66	73.52	74.95	79.57
广　东	47.80	60.49	64.05	59.37	65.47	74.48	74.43
广　西	20.55	28.06	31.57	32.27	34.49	33.17	40.15
海　南	35.21	37.91	46.22	47.43	51.11	54.49	51.07
重　庆	-11.44	-8.86	-7.31	-6.76	-7.71	1.57	8.47
四　川	12.60	18.92	12.93	-2.56	-0.43	2.05	2.42
贵　州	-41.55	-45.82	-37.67	-30.84	-31.35	-15.62	-1.56
云　南	-19.38	-18.09	-19.73	-10.45	-3.02	7.58	15.92
陕　西	42.34	49.10	51.46	54.57	63.98	63.61	65.16
甘　肃	-34.80	-38.06	-13.78	-14.63	-10.82	-29.00	-36.92
青　海	-57.76	-66.75	-66.34	-63.54	-59.87	-65.25	-47.68
宁　夏	-7.97	2.44	7.71	3.26	17.21	15.98	20.42
新　疆	26.46	3.13	5.76	19.98	28.45	35.99	38.61
全　国	18.35	27.93	31.31	27.24	36.04	36.60	41.94

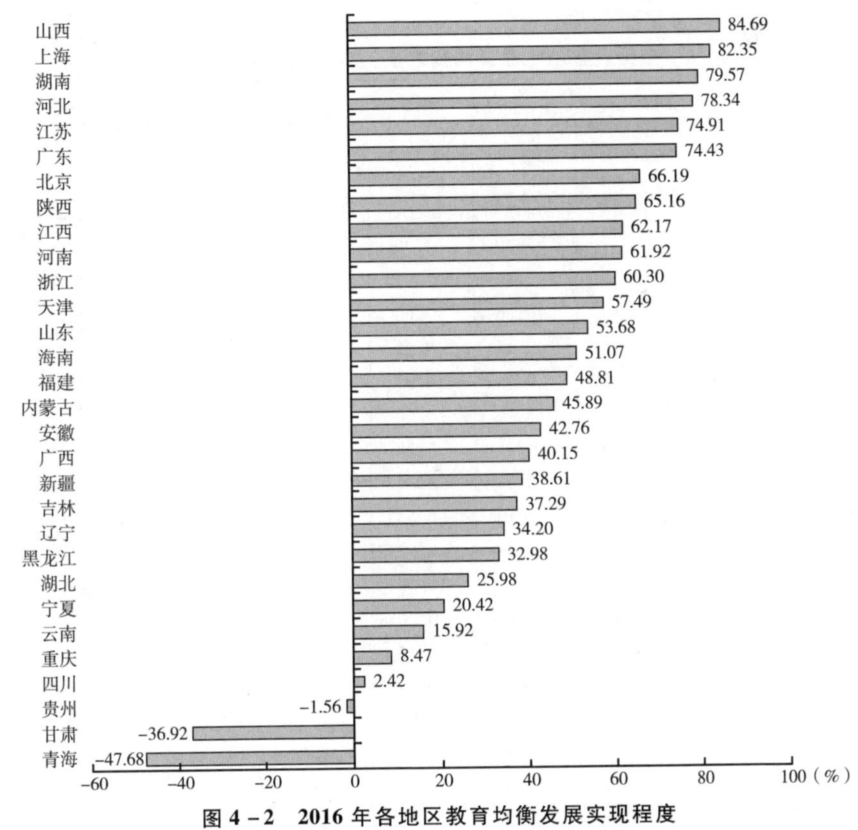

图 4-2　2016 年各地区教育均衡发展实现程度

（二）教育均衡发展实现程度进展

1. 2016 年实现程度进展在上年低增长基础上提速

2016 年，教育均衡发展实现程度比上年提高 5.34 个百分点，进展比上年提高 4.78 个百分点；进展速度虽低于城乡一体化总水平实现程度进展，但高于社会发展一体化实现程度进展。但是，2016 年实现程度进展的提速是建立在上年进展水平较低基础上的。

2. 2016 年有 1/3 的省份实现程度下降

2016 年，虽然教育均衡发展整体实现程度有所提高，但依然有高达 1/3 的省份实现程度下降，下降的原因主要是城乡义务教育教师受教育年限差距有所扩大。贵州和青海进展速度快，实现程度分别比上年提高 14.06 个和 17.57 个百分点（见表 4－6）。

表 4－6　中国及各地区教育均衡发展实现程度进展（环比提高）

单位：个百分点

地　区	2011 年	2012 年	2013 年	2014 年	2015 年	2016 年	2010～2016 年年均提高
北　京	－9.55	2.77	－4.37	1.02	－2.83	－1.50	－2.41
天　津	－16.58	1.77	3.39	3.70	0.94	2.63	－0.69
河　北	11.37	5.73	－6.47	2.96	4.16	－1.18	2.76
山　西	6.32	3.88	0.86	3.60	4.15	1.84	3.44
内蒙古	－9.25	11.36	0.63	－0.41	3.30	－2.67	0.49
辽　宁	－5.67	－9.43	0.45	5.93	7.69	0.27	－0.13
吉　林	6.72	6.94	－5.14	－4.60	－0.15	－1.39	0.40
黑龙江	－4.24	－4.66	4.41	3.26	0.86	－6.54	－1.15
上　海	35.34	16.28	7.48	3.89	－14.15	5.48	9.06
江　苏	－0.27	3.94	－0.50	－0.54	3.49	2.87	1.50
浙　江	－1.37	6.03	0.03	0.33	5.07	1.82	1.99
安　徽	－0.08	－5.06	7.54	11.00	6.61	1.01	3.50
福　建	10.56	3.76	－5.73	0.20	2.30	－7.29	0.63
江　西	11.11	4.84	2.79	2.45	4.06	2.32	4.60
山　东	12.33	10.34	－7.04	7.05	－0.76	8.32	5.04
河　南	5.91	5.45	1.70	2.82	3.74	－1.62	3.00
湖　北	－2.07	1.43	－1.89	0.81	0.02	0.28	－0.24
湖　南	8.41	3.79	－0.20	5.86	1.43	4.61	3.98
广　东	12.68	3.56	－4.68	6.10	9.01	－0.05	4.44

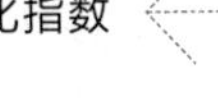

续表

地区	2011年	2012年	2013年	2014年	2015年	2016年	2010~2016年年均提高
广西	7.51	3.51	0.70	2.22	-1.32	6.98	3.27
海南	2.70	8.30	1.21	3.68	3.39	-3.43	2.64
重庆	2.58	1.55	0.55	-0.95	9.28	6.91	3.32
四川	6.32	-5.99	-15.49	2.13	2.48	0.37	-1.70
贵州	-4.27	8.15	6.83	-0.52	15.73	14.06	6.66
云南	1.29	-1.64	9.28	7.43	10.59	8.34	5.88
陕西	6.76	2.36	3.11	9.41	-0.37	1.56	3.80
甘肃	-3.26	24.28	-0.85	3.82	-18.19	-7.92	-0.35
青海	-8.99	0.40	2.80	3.68	-5.38	17.57	1.68
宁夏	10.41	5.27	-4.46	13.95	-1.23	4.45	4.73
新疆	-23.33	2.63	14.22	8.47	7.54	2.61	2.02
全国	9.58	3.38	-4.07	8.80	0.56	5.34	3.93

3. 2010~2016年进展缓慢且波动较大，较多省份实现程度下降

2010~2016年，教育均衡发展实现程度年均仅提高3.93个百分点，进展速度不仅低于城乡发展一体化总水平实现程度进展，也低于社会发展一体化实现程度进展，在12个二级指标中仅快于卫生均衡发展实现程度进展，进展较为缓慢。同时，年际进展不稳定，波动较大，2013年甚至出现实现程度下降的情形（见表4-6）。

2010~2016年，有7个省份教育均衡发展实现程度下降，下降的原因主要是农村人口平均受教育年限的下降和城乡差距的扩大，特别是后者（见表4-6）。

（三）教育均衡发展实现程度排序及变化

1. 2016年排序：中部地区相对居前

2016年，中部地区6个省份中，有4个省份教育均衡发展实现程度排在前10行列，其中山西和湖南位居前三甲，山西则高居榜首，中部地区排序整体靠前，但湖北排序靠后。东部地区领先地位并不明显。东北地区和西部地区整体排序靠后；西部地区11个省份中，有7个省份排序位于后10行列；东北地区3个省份中，有2个省份排序位于后10行列（见表4-7）。

表 4－7　各地区教育均衡发展实现程度排序

排序	2010 年	2011 年	2012 年	2013 年	2014 年	2015 年	2016 年
1	北　京	河　北	上　海	上　海	上　海	山　西	山　西
2	江　苏	北　京	河　北	山　西	山　西	河　北	上　海
3	山　西	山　西	山　西	河　北	河　北	上　海	湖　南
4	河　北	江　苏	北　京	北　京	湖　南	湖　南	河　北
5	天　津	湖　南	江　苏	江　苏	北　京	广　东	江　苏
6	湖　南	上　海	湖　南	湖　南	江　苏	江　苏	广　东
7	浙　江	广　东	广　东	广　东	广　东	北　京	北　京
8	广　东	福　建	福　建	河　南	陕　西	陕　西	陕　西
9	福　建	河　南	河　南	陕　西	河　南	河　南	江　西
10	河　南	陕　西	浙　江	福　建	江　西	江　西	河　南
11	内蒙古	浙　江	陕　西	江　西	天　津	浙　江	浙　江
12	陕　西	江　西	江　西	浙　江	福　建	福　建	天　津
13	黑龙江	天　津	吉　林	天　津	浙　江	天　津	山　东
14	海　南	吉　林	天　津	海　南	海　南	海　南	海　南
15	辽　宁	海　南	海　南	内蒙古	山　东	内蒙古	福　建
16	吉　林	山　东	山　东	吉　林	内蒙古	山　东	内蒙古
17	江　西	黑龙江	内蒙古	山　东	吉　林	安　徽	安　徽
18	上　海	内蒙古	广　西	黑龙江	黑龙江	黑龙江	广　西
19	湖　北	辽　宁	黑龙江	广　西	安　徽	吉　林	新　疆
20	新　疆	广　西	湖　北	湖　北	广　西	新　疆	吉　林
21	山　东	湖　北	辽　宁	安　徽	新　疆	辽　宁	辽　宁
22	安　徽	安　徽	安　徽	辽　宁	辽　宁	广　西	黑龙江
23	广　西	四　川	四　川	新　疆	湖　北	湖　北	湖　北
24	四　川	新　疆	宁　夏	宁　夏	宁　夏	宁　夏	宁　夏
25	宁　夏	宁　夏	新　疆	四　川	四　川	云　南	云　南
26	重　庆	重　庆	重　庆	重　庆	云　南	四　川	重　庆
27	云　南	云　南	甘　肃	云　南	重　庆	重　庆	四　川
28	甘　肃	甘　肃	云　南	甘　肃	甘　肃	贵　州	贵　州
29	贵　州	贵　州	贵　州	贵　州	贵　州	甘　肃	甘　肃
30	青　海	青　海	青　海	青　海	青　海	青　海	青　海

2. 2010～2016 年整体排序变化：中部地区整体排序上升，东北地区整体排序下降

2010～2016 年，中部地区整体排序上升，6 个省份中，除河南排序不变、湖北排序下降外，其他 4 个省份排序上升，且上升幅度较大，其中江西和安徽

排序分别上升8位和5位。

东北地区实现程度进展最为缓慢，3个省份的排序均大幅下降，辽宁、吉林和黑龙江分别下降6位、4位和9位（见表4-7）。

（四）教育均衡发展实现程度预测

由于教育均衡发展实现程度进展速度极为缓慢，按2010~2016年平均进展，到2020年，教育均衡发展实现程度仅能达到57.7%，距实现目标还有较大差距。仅上海可以如期实现目标，山西和湖南非常接近实现目标；许多发达地区省份实现程度距目标还有较大差距；有13个省份实现程度尚不能达到50%，其中四川、甘肃和青海实现程度尚不能达到2007年全国平均水平；教育均衡发展目标的实现形势非常严峻（见表4-8）。

表4-8　2020年各地区教育均衡发展实现程度预测

单位：%，个百分点

地　区	2016年实现程度	2010~2016年平均进展	预计2020年实现程度
北　京	66.19	-2.41	56.55
天　津	57.49	-0.69	54.74
河　北	78.34	2.76	89.38
山　西	84.69	3.44	98.46
内蒙古	45.89	0.49	47.86
辽　宁	34.20	-0.13	33.70
吉　林	37.29	0.40	38.87
黑龙江	32.98	-1.15	28.37
上　海	82.35	9.06	100
江　苏	74.91	1.50	80.89
浙　江	60.30	1.99	68.24
安　徽	42.76	3.50	56.78
福　建	48.81	0.63	51.34
江　西	62.17	4.60	80.56
山　东	53.68	5.04	73.84
河　南	61.92	3.00	73.92
湖　北	25.98	-0.24	25.02
湖　南	79.57	3.98	95.50
广　东	74.43	4.44	92.18

续表

地区	2016年实现程度	2010~2016年平均进展	预计2020年实现程度
广西	40.15	3.27	53.22
海南	51.07	2.64	61.64
重庆	8.47	3.32	21.75
四川	2.42	-1.70	-4.37
贵州	-1.56	6.66	25.10
云南	15.92	5.88	39.45
陕西	65.16	3.80	80.38
甘肃	-36.92	-0.35	-38.34
青海	-47.68	1.68	-40.95
宁夏	20.42	4.73	39.35
新疆	38.61	2.02	46.70

三　卫生均衡发展指数

（一）卫生均衡发展实现程度

1. 实现程度低

2016年，中国卫生均衡发展实现程度为23.44%，分别比城乡发展一体化总水平实现程度和社会发展一体化实现程度低40.33个和29.69个百分点；在所有12个二级指标中实现程度最低。

2. 半数省份实现程度未达到50%，省份之间实现程度差距巨大

省份之间卫生均衡发展实现程度差距巨大。2016年，北京、天津、浙江和上海已提前实现目标，但有15个省份实现程度未超过50%，其中11个省份实现程度未达到20%，有3个省份的实现程度甚至距离2007年全国平均水平还有很大差距。区域内部的差距也很大，东部地区整体实现程度较高，但广东和海南实现程度却仅及2007年全国平均水平；西部地区整体实现程度低，但陕西已非常接近实现目标，而青海实现程度距2007年全国平均水平还相差190多个百分点（见表4-9、图4-3）。

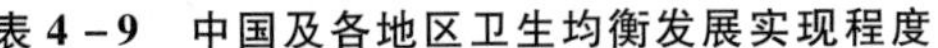

表 4－9　中国及各地区卫生均衡发展实现程度

单位：%

地　区	2010 年	2011 年	2012 年	2013 年	2014 年	2015 年	2016 年
北　京	91.16	96.85	99.38	96.44	92.68	100	100
天　津	100	100	100	100	100	100	100
河　北	－12.32	－7.12	－0.58	－3.26	－16.30	12.28	32.98
山　西	31.46	28.99	22.30	16.13	14.42	14.60	9.51
内蒙古	0.53	29.59	19.68	10.46	40.42	34.67	43.25
辽　宁	42.27	45.41	47.32	50.36	36.10	35.55	21.36
吉　林	65.99	66.43	78.68	61.97	65.72	78.61	53.35
黑龙江	46.07	46.46	51.06	49.84	41.47	46.77	64.93
上　海	94.04	94.04	100	100	100	100	100
江　苏	80.14	86.38	86.83	73.09	88.72	73.02	94.26
浙　江	100	100	100	100	100	95.57	100
安　徽	27.23	24.58	50.42	42.99	47.11	44.29	49.66
福　建	14.00	8.06	12.38	31.35	33.49	55.94	59.19
江　西	23.28	29.95	29.53	26.34	12.47	12.50	11.64
山　东	87.19	92.96	99.75	99.79	100	94.26	87.69
河　南	－2.54	11.85	6.30	10.62	7.11	4.36	0.37
湖　北	63.28	62.58	50.50	77.94	86.12	82.44	87.24
湖　南	－15.08	6.94	9.51	13.44	4.73	16.84	19.38
广　东	－10.38	－13.34	－14.43	－47.56	－13.64	－5.59	5.01
广　西	36.45	46.59	50.73	53.34	62.23	47.87	71.84
海　南	33.93	21.63	28.56	33.60	60.09	10.38	3.79
重　庆	35.06	50.43	61.97	69.27	65.63	76.56	73.50
四　川	34.84	44.61	46.36	49.44	54.61	59.79	71.96
贵　州	－139.97	－83.42	－55.70	7.17	－62.02	－53.37	－64.96
云　南	－65.70	－53.63	－48.36	－25.73	－26.68	－17.63	－32.72
陕　西	65.55	73.71	82.17	93.30	92.53	91.73	98.73
甘　肃	21.63	28.30	38.69	49.93	46.45	66.64	58.14
青　海	－157.65	－139.10	－32.06	－145.59	－164.84	－189.09	－191.14
宁　夏	－27.65	－0.52	－176.34	－10.39	－10.05	2.81	15.13
新　疆	－54.25	25.99	－38.75	19.03	－4.28	－8.10	17.51
全　国	1.43	8.58	20.19	21.62	26.37	27.49	23.44

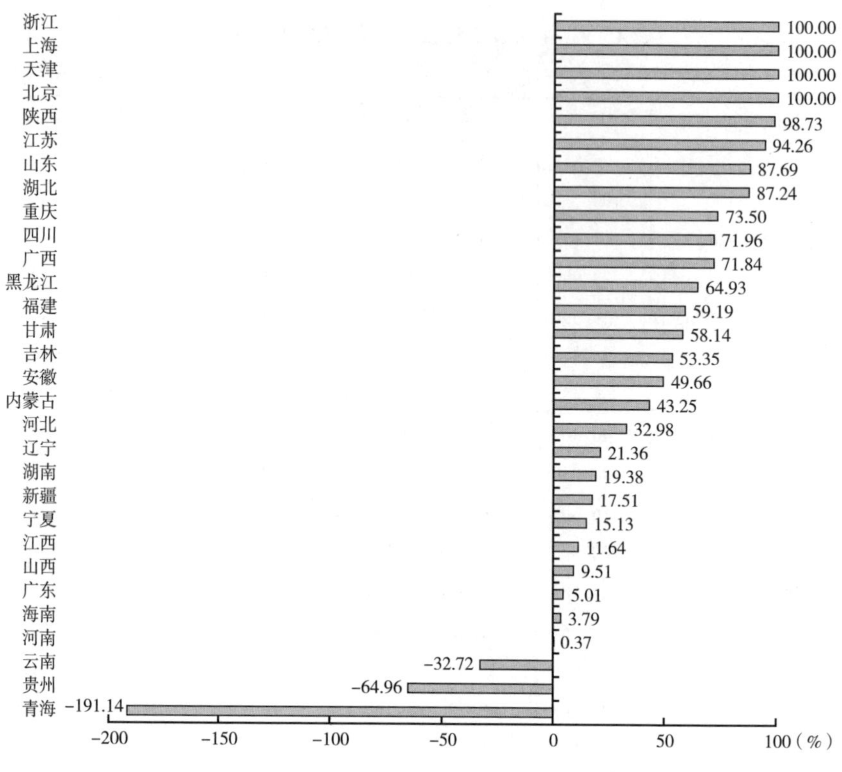

图 4-3　2016 年各地区卫生均衡发展实现程度

（二）卫生均衡发展实现程度进展

1. 2016 年实现程度下降

2016 年，卫生均衡发展实现程度不升反降，比上年下降 4.05 个百分点；有 12 个省份实现程度下降（见表 4-10），下降的主要原因是城乡医疗卫生服务人力资源差距有所扩大。

2. 2010～2016 年实现程度进展缓慢

2010～2016 年，卫生均衡发展实现程度提高了 22.01 个百分点，年均提高 3.67 个百分点，分别比城乡发展一体化总水平实现程度进展和社会发展一体化实现程度进展慢 3.04 个和 1.55 个百分点，在 12 个二级指标中进展最为缓慢。有 6 个省份出现实现程度下降的情形，下降的主要原因是城乡医疗卫生服务人力资源差距有所扩大（见表 4-10）。

表 4－10　中国及各地区卫生均衡发展实现程度进展（环比提高）

单位：个百分点

地　区	2011 年	2012 年	2013 年	2014 年	2015 年	2016 年	2010～2016 年年均提高
北　京	5.69	2.54	-2.95	-3.76	7.32	0	1.47
天　津	0	0	0	0	0	0	0
河　北	5.21	6.54	-2.68	-13.03	28.57	20.70	7.55
山　西	-2.47	-6.69	-6.17	-1.72	0.19	-5.09	-3.66
内蒙古	29.06	-9.92	-9.22	29.96	-5.75	8.58	7.12
辽　宁	3.14	1.91	3.04	-14.26	-0.55	-14.20	-3.49
吉　林	0.44	12.24	-16.71	3.76	12.89	-25.26	-2.11
黑龙江	0.39	4.60	-1.22	-8.37	5.30	18.16	3.14
上　海	0	5.96	0	0	0	0	0.99
江　苏	6.24	0.46	-13.75	15.63	-15.70	21.23	2.35
浙　江	0	0	0	0	-4.43	4.43	0
安　徽	-2.65	25.84	-7.43	4.12	-2.82	5.37	3.74
福　建	-5.95	4.32	18.97	2.14	22.45	3.25	7.53
江　西	6.67	-0.42	-3.19	-13.87	0.03	-0.86	-1.94
山　东	5.77	6.79	0.04	0.21	-5.74	-6.57	0.08
河　南	14.39	-5.55	4.33	-3.51	-2.75	-3.99	0.49
湖　北	-0.70	-12.08	27.44	8.18	-3.67	4.80	3.99
湖　南	22.02	2.57	3.93	-8.71	12.11	2.54	5.74
广　东	-2.96	-1.10	-33.13	33.93	8.05	10.60	2.56
广　西	10.14	4.14	2.61	8.89	-14.36	23.97	5.90
海　南	-12.30	6.93	5.04	26.50	-49.71	-6.59	-5.02
重　庆	15.36	11.55	7.30	-3.64	10.93	-3.05	6.41
四　川	9.76	1.75	3.08	5.17	5.18	12.17	6.19
贵　州	56.54	27.72	62.88	-69.19	8.64	-11.59	12.50
云　南	12.07	5.26	22.63	-0.95	9.05	-15.09	5.50
陕　西	8.17	8.45	11.13	-0.77	-0.79	6.99	5.53
甘　肃	6.68	10.39	11.24	-3.48	20.19	-8.50	6.09
青　海	18.55	107.05	-113.53	-19.26	-24.24	-2.05	-5.58
宁　夏	27.13	-175.82	165.95	0.34	12.86	12.32	7.13
新　疆	80.24	-64.74	57.78	-23.31	-3.81	25.60	11.96
全　国	7.15	11.61	1.42	4.75	1.13	-4.05	3.67

（三）卫生均衡发展实现程度排序及变化

1. 2016 年排序：东部地区相对居前

2016 年，卫生均衡发展实现程度排序前 10 行列中，有 6 个来自东部地区省份，排在前5位的依次是天津、上海、北京、浙江和陕西，但东部地区的广东和海南处于后10行列。后10行列中，虽然西部地区占据5位，但西部地区的陕西、重庆和四川进入前10行列。总体上看，中部、西部和东北地区整体排序的位置分布较为分散（见表4－11）。

表4－11　各地区卫生均衡发展指数实现程度排序

排序	2010年	2011年	2012年	2013年	2014年	2015年	2016年
1	天津(1)	天津(1)	天津(1)	天津(1)	天津(1)	天津(1)	天津(1)
2	浙江(1)	浙江(1)	浙江(1)	浙江(1)	浙江(1)	上海(1)	上海(1)
3	上　海	北　京	上海(1)	上海(1)	上海(1)	北京(1)	北京(1)
4	北　京	上　海	山　东	山　东	山东(1)	浙　江	浙江(1)
5	山　东	山　东	北　京	北　京	北　京	山　东	陕　西
6	江　苏	江　苏	江　苏	陕　西	陕　西	陕　西	江　苏
7	吉　林	陕　西	陕　西	湖　北	江　苏	湖　北	山　东
8	陕　西	吉　林	吉　林	江　苏	湖　北	吉　林	湖　北
9	湖　北	湖　北	重　庆	重　庆	吉　林	重　庆	重　庆
10	黑龙江	重　庆	黑龙江	吉　林	重　庆	江　苏	四　川
11	辽　宁	广　西	广　西	广　西	广　西	甘　肃	广　西
12	广　西	黑龙江	湖　北	辽　宁	海　南	四　川	黑龙江
13	重　庆	辽　宁	安　徽	甘　肃	四　川	福　建	福　建
14	四　川	四　川	辽　宁	黑龙江	安　徽	广　西	甘　肃
15	海　南	江　西	四　川	四　川	甘　肃	黑龙江	吉　林
16	山　西	内蒙古	甘　肃	安　徽	黑龙江	安　徽	安　徽
17	安　徽	山　西	江　西	海　南	内蒙古	辽　宁	内蒙古
18	江　西	甘　肃	海　南	福　建	辽　宁	内蒙古	河　北
19	甘　肃	新　疆	山　西	江　西	福　建	湖　南	辽　宁
20	福　建	安　徽	内蒙古	新　疆	山　西	山　西	湖　南
21	内蒙古	海　南	福　建	山　西	江　西	江　西	新　疆
22	河　南	河　南	湖　南	湖　南	河　南	河　北	宁　夏
23	广　东	福　建	河　南	河　南	湖　南	海　南	江　西
24	河　北	湖　南	河　北	内蒙古	新　疆	河　南	山　西
25	湖　南	宁　夏	广　东	贵　州	宁　夏	宁　夏	广　东
26	宁　夏	河　北	青　海	河　北	广　东	广　东	海　南
27	新　疆	广　东	新　疆	宁　夏	河　北	新　疆	河　南
28	云　南	云　南	云　南	云　南	云　南	云　南	云　南
29	贵　州	贵　州	贵　州	广　东	贵　州	贵　州	贵　州
30	青　海	青　海	宁　夏	青　海	青　海	青　海	青　海

注：括号（1）表示该省份在当年已实现目标时排序为并列第一。

2. 2010～2016 年整体排序变化：西部地区上升，东北地区下降

2010～2016 年，西部地区卫生均衡发展实现程度整体排序上升，11 个省份中，除云南、贵州和青海排序未变外，其余 8 个省份排序上升，其中多数省份上升 3～4 位，甘肃提升了 5 位。相反，东北地区卫生均衡发展实现程度整体排序下降，3 个省份实现程度排序全部下降，其中吉林和辽宁排序均下降 8 位（见表 4－11）。

（四）卫生均衡发展实现程度预测

由于卫生均衡发展实现程度进展速度极为缓慢，按 2010～2016 年平均进展，到 2020 年，虽然有 1/3 的省份可如期或十分接近实现目标，但仍有 12 个省份实现程度尚不能达到 50%，有 8 个省份实现程度不能达到 10%，其中有 5 个省份实现程度尚不能达到 2007 年全国平均水平，特别是青海距 2007 年全国平均水平还有巨大差距（见表 4－12）。卫生均衡发展实现程度仅能达到 38.12%，距实现目标还有较大差距。

表 4－12　2020 年各地区卫生均衡发展实现程度预测

单位：%，个百分点

地　区	2016 年实现程度	2010～2016 年平均进展	预计 2020 年实现程度
北　京	100	1.47	100
天　津	100	0	100
河　北	32.98	7.55	63.18
山　西	9.51	－3.66	－5.12
内蒙古	43.25	7.12	71.73
辽　宁	21.36	－3.49	7.42
吉　林	53.35	－2.11	44.92
黑龙江	64.93	3.14	77.50
上　海	100	0.99	100
江　苏	94.26	2.35	100
浙　江	100	0	100
安　徽	49.66	3.74	64.61
福　建	59.19	7.53	89.31
江　西	11.64	－1.94	3.88
山　东	87.69	0.08	88.02
河　南	0.37	0.49	2.31

续表

地　区	2016 年实现程度	2010～2016 年平均进展	预计 2020 年实现程度
湖　北	87.24	3.99	100
湖　南	19.38	5.74	42.36
广　东	5.01	2.56	15.27
广　西	71.84	5.90	95.43
海　南	3.79	-5.02	-16.30
重　庆	73.50	6.41	99.13
四　川	71.96	6.19	96.70
贵　州	-64.96	12.50	-14.96
云　南	-32.72	5.50	-10.74
陕　西	98.73	5.53	100
甘　肃	58.14	6.09	82.49
青　海	-191.14	-5.58	-213.46
宁　夏	15.13	7.13	43.64
新　疆	17.51	11.96	65.34

四　文化均衡发展指数

（一）文化均衡发展实现程度

1. 实现程度较高

2016 年，文化均衡发展实现程度为 73.23%，比城乡发展一体化总水平和社会发展一体化实现程度高 9.46 个和 20.10 个百分点。

2. 1/3 的省份实现程度超过或接近 80%

2016 年，所有省份实现程度高于 2007 年全国平均水平，有 10 个省份实现程度超过或接近 80%，其中北京、上海、江苏和广东提前实现目标（见表 4-13、图 4-4）。

（二）文化均衡发展实现程度进展

1. 2016 年实现程度进展有所放缓，部分省份实现程度下降

2016 年，文化均衡发展实现程度比上年提高了 6.42 个百分点，进展速度

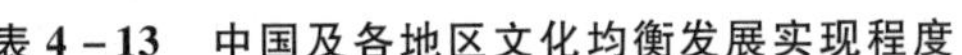

表 4－13　中国及各地区文化均衡发展实现程度

单位：%

地　区	2010 年	2011 年	2012 年	2013 年	2014 年	2015 年	2016 年
北　京	100	100	100	100	100	100	100
天　津	43.97	43.79	43.61	43.61	44.99	48.18	50.26
河　北	51.19	53.41	55.83	71.81	71.84	67.12	79.74
山　西	53.42	54.07	54.52	54.06	54.04	70.58	61.63
内蒙古	-9.06	-1.88	11.46	23.66	27.19	26.03	37.91
辽　宁	48.90	60.21	65.17	61.12	68.32	73.23	79.72
吉　林	37.63	47.42	55.86	61.40	60.61	59.37	58.13
黑龙江	41.94	44.00	47.99	49.90	54.98	59.50	60.65
上　海	100	100	100	100	100	100	100
江　苏	63.66	74.98	86.30	90.03	92.33	100	100
浙　江	77.94	84.02	90.10	94.40	81.59	90.97	90.20
安　徽	50.96	52.18	53.40	54.32	54.43	63.24	66.64
福　建	63.30	67.28	75.58	80.61	90.74	95.60	97.35
江　西	49.47	50.16	53.54	54.26	55.59	67.58	73.00
山　东	55.25	61.10	66.95	68.95	69.05	77.31	84.30
河　南	50.07	53.65	57.22	59.80	60.59	66.53	70.80
湖　北	34.82	43.47	48.47	49.52	48.26	47.74	52.34
湖　南	14.79	38.98	43.91	50.73	53.46	58.45	70.31
广　东	80.66	84.85	89.04	94.62	100	100	100
广　西	28.42	36.20	44.37	49.34	51.99	58.40	62.83
海　南	38.19	48.74	56.41	65.42	67.38	76.03	88.03
重　庆	27.18	43.91	51.31	53.61	55.34	57.84	66.13
四　川	5.03	12.86	21.65	29.57	34.04	48.96	69.37
贵　州	-16.22	2.40	12.36	26.97	39.30	41.50	51.24
云　南	9.03	18.59	20.35	31.42	28.73	33.10	54.58
陕　西	24.61	26.18	32.37	40.32	45.55	57.41	69.60
甘　肃	-5.18	-5.04	-5.67	1.19	5.15	13.90	60.72
青　海	-9.76	24.48	28.12	33.07	39.09	45.33	51.59
宁　夏	49.22	50.08	50.93	53	51.59	53.13	55.81
新　疆	17.82	29.01	32.89	48.22	60.21	79.26	77.57
全　国	35.36	42.79	49.94	55.87	58.81	66.82	73.23

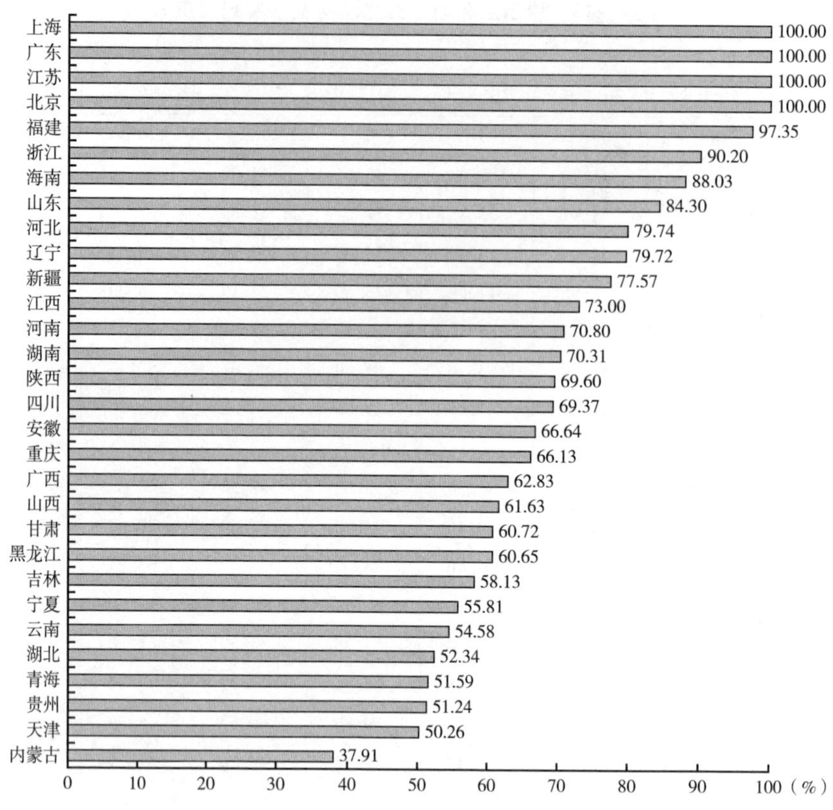

图 4-4　2016 年各地区文化均衡发展实现程度

与上年相比有所放缓，比上年进展速度慢 1.58 个百分点，但略快于 2010～2016 年平均进展。西部地区部分省份实现程度进展快，其中四川、云南和甘肃 3 个省份进展均超过 20 个百分点，特别是甘肃达到 46.82 个百分点；但是，山西、浙江、新疆、吉林 4 个省份实现程度下降明显（见表 4-14）。

2. 2010～2016 年实现程度进展相对较慢，西部地区进展较快

2010～2016 年，文化均衡发展实现程度提高了 37.87 个百分点，年均提高 6.31 个百分点，虽然进展速度快于社会发展一体化实现程度进展，但略慢于城乡发展一体化总水平实现程度进展。西部地区实现程度进展较快，11 个省份中，有 7 个省份年均进展超过 7 个百分点，其中 4 个省份进展超过 10 个百分点（见表 4-14）。

表 4－14　中国及各地区文化均衡发展实现程度进展（环比提高）

单位：个百分点

地　区	2011 年	2012 年	2013 年	2014 年	2015 年	2016 年	2010～2016 年年均提高
北　京	0	0	0	0	0	0	0
天　津	-0.18	-0.18	0	1.38	3.20	2.08	1.05
河　北	2.22	2.42	15.98	0.03	-4.73	12.62	4.76
山　西	0.65	0.45	-0.47	-0.02	16.54	-8.95	1.37
内蒙古	7.18	13.34	12.20	3.53	-1.16	11.88	7.83
辽　宁	11.31	4.96	-4.06	7.20	4.92	6.48	5.14
吉　林	9.79	8.44	5.54	-0.79	-1.24	-1.24	3.42
黑龙江	2.06	3.99	1.91	5.08	4.52	1.16	3.12
上　海	0	0	0	0	0	0	0
江　苏	11.32	11.32	3.73	2.31	7.67	0	6.06
浙　江	6.08	6.08	4.30	-12.81	9.37	-0.77	2.04
安　徽	1.22	1.22	0.92	0.11	8.81	3.40	2.61
福　建	3.97	8.31	5.02	10.13	4.87	1.75	5.67
江　西	0.68	3.38	0.72	1.34	11.98	5.42	3.92
山　东	5.85	5.85	20	0.11	8.26	6.99	4.84
河　南	3.58	3.58	2.57	0.80	5.93	4.27	3.45
湖　北	8.65	4.99	1.05	-1.26	-0.52	4.60	2.92
湖　南	24.18	4.94	6.82	2.73	4.99	11.86	9.25
广　东	4.19	4.19	5.58	5.38	0	0	3.22
广　西	7.78	8.17	4.97	2.65	6.41	4.43	5.74
海　南	10.55	7.67	9.01	1.97	8.64	12.0	8.31
重　庆	16.73	7.40	2.31	1.73	2.50	8.29	6.49
四　川	7.83	8.79	7.92	4.47	14.92	20.41	10.72
贵　州	18.62	9.96	14.61	12.33	2.20	9.74	11.24
云　南	9.55	1.76	11.07	-2.69	4.36	21.48	7.59
陕　西	1.57	6.19	7.95	5.23	11.86	12.20	7.50
甘　肃	0.14	-0.63	6.87	3.96	8.74	46.82	10.98
青　海	34.24	3.64	4.95	6.02	6.24	6.26	10.23
宁　夏	0.85	0.85	2.07	-1.41	1.53	2.69	1.10
新　疆	11.19	3.88	15.33	11.99	19.05	-1.69	9.96
全　国	7.43	7.16	5.93	2.94	8.00	6.42	6.31

（三）文化均衡发展实现程度排序及变化

1. 2016 年排序：东部地区领先

2016 年，排在文化均衡发展实现程度前 5 位的省份均来自东部地区，排在前10位中，东部地区占据9席，东部地区领先地位优势明显，但天津排序居后，排在倒数第2位。中部地区基本处于中游。西部地区整体排序相对靠后，排在后10位的省份中，有6个来自西部地区（见表4－15）。

表4－15　各地区文化均衡发展实现程度排序

排序	2010年	2011年	2012年	2013年	2014年	2015年	2016年
1	北京(1)	北京(1)	北京(1)	北京(1)	北京(1)	北京(1)	北京(1)
2	上海(1)	上海(1)	上海(1)	上海(1)	上海(1)	上海(1)	上海(1)
3	广　东	广　东	浙　江	广　东	广东(1)	广东(1)	江苏(1)
4	浙　江	浙　江	广　东	浙　江	江　苏	江苏(1)	广东(1)
5	江　苏	江　苏	江　苏	江　苏	福　建	福　建	福　建
6	福　建	福　建	福　建	福　建	浙　江	浙　江	浙　江
7	山　东	山　东	山　东	河　北	河　北	新　疆	海　南
8	山　西	辽　宁	辽　宁	山　东	山　东	山　东	山　东
9	河　北	山　西	河　南	海　南	辽　宁	海　南	河　北
10	安　徽	河　南	海　南	吉　林	海　南	辽　宁	辽　宁
11	河　南	河　北	吉　林	辽　宁	吉　林	山　西	新　疆
12	江　西	安　徽	河　北	河　南	河　南	江　西	江　西
13	宁　夏	江　西	山　西	安　徽	新　疆	河　北	河　南
14	辽　宁	宁　夏	江　西	江　西	江　西	河　南	湖　南
15	天　津	海　南	安　徽	山　西	重　庆	安　徽	陕　西
16	黑龙江	吉　林	重　庆	重　庆	黑龙江	黑龙江	四　川
17	海　南	黑龙江	宁　夏	宁　夏	安　徽	吉　林	安　徽
18	吉　林	重　庆	湖　北	湖　南	山　西	湖　南	重　庆
19	湖　北	天　津	黑龙江	黑龙江	湖　南	广　西	广　西
20	广　西	湖　北	广　西	湖　北	广　西	重　庆	山　西
21	重　庆	湖　南	湖　南	广　西	宁　夏	陕　西	甘　肃
22	陕　西	广　西	天　津	新　疆	湖　北	宁　夏	黑龙江
23	新　疆	新　疆	新　疆	天　津	陕　西	四　川	吉　林
24	湖　南	陕　西	陕　西	陕　西	天　津	天　津	宁　夏
25	云　南	青　海	青　海	青　海	贵　州	湖　北	云　南
26	四　川	云　南	四　川	云　南	青　海	青　海	湖　北
27	甘　肃	四　川	云　南	四　川	四　川	贵　州	青　海
28	内蒙古	贵　州	贵　州	贵　州	云　南	云　南	贵　州
29	青　海	内蒙古	内蒙古	内蒙古	内蒙古	内蒙古	天　津
30	贵　州	甘　肃	甘　肃	甘　肃	甘　肃	甘　肃	内蒙古

注：括号（1）表示该省份在当年已实现目标时排序为并列第一。

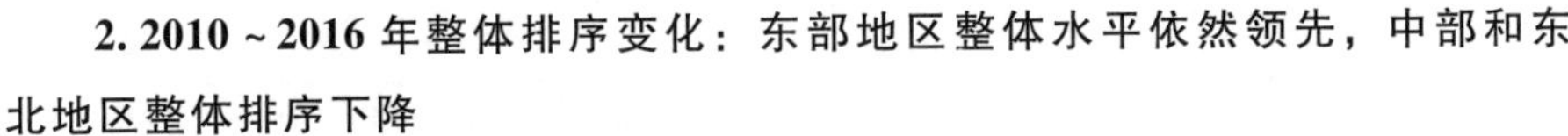

2. 2010~2016 年整体排序变化：东部地区整体水平依然领先，中部和东北地区整体排序下降

2010~2016 年，东部地区文化均衡发展整体水平依然领先。中部地区整体排序下降，6 个省份中，江西排序不变，虽然湖南排序大幅上升了 10 位，但其他 4 个省份排序大幅下降，其中山西排序大幅下降了 12 位。东北地区整体排序也有所下降，3 个省份中，虽然辽宁排序上升了 4 位，但黑龙江和吉林排序分别下降 6 位和 5 位（见表 4-15）。

（四）文化均衡发展实现程度预测

虽然 2010~2016 年文化均衡发展实现程度进展相对较慢，但依然保持了一定的进展速度，且其实现程度的起点较高，因此，按 2010~2016 年平均进展，到 2020 年，文化均衡发展实现程度将达到 98.48%，距实现目标仅一步之遥。12 个省份将如期实现目标，4 个省份将十分接近实现目标。但西部地区一些省份距实现目标仍有较大差距（见表 4-16）。

表 4-16　2020 年各地区文化均衡发展实现程度预测

单位：%，个百分点

地　区	2016 年实现程度	2010~2016 年平均进展	预计 2020 年实现程度
北　京	100	0	100
天　津	50.26	1.05	54.45
河　北	79.74	4.76	98.77
山　西	61.63	1.37	67.10
内蒙古	37.91	7.83	69.23
辽　宁	79.72	5.14	100
吉　林	58.13	3.42	71.80
黑龙江	60.65	3.12	73.13
上　海	100	0	100
江　苏	100	6.06	100
浙　江	90.20	2.04	98.37
安　徽	66.64	2.61	77.10
福　建	97.35	5.67	100
江　西	73.00	3.92	88.68
山　东	84.30	4.84	100

续表

地　区	2016 年实现程度	2010～2016 年平均进展	预计 2020 年实现程度
河　南	70.80	3.45	84.62
湖　北	52.34	2.92	64.02
湖　南	70.31	9.25	100
广　东	100	3.22	100
广　西	62.83	5.74	85.77
海　南	88.03	8.31	100
重　庆	66.13	6.49	92.10
四　川	69.37	10.72	100
贵　州	51.24	11.24	96.21
云　南	54.58	7.59	84.95
陕　西	69.60	7.50	99.60
甘　肃	60.72	10.98	100
青　海	51.59	10.23	92.49
宁　夏	55.81	1.10	60.20
新　疆	77.57	9.96	100

五　社会保障均衡发展指数

（一）社会保障均衡发展实现程度

1. 实现程度高

2016 年，社会保障均衡发展实现程度为 73.92%，远高于城乡发展一体化总水平和社会发展一体化实现程度。

2. 除云南外，其他省份实现程度均超过 60%

2016 年，除云南外，其他省份的社会保障均衡发展实现程度均超过 60%；11 个省份实现程度超过 80%，上海、浙江非常接近实现目标（见表 4－17、图 4－5）。总体上看，与其他指标相比，社会保障均衡发展实现程度的区域差距较小。

表 4-17　中国及各地区社会保障均衡发展指数实现程度

单位：%

地　区	2010 年	2011 年	2012 年	2013 年	2014 年	2015 年	2016 年
北　京	63.97	71.97	70.93	77.72	84.19	84.59	87.88
天　津	59.47	64.49	71.64	77.42	80.25	85.04	89.59
河　北	15.40	37.86	42.33	49.38	49.69	53.91	62.31
山　西	22.56	38.94	43.92	50.75	56.41	62.09	69.36
内蒙古	46.65	59.09	62.28	65.42	66.97	71.02	70.39
辽　宁	32.97	47.77	57.24	60.57	64.29	68.19	72.58
吉　林	59.18	60.36	62.26	67.86	71.41	72.40	79.44
黑龙江	41.23	42.72	52.10	53.15	56.88	67.16	68.86
上　海	79.89	82.05	84.66	88.50	93.48	99.31	99.63
江　苏	59.34	70.31	71.18	70.85	75.59	79.31	80.11
浙　江	53.25	70.57	74.34	88.18	84.68	85.36	94.98
安　徽	43.41	57.55	62.67	65.01	68.60	70.79	76.29
福　建	46.32	50.45	55.21	54.83	57.03	61.96	81.06
江　西	54.08	59.37	65.60	66.40	68.39	71.99	75.53
山　东	17.57	43.28	51.00	54.75	54.05	77.28	82.10
河　南	39.91	51.47	50.57	55.30	55.55	62.59	73.90
湖　北	28.15	41.81	42.33	52.70	61.74	69.95	75.18
湖　南	33.74	55.64	60.33	61.89	67.68	72.51	74.59
广　东	60.75	73.71	77.80	77.56	77.43	78.51	89.75
广　西	31.44	38.70	43.52	56.97	57.20	62.26	63.35
海　南	57.27	71.03	77.55	77.91	78.09	80.70	80.18
重　庆	39.39	62.00	74.99	77.53	79.44	76.02	84.66
四　川	14.83	35.72	44.96	48.80	51.44	54.48	76.72
贵　州	44.20	42.53	46.64	47.28	49.86	58.10	63.07
云　南	-1.18	39.15	43.60	52.20	51.38	53.53	56.71
陕　西	22.43	46.33	51.42	54.91	57.24	55.37	66.25
甘　肃	27.02	41.57	57.65	61.02	70.32	65.69	69.35
青　海	-0.55	31.11	50.02	51.86	38.08	53.01	61.92
宁　夏	0.78	28.32	62.63	77.07	80.14	78.76	83.37
新　疆	16.85	32.28	42.09	41.81	45.50	52.14	65.71
全　国	32.00	48.22	55.25	59.42	61.83	67.51	73.92

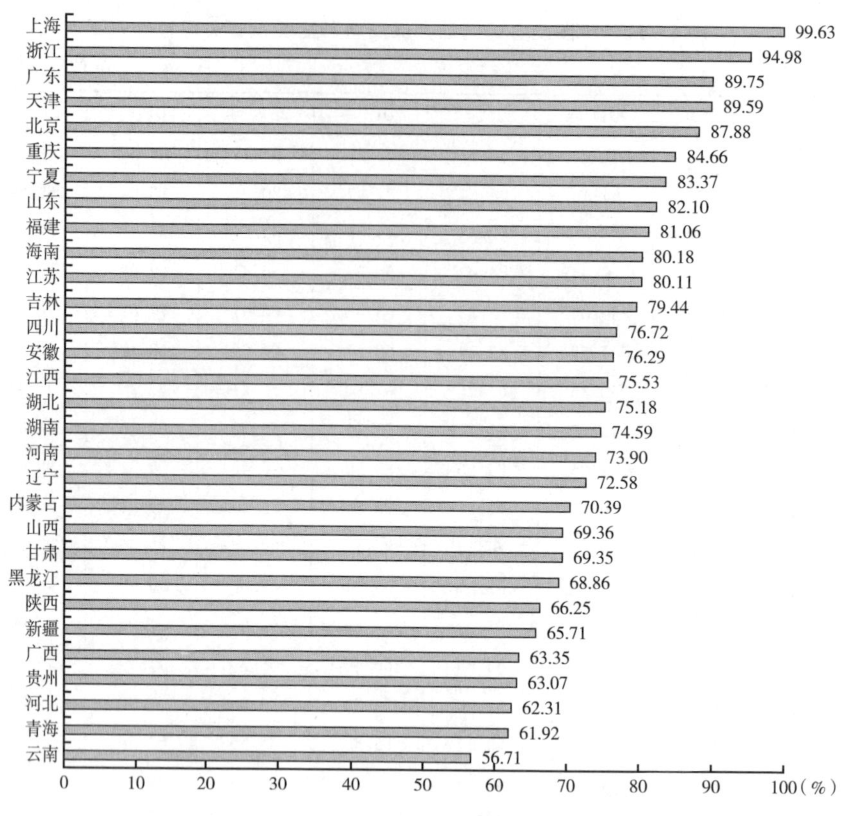

图 4－5　2016 年各地区社会保障均衡发展实现程度

（二）社会保障均衡发展实现程度进展

1. 2016 年进展加快

2016 年，社会保障均衡发展实现程度比上年提高了 6.4 个百分点，延续了实现程度逐年持续提高的态势，进展速度比上年快 0.71 个百分点。福建、河南、广东、四川、陕西和新疆等 6 个省份实现程度进展超过 10 个百分点；但内蒙古和海南实现程度略微下降（见表 4－18）。

2. 2010～2016 年进展较快，近两年进展恢复性加快

2010～2016 年，社会保障均衡发展实现程度进展提高 41.92 个百分点，年均提高 6.99 个百分点，分别比城乡发展一体化总水平实现程度进展和社会发展一体化实现程度进展快 0.28 个和 1.77 个百分点。2011～2014 年，社会保障

表 4－18　中国及各地区社会保障均衡发展实现程度进展（环比提高）

单位：个百分点

地　区	2011 年	2012 年	2013 年	2014 年	2015 年	2016 年	2010～2016 年年均提高
北　京	8	－1.04	6.79	6.47	0.40	3.29	3.98
天　津	5.02	7.15	5.78	2.83	4.79	4.55	5.02
河　北	22.46	4.47	7.05	0.32	4.22	8.39	7.82
山　西	16.38	4.98	6.83	5.66	5.67	7.27	7.80
内蒙古	12.44	3.19	3.13	1.56	4.05	－0.63	3.96
辽　宁	14.80	9.47	3.33	3.72	3.90	4.39	6.60
吉　林	1.18	1.90	5.60	3.55	0.99	7.04	3.38
黑龙江	1.49	9.38	1.05	3.73	10.28	1.70	4.60
上　海	2.16	2.61	3.84	4.98	5.83	0.32	3.29
江　苏	10.97	0.86	－0.32	4.74	3.72	0.80	3.46
浙　江	17.33	3.77	13.84	－3.50	0.68	9.62	6.96
安　徽	14.14	5.12	2.34	3.59	2.19	5.50	5.48
福　建	4.13	4.77	－0.38	2.20	4.93	19.10	5.79
江　西	5.29	6.23	0.80	1.98	3.60	3.55	3.58
山　东	25.71	7.73	3.74	－0.70	23.23	4.82	10.76
河　南	11.56	－0.91	4.73	0.25	7.04	11.31	5.67
湖　北	13.66	0.51	10.37	9.04	8.21	5.22	7.84
湖　南	21.90	4.69	1.55	5.79	4.83	2.08	6.81
广　东	12.96	4.09	－0.23	－0.13	1.08	11.24	4.83
广　西	7.26	4.82	13.45	0.23	5.06	1.09	5.32
海　南	13.76	6.52	0.35	0.19	2.61	－0.52	3.82
重　庆	22.60	12.99	2.54	1.91	－3.43	8.64	7.54
四　川	20.89	9.24	3.84	2.64	3.05	22.23	10.31
贵　州	－1.67	4.11	0.64	2.58	8.24	4.97	3.15
云　南	40.33	4.45	8.60	－0.82	2.14	3.18	9.65
陕　西	23.90	5.09	3.49	2.33	－1.87	10.88	7.30
甘　肃	14.54	16.08	3.37	9.31	－4.63	3.65	7.05
青　海	31.66	18.92	1.84	－13.78	14.93	8.91	10.41
宁　夏	27.54	34.31	14.44	3.07	－1.38	4.61	13.76
新　疆	15.43	9.81	－0.28	3.70	6.64	13.57	8.14
全　国	16.22	7.03	4.17	2.41	5.69	6.40	6.99

均衡发展实现程度进展幅度连续3年下降，自2015年以来已连续2年进展幅度加快。山东、四川、青海和宁夏实现程度提高幅度较大，年均超过10个百分点；云南提高幅度也较大，年均提高接近10个百分点（见表4-18）。

（三）社会保障均衡发展实现程度排序及变化

1.2016年排序：东部地区领先较为明显，但各区域内排序差异较大

2016年，社会保障均衡发展实现程度排序的总体特征是，东部地区与其他3个区域存在较大差距。2016年，排在前5位的均为东部地区省份，排名前10位的省份也有8个处于东部地区。东部地区只有河北排序居后，位于后10位。

西部地区社会保障均衡发展实现程度排序明显靠后，排在后5位的省份西部地区占了4个，排在后10位的省份中有7个来自西部地区。但是，西部地区的宁夏和重庆排序相对较高，均位于前10位。

2016年，部分省份排序变化较大，其中福建和四川排序分别大幅上升14位和13位（见表4-19）。

表4-19　各地区社会保障均衡发展实现程度排序

排序	2010年	2011年	2012年	2013年	2014年	2015年	2016年
1	上海	上海	上海	上海	上海	上海	上海
2	北京	广东	广东	浙江	浙江	浙江	浙江
3	广东	北京	海南	海南	北京	天津	广东
4	天津	海南	重庆	北京	天津	北京	天津
5	江苏	浙江	浙江	广东	宁夏	海南	北京
6	吉林	江苏	天津	重庆	重庆	江苏	重庆
7	海南	天津	江苏	天津	海南	宁夏	宁夏
8	江西	重庆	北京	宁夏	广东	广东	山东
9	浙江	吉林	江西	江苏	江苏	山东	福建
10	内蒙古	江西	安徽	吉林	吉林	重庆	海南
11	福建	内蒙古	宁夏	江西	甘肃	湖南	江苏
12	贵州	安徽	内蒙古	内蒙古	安徽	吉林	吉林
13	安徽	湖南	吉林	安徽	江西	江西	四川
14	黑龙江	河南	湖南	湖南	湖南	内蒙古	安徽
15	河南	福建	甘肃	甘肃	内蒙古	安徽	江西

续表

排序	2010 年	2011 年	2012 年	2013 年	2014 年	2015 年	2016 年
16	重　庆	辽　宁	辽　宁	辽　宁	辽　宁	湖　北	湖　北
17	湖　南	陕　西	福　建	广　西	湖　北	辽　宁	湖　南
18	辽　宁	山　东	黑龙江	河　南	陕　西	黑龙江	河　南
19	广　西	黑龙江	陕　西	陕　西	广　西	甘　肃	辽　宁
20	湖　北	贵　州	山　东	福　建	福　建	河　南	内蒙古
21	甘　肃	湖　北	河　南	山　东	黑龙江	广　西	山　西
22	山　西	甘　肃	青　海	黑龙江	山　西	山　西	甘　肃
23	陕　西	云　南	贵　州	湖　北	河　南	福　建	黑龙江
24	山　东	山　西	四　川	云　南	山　东	贵　州	陕　西
25	新　疆	广　西	山　西	青　海	四　川	陕　西	新　疆
26	河　北	河　北	云　南	山　西	云　南	四　川	广　西
27	四　川	四　川	广　西	河　北	贵　州	河　北	贵　州
28	宁　夏	新　疆	河　北	四　川	河　北	云　南	河　北
29	青　海	青　海	湖　北	贵　州	新　疆	青　海	青　海
30	云　南	宁　夏	新　疆	新　疆	青　海	新　疆	云　南

2. 2010～2016 年整体排序变化：东北地区排序相对下降，部分省份排序变化较大

2010～2016 年，东北地区社会保障均衡发展实现程度整体排序下降，3 个省份排序均不同程度下降，其中吉林和黑龙江排序分别下降 6 位和 9 位，吉林排序退出前 10 行列。

2010～2016 年，部分省份社会保障均衡发展实现程度排序变化较大，其中，宁夏、山东和重庆等 3 省份排序分别大幅上升了 21 位、16 位和 10 位，而贵州、内蒙古和黑龙江等 3 省份排序分别下降了 15 位、10 位和 9 位（见表 4－19）。

（四）社会保障均衡发展实现程度预测

社会保障均衡发展实现程度起点相对较高，进展也较快，按 2010～2016 年平均进展，到 2020 年，社会保障均衡发展将如期实现目标；除个别省份外，大多数省份都将如期或非常接近实现目标（见表 4－20）。

表 4-20　2020 年各地区社会保障均衡发展实现程度预测

单位：%，个百分点

地　区	2016 年实现程度	2010～2016 年平均进展	预计 2020 年实现程度
北　京	87.88	3.98	100
天　津	89.59	5.02	100
河　北	62.31	7.82	93.58
山　西	69.36	7.80	100
内蒙古	70.39	3.96	86.22
辽　宁	72.58	6.60	98.99
吉　林	79.44	3.38	92.94
黑龙江	68.86	4.60	87.28
上　海	99.63	3.29	100
江　苏	80.11	3.46	93.95
浙　江	94.98	6.96	100
安　徽	76.29	5.48	98.21
福　建	81.06	5.79	100
江　西	75.53	3.58	89.83
山　东	82.10	10.76	100
河　南	73.90	5.67	96.56
湖　北	75.18	7.84	100
湖　南	74.59	6.81	100
广　东	89.75	4.83	100
广　西	63.35	5.32	84.63
海　南	80.18	3.82	95.45
重　庆	84.66	7.54	100
四　川	76.72	10.31	100
贵　州	63.07	3.15	75.65
云　南	56.71	9.65	95.30
陕　西	66.25	7.30	95.47
甘　肃	69.35	7.05	97.56
青　海	61.92	10.41	100
宁　夏	83.37	13.76	100
新　疆	65.71	8.14	98.29

第五章
中国及各地区生活水平一体化指数

一　生活水平一体化指数

（一）生活水平一体化实现程度

1. 实现程度较高

2016 年，中国城乡生活水平一体化实现程度为 66.07%，比城乡发展一体化总水平实现程度高 2.3 个百分点，分别比经济发展一体化和社会发展一体化实现程度高 6.04 个和 12.94 个百分点，但比生态环境一体化实现程度低 9.79 个百分点。

2. 半数以上省份实现程度超过 60%

2016 年，21 个省份生活水平一体化实现程度超过 50%，其中有 16 个省份实现程度超过 60%，但青海、吉林、甘肃和贵州等省份实现程度尚未超过 40%（见表 5－1、图 5－1）。

3. 东部地区整体接近实现目标，东北地区整体实现程度仍未过半

2016 年，东部地区整体接近实现目标，10 个省份中，天津已提前实现目标；江苏等 6 个省份实现程度超过 90%，接近实现目标；实现程度最低的河北也已达到 78%。

东北地区整体实现程度较低，3 个省份实现程度均未超过 50%，吉林实现程度仅为 34.9%，距实现目标还有很大差距。东北地区生活水平一体化实现

表 5－1　中国及各地区生活水平一体化实现程度

单位：%

地　区	2010 年	2011 年	2012 年	2013 年	2014 年	2015 年	2016 年
北　京	95.67	97.81	97.60	92.51	89.39	89.45	91.27
天　津	70.55	86.00	92.36	99.64	100	100	100
河　北	32.85	42.29	45.55	54.24	67.13	73.48	78.34
山　西	24.82	30.77	39.27	42.82	51.16	53.40	57.76
内蒙古	-6.95	4.48	10.75	25.84	32.66	40.83	42.74
辽　宁	11.85	20.10	24.44	31.51	34.71	43.39	48.23
吉　林	0.94	11.31	16.17	24.31	29.17	30.99	34.94
黑龙江	19.32	24.35	28.39	32.56	35.78	39.57	41.80
上　海	92.93	93.14	94.42	89.70	91.01	92.64	92.07
江　苏	80.12	90.13	94.02	95.17	97.22	97.31	97.36
浙　江	87.05	88.43	89.12	89.64	93.27	94.09	94.64
安　徽	3.63	12.74	17.71	33.31	42.35	46.69	50.60
福　建	61.18	67.18	72.24	82.70	89.61	91.61	92.28
江　西	23.66	33.65	39.62	51.92	58.08	62.76	65.79
山　东	51.35	60.53	67.25	71.16	79.04	81.76	90.17
河　南	27.78	33.61	36.14	47.05	57.89	61.30	67.13
湖　北	26.08	35.30	40.52	52.34	59.56	63.28	69.60
湖　南	10.80	17.16	20.86	31.68	39.25	43.57	46.30
广　东	45.60	54.19	56.73	70.16	74.51	77.35	78.55
广　西	15.21	24.37	35.31	48.12	59.76	64.17	67.94
海　南	49.28	59.60	61.19	73.26	77.89	83.89	88.60
重　庆	7.60	21.44	26.10	44.44	55.09	60.94	66.47
四　川	6.98	15.94	23.41	38.19	46.81	53.22	58.03
贵　州	-17.34	-6.92	-0.95	14.23	22.74	29.49	32.27
云　南	-0.75	6.91	10.33	19.21	29.85	36.36	41.95
陕　西	12.55	19.75	24.76	35.80	44.48	48.68	54.12
甘　肃	-9.77	3.70	3.70	15.45	21.08	25.78	29.92
青　海	13.02	16.07	23.39	26.94	31.52	29.60	39.50
宁　夏	20.30	29.65	38.47	48.21	56.81	64.09	62.53
新　疆	37.23	34.22	40.78	51.71	56.94	57.59	56.64
全　国	23.16	32.97	39.46	51.11	58.35	62.10	66.07

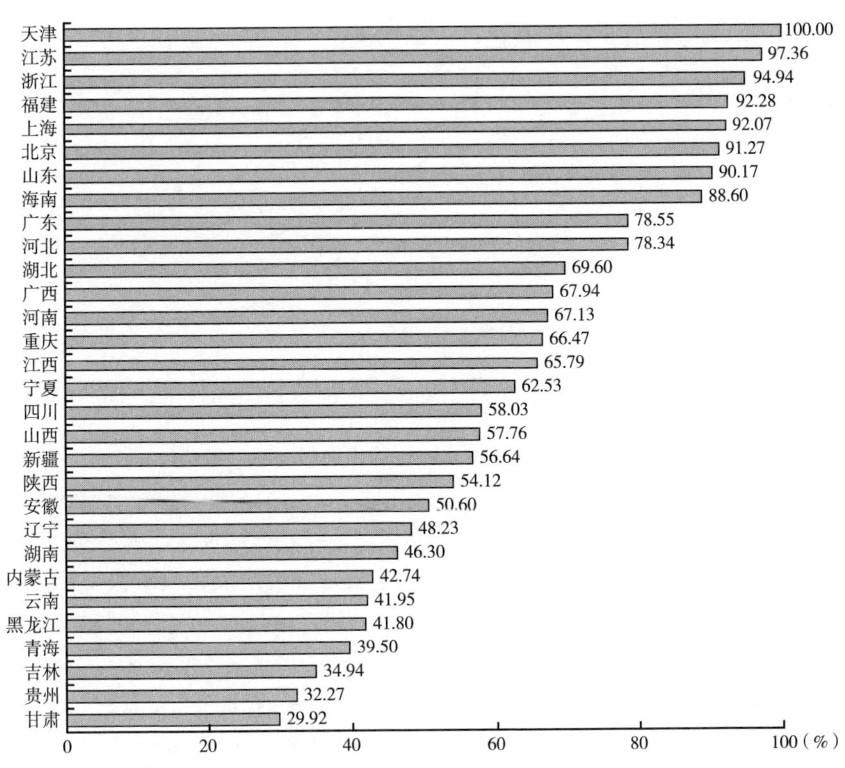

图 5－1　2016 年各地区生活水平一体化实现程度

程度低主要是因为农村居住条件较差，村庄集中供水普及率和无害化卫生厕所普及率较低，特别是吉林、黑龙江无害化卫生厕所普及率实现程度距 2007 年全国平均水平还有较大差距。

西部地区整体实现程度也较低，11 个省份中，有 5 个实现程度尚未达到 50%，其中贵州和甘肃实现程度尚未达到目标的 1/3（见表 5－1、图 5－1）。

4. 除东部地区以外，其他三个区域 2013 年以来内部差距不同程度扩大

2010～2016 年东部地区内部差距呈不断缩小趋势，但其他 3 个区域的内部差距在 2013 年以后均有不同程度的扩大（见图 5－2）。

（二）生活水平一体化实现程度进展

1. 2016 年进展略微加快，但依然缓慢

2016 年，生活水平一体化实现程度比 2015 年提升了 3.97 个百分点，比

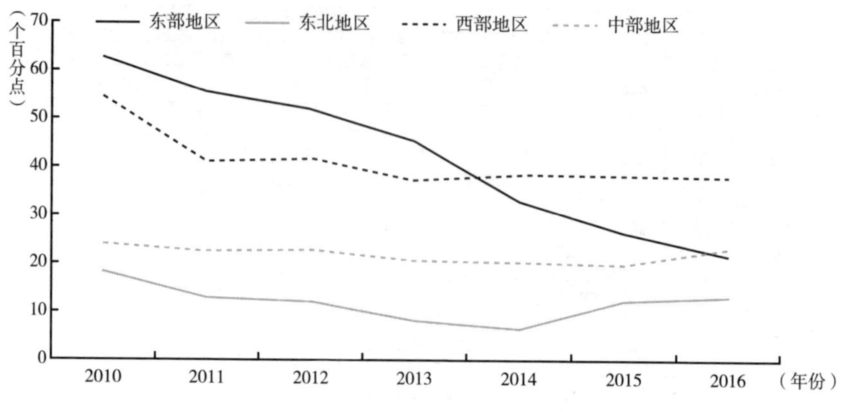

图5－2　各地区生活水平一体化内部差距（极差）

2015年进展小幅提升0.22个百分点（见表5－2），但远低于生态环境一体化、经济发展一体化以及城乡发展一体化总水平实现程度进展，仅略快于社会发展一体化实现程度进展。

表5－2　中国及各地区生活水平一体化实现程度进展（环比提高）

单位：个百分点

地　区	2011年	2012年	2013年	2014年	2015年	2016年	2010～2016年年均提高
北　京	2.14	－0.21	－5.08	－3.13	0.06	1.82	－0.73
天　津	15.45	6.36	7.27	0.36	0	0	4.91
河　北	9.43	3.26	8.69	12.89	6.35	4.86	7.58
山　西	5.95	8.49	3.56	8.34	2.24	4.36	5.49
内蒙古	11.43	6.27	15.09	6.82	8.18	1.90	8.28
辽　宁	8.25	4.33	7.07	3.20	8.68	4.84	6.06
吉　林	10.37	4.86	8.14	4.86	1.82	3.95	5.67
黑龙江	5.03	4.04	4.16	3.22	3.79	2.23	3.75
上　海	0.20	1.29	－4.72	1.32	1.63	－0.57	－0.14
江　苏	10.01	3.89	1.15	2.04	0.09	0.06	2.87
浙　江	1.38	0.68	0.52	3.63	0.82	0.55	1.26
安　徽	9.12	4.97	15.60	9.03	4.34	3.91	7.83
福　建	5.99	5.06	10.46	6.92	2.00	0.66	5.18
江　西	9.99	5.97	12.30	6.16	4.68	3.04	7.02

续表

地　区	2011 年	2012 年	2013 年	2014 年	2015 年	2016 年	2010～2016 年年均提高
山　东	9.19	6.71	3.91	7.88	2.72	8.41	6.47
河　南	5.82	2.53	10.91	10.84	3.41	5.84	6.56
湖　北	9.22	5.22	11.81	7.23	3.71	6.32	7.25
湖　南	6.37	3.70	10.81	7.57	4.32	2.74	5.92
广　东	8.59	2.54	13.43	4.35	2.84	1.20	5.49
广　西	9.16	10.94	12.81	11.65	4.41	3.77	8.79
海　南	10.32	1.59	12.07	4.63	6.00	4.71	6.55
重　庆	13.85	4.66	18.34	10.65	5.85	5.53	9.81
四　川	8.97	7.47	14.78	8.62	6.40	4.82	8.51
贵　州	10.42	5.97	15.17	8.51	6.74	2.79	8.27
云　南	7.66	3.42	8.88	10.64	6.51	5.59	7.12
陕　西	7.20	5.02	11.04	8.69	4.20	5.44	6.93
甘　肃	13.46	0.00	11.74	5.63	4.70	4.14	6.61
青　海	3.05	7.32	3.55	4.58	-1.93	9.90	4.41
宁　夏	9.35	8.82	9.74	8.61	7.28	-1.57	7.04
新　疆	-3.01	6.56	10.93	5.23	0.65	-0.96	3.23
全　国	9.81	6.49	11.65	7.24	3.75	3.97	7.15

2. 近两年进展大幅减缓，将严重制约实现程度的提升

2010～2014 年，生活水平一体化实现程度进展较快，年均达到 8.8 个百分点，但 2015 年和 2016 年进展急剧减缓，两年平均进展仅 3.86 个百分点，不及前 4 年平均进展的一半，这种状况如持续下去，将严重制约目标的如期实现（见表 5－2）。

2016 年与 2010 年相比，北京城乡居民收入和消费差距有所扩大，上海城乡居民消费差距有所扩大，导致收入消费水平实现程度下降，并最终导致生活水平一体化实现程度下降。但最近两年，北京已经基本扭转了下降的趋势，上海则需要加快进展。

（三）生活水平一体化实现程度排序及变化

1. 2016 年排序：东部地区依然占据前 10 位，东北地区整体居后

2016 年，生活水平一体化实现程度排名前 10 位的全部为东部地区省份；

东北地区整体排序靠后，3个省份均位列后10位，其中黑龙江和吉林位居后5位（见表5－3）。

表5－3 各地区生活水平一体化实现程度排序

排序	2010年	2011年	2012年	2013年	2014年	2015年	2016年
1	北京	北京	北京	天津	天津	天津	天津
2	上海	上海	上海	江苏	江苏	江苏	江苏
3	浙江	江苏	江苏	北京	浙江	浙江	浙江
4	江苏	浙江	天津	上海	上海	上海	福建
5	天津	天津	浙江	浙江	福建	福建	上海
6	福建	福建	福建	福建	北京	北京	北京
7	山东	山东	山东	海南	山东	海南	山东
8	海南	海南	海南	山东	海南	山东	海南
9	广东	广东	广东	广东	广东	广东	广东
10	新疆	河北	河北	河北	河北	河北	河北
11	河北	湖北	新疆	湖北	广西	广西	湖北
12	河南	新疆	湖北	江西	湖北	宁夏	广西
13	湖北	江西	江西	新疆	江西	湖北	河南
14	山西	河南	山西	宁夏	河南	江西	重庆
15	江西	山西	宁夏	广西	新疆	河南	江西
16	宁夏	宁夏	河南	河南	宁夏	重庆	宁夏
17	黑龙江	广西	广西	重庆	重庆	新疆	四川
18	广西	黑龙江	黑龙江	山西	山西	山西	山西
19	青海	重庆	重庆	四川	四川	四川	新疆
20	陕西	辽宁	陕西	陕西	陕西	陕西	陕西
21	辽宁	陕西	辽宁	安徽	安徽	安徽	安徽
22	湖南	湖南	四川	黑龙江	湖南	湖南	辽宁
23	重庆	青海	青海	湖南	黑龙江	辽宁	湖南
24	四川	四川	湖南	辽宁	辽宁	内蒙古	内蒙古
25	安徽	安徽	安徽	青海	内蒙古	黑龙江	云南
26	吉林	吉林	吉林	内蒙古	青海	云南	黑龙江
27	云南	云南	内蒙古	吉林	云南	吉林	青海
28	内蒙古	内蒙古	云南	云南	吉林	青海	吉林
29	甘肃	甘肃	甘肃	甘肃	贵州	贵州	贵州
30	贵州	贵州	贵州	贵州	甘肃	甘肃	甘肃

2016 年，各省份排序的变化很小，除宁夏排序大幅下降 4 位外，其他变化的幅度仅为 1 ~2 位。

2. 2010 ~2016 年排序变化：东部地区始终处于领先地位，东北地区排序整体下降

2010 ~2016 年，东部地区始终处于领先地位，除 2010 年河北位于第 11 位外，其余年份东部各省份均位于前 10 行列。

东北地区整体排序有所下降，3 个省份排序全部下降，其中黑龙江排序下降幅度较大（见表 5 -3）。

3. 2010 ~2016 年：部分省份排序变化较大

2016 年与 2010 年相比，有 7 个省份生活水平一体化实现程度排序未发生改变，即浙江、山东、海南、广东、江西、宁夏和陕西。

但是，部分省份实现程度排序变化较大，其中新疆和黑龙江排序均下降 9 位，青海下降 8 位，北京和山西分别下降 5 位和 4 位；重庆、四川和广西排序上升幅度较大，分别上升了 9 位、7 位和 6 位，天津、安徽和内蒙古排序均上升 4 位，其中天津升至榜首（见表 5 -3）。

（四）生活水平一体化实现程度预测

按 2010 ~2016 年生活水平一体化实现程度年均进展，半数省份将如期或接近实现目标；东部地区大多数省份将实现目标，北京如按 2016 年进展，也将如期实现；东北和西部地区实现目标难度较大，吉林、黑龙江、甘肃和青海等省份实现程度仅能达到近 60%（见表 5 -4）。如要实现目标，必须扭转近两年进展大幅减缓的趋势。

表 5 -4　2020 年各地区生活水平一体化实现程度预测

单位：%，个百分点

地　区	2016 年实现程度	2010 ~2016 年平均进展	预计 2020 年实现程度
北　京	91. 27	-0. 73	88. 33
天　津	100	4. 91	100
河　北	78. 34	7. 58	100
山　西	57. 76	5. 49	79. 72
内蒙古	42. 74	8. 28	75. 86
辽　宁	48. 23	6. 06	72. 48

续表

地　区	2016 年实现程度	2010～2016 年平均进展	预计 2020 年实现程度
吉　林	34.94	5.67	57.60
黑龙江	41.80	3.75	56.79
上　海	92.07	-0.14	91.49
江　苏	97.36	2.87	100
浙　江	94.64	1.26	99.70
安　徽	50.60	7.83	81.91
福　建	92.28	5.18	100
江　西	65.79	7.02	93.88
山　东	90.17	6.47	100
河　南	67.13	6.56	93.37
湖　北	69.60	7.25	98.61
湖　南	46.30	5.92	69.97
广　东	78.55	5.49	100
广　西	67.94	8.79	100
海　南	88.60	6.55	100
重　庆	66.47	9.81	100
四　川	58.03	8.51	92.07
贵　州	32.27	8.27	65.35
云　南	41.95	7.12	70.42
陕　西	54.12	6.93	81.84
甘　肃	29.92	6.61	56.38
青　海	39.50	4.41	57.15
宁　夏	62.53	7.04	90.68
新　疆	56.64	3.23	69.57

二　收入消费水平指数

（一）收入消费水平实现程度

1. 实现程度较高

2016 年，收入消费水平实现程度为 72.96%，比 2015 年提高 0.83 个百分点；比城乡发展一体化总水平实现程度高 9.19 个百分点，比生活水平一体化和居住卫生条件实现程度分别高 6.89 个和 13.77 个百分点。

2. 半数以上省份的实现程度超过 80%

2016 年，有 17 个省份收入消费水平实现程度超过 80%，其中，天津于

2014 年已提前实现目标，浙江距目标仅咫尺之遥，福建、江苏、湖北、吉林和黑龙江等 6 个省份实现程度均超过 90%，接近实现目标。甘肃、云南和贵州的实现程度尚未超过 50%（见表 5 -5、图 5 -3）。

表 5 -5　中国及各地区收入消费水平实现程度

单位：%

地　区	2010 年	2011 年	2012 年	2013 年	2014 年	2015 年	2016 年
北　京	91. 35	95. 62	95. 19	85. 39	78. 77	78. 89	82. 54
天　津	41. 87	72. 00	84. 73	99. 27	100	100	100
河　北	43. 72	56. 59	63. 75	77. 34	83. 19	85. 56	87. 57
山　西	29. 09	38. 85	50. 48	55. 74	69. 28	69. 83	72. 24
内蒙古	18. 54	31. 88	38. 37	63. 55	70. 45	73. 79	77. 68
辽　宁	41. 11	53. 58	55. 14	59. 42	61. 58	70. 61	70. 35
吉　林	45. 21	62. 12	68. 29	79. 31	85. 64	87. 90	90. 98
黑龙江	62. 16	74. 21	76. 35	82. 35	84. 61	87. 78	91. 02
上　海	85. 87	86. 27	88. 84	79. 39	82. 03	85. 28	84. 14
江　苏	74. 59	83. 96	88. 04	90. 35	94. 43	94. 61	94. 72
浙　江	90. 25	91. 39	92. 23	93. 42	98. 40	98. 70	98. 76
安　徽	30. 51	39. 52	41. 54	67. 55	79. 56	82. 79	84. 91
福　建	44. 97	54. 33	59. 02	77. 96	89. 55	92. 24	92. 46
江　西	43. 16	54. 67	58. 09	76. 26	82. 25	85. 49	88. 08
山　东	43. 45	57. 56	65. 20	66. 44	77. 40	81. 56	83. 32
河　南	30. 82	38. 62	45. 89	60. 37	75. 12	79. 34	83. 98
湖　北	39. 06	48. 74	54. 43	75. 59	86. 52	89. 11	90. 44
湖　南	36. 53	45. 14	50. 83	65. 42	77. 00	80. 34	82. 44
广　东	22. 84	40. 45	43. 67	66. 03	73. 15	77. 64	78. 80
广　西	-1. 44	11. 75	20. 31	40. 30	61. 38	67. 58	73. 58
海　南	21. 22	30. 37	33. 49	54. 92	63. 95	75. 26	81. 46
重　庆	-2. 35	15. 93	19. 31	50. 90	66. 49	72. 89	79. 11
四　川	21. 08	31. 61	38. 38	62. 05	72. 12	76. 88	81. 51
贵　州	-17. 66	-6. 38	-2. 02	22. 61	35. 46	38. 54	40. 60
云　南	-7. 10	3. 69	6. 90	17. 55	35. 35	41. 97	45. 96
陕　西	2. 64	10. 09	14. 86	33. 54	49. 43	54. 74	59. 25
甘　肃	-8. 32	3. 09	3. 65	24. 81	31. 04	34. 82	33. 93
青　海	24. 88	34. 64	42. 00	51. 23	56. 71	53. 62	54. 72
宁　夏	24. 32	29. 50	35. 62	47. 66	62. 24	63. 76	66. 52
新　疆	26. 59	38. 36	43. 92	55. 47	59. 49	55. 04	55. 31
全　国	21. 41	35. 51	43. 30	60. 78	69. 10	72. 13	72. 96

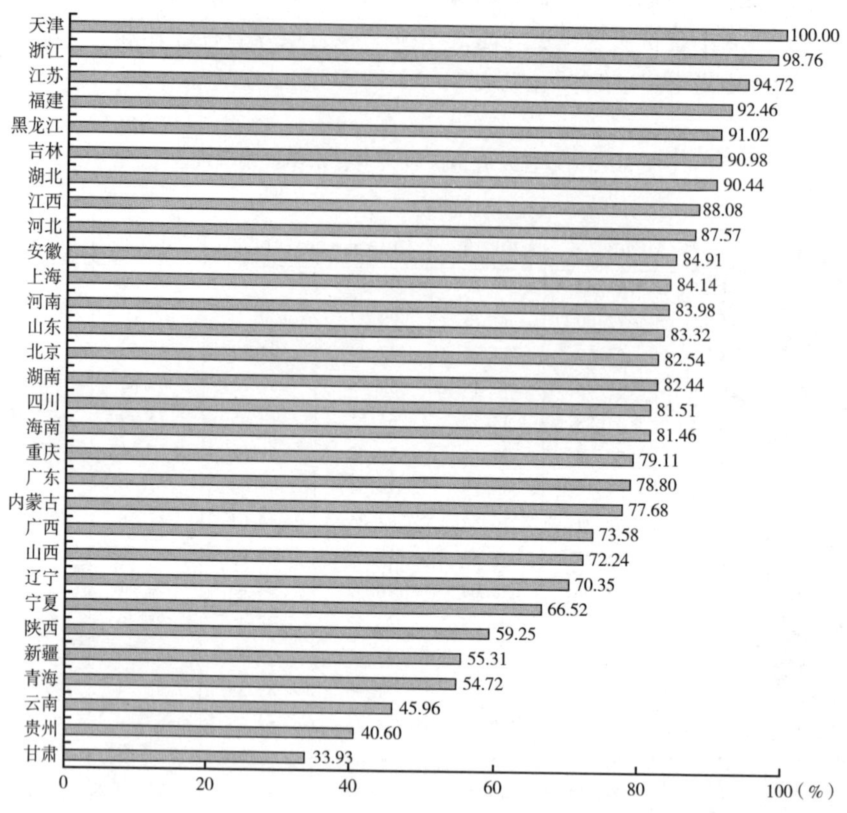

图5－3　2016年各地区收入消费水平实现程度

3. 东部地区部分发达省份实现程度相对较低

总体上看，东部地区收入消费水平实现程度最高，10个省份中，除广东外，其余9个省份实现程度均超过80%，其中4个省份实现程度超过90%（见表5－5、图5－3）。但是，北京、上海、山东和广东等省份实现程度相对较低，均未超过85%，主要原因在于：虽然这4个省份农民收入和消费水平较高，2016年已经提前实现目标，但城乡居民收入差距和消费差距的实现程度距目标还有较大差距，北京和广东城乡居民收入差距实现程度均未超过60%，山东和上海分别只有67%和80%；上海、山东和广东城乡居民消费差距实现程度均只达到80%；城乡居民收入和消费差距实现程度相对较低直接拉低了收入消费水平的实现程度。

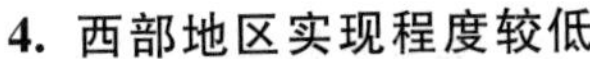

4. 西部地区实现程度较低

2016年，西部地区11个省份中，仅四川收入消费水平实现程度超过80%，有6个省份实现程度未达到60%，其中甘肃、贵州和云南实现程度尚未过半（见表5－5、图5－3）。

5. 东部地区内部差距明显缩小，西部和东北地区内部差距有所扩大

2010~2016年，东部地区内部差距呈明显下降趋势，其他3个区域则没有明显下降，其中，中部地区和西部地区内部差距小幅上升（见表5－6）。

表5－6　各区域收入消费水平实现程度极差

单位：%

地区	2010年	2011年	2012年	2013年	2014年	2015年	2016年
东部地区	70.12	65.25	61.70	44.36	36.05	24.74	21.20
东北地区	21.05	20.63	21.21	22.92	24.06	17.29	20.67
西部地区	44.25	44.73	45.94	46.00	41.09	42.06	47.58
中部地区	14.07	16.05	16.55	20.52	17.24	19.29	18.19

（二）收入消费水平实现程度进展

1. 2016年进展极为缓慢，进展速度继续减缓

2016年，收入消费水平实现程度比2015年提升了0.83个百分点，进展极为缓慢；同时，进展速度比2015年下降了2.2个百分点，延续了进展速度下降的态势；辽宁、上海和甘肃等省份实现程度下降（见表5－7）。

2. 近两年进展大幅减缓

2010~2014年，收入消费水平实现程度大幅提升，年均提高11.9个百分点，但2015年以来连续两年进展大幅减缓，年均仅1.93个百分点，两个时期进展相差近10个百分点（见表5－7）。

（三）收入消费水平实现程度排序

1. 2016年排序：东部地区领先地位不明显，西部整体居后

2016年，收入消费水平实现程度排名前5位的依次是天津、浙江、江苏、福建和黑龙江；前10行列中，东部地区省份占据5位，中部地区省份占据3位，东北地区省份占据2位，与城乡发展一体化其他方面相比，东部地区的领

表 5-7　中国及各地区收入消费水平实现程度进展

单位：个百分点

地　区	2011 年	2012 年	2013 年	2014 年	2015 年	2016 年	2010～2016 年年均提高
北　京	4.27	-0.43	-9.80	-6.62	0.12	3.65	-1.47
天　津	30.13	12.73	14.55	0.73	0	0	9.69
河　北	12.87	7.16	13.59	5.85	2.38	2.01	7.31
山　西	9.76	11.63	5.26	13.54	0.54	2.42	7.19
内蒙古	13.34	6.49	25.18	6.90	3.34	3.89	9.86
辽　宁	12.47	1.56	4.29	2.16	9.03	-0.26	4.87
吉　林	16.91	6.17	11.02	6.33	2.25	3.08	7.63
黑龙江	12.04	2.14	6.00	2.26	3.16	3.24	4.81
上　海	0.41	2.57	-9.45	2.63	3.26	-1.14	-0.29
江　苏	9.37	4.08	2.31	4.08	0.18	0.11	3.36
浙　江	1.13	0.84	1.19	4.99	0.29	0.07	1.42
安　徽	9.01	2.02	26.01	12.01	3.23	2.12	9.07
福　建	9.35	4.69	18.94	11.60	2.69	0.22	7.91
江　西	11.51	3.42	18.17	5.99	3.24	2.58	7.49
山　东	14.11	7.64	1.24	10.97	4.15	1.77	6.64
河　南	7.80	7.27	14.48	14.75	4.22	4.64	8.86
湖　北	9.68	5.69	21.16	10.93	2.59	1.32	8.56
湖　南	8.62	5.69	14.59	11.58	3.34	2.09	7.65
广　东	17.61	3.21	22.37	7.12	4.49	1.16	9.33
广　西	13.19	8.56	19.99	21.08	6.21	6.00	12.50
海　南	9.15	3.12	21.42	9.03	11.31	6.20	10.04
重　庆	18.28	3.37	31.59	15.60	6.40	6.21	13.58
四　川	10.53	6.76	23.67	10.08	4.76	4.62	10.07
贵　州	11.28	4.36	24.62	12.85	3.08	2.06	9.71
云　南	10.79	3.21	10.65	17.81	6.62	3.98	8.84
陕　西	7.46	4.77	18.69	15.89	5.30	4.52	9.44
甘　肃	11.40	0.57	21.16	6.23	3.78	-0.89	7.04
青　海	9.76	7.36	9.23	5.48	-3.09	1.11	4.97
宁　夏	5.18	6.12	12.04	14.58	1.52	2.76	7.03
新　疆	11.77	5.57	11.54	4.02	-4.45	0.27	4.79
全　国	14.10	7.79	17.47	8.32	3.03	0.83	8.59

表 5-8　各地区收入消费水平实现程度排序

排序	2010 年	2011 年	2012 年	2013 年	2014 年	2015 年	2016 年
1	北　京	北　京	北　京	天　津	天　津	天　津	天　津
2	浙　江	浙　江	浙　江	浙　江	浙　江	浙　江	浙　江
3	上　海	上　海	上　海	江　苏	江　苏	江　苏	江　苏
4	江　苏	江　苏	江　苏	北　京	福　建	福　建	福　建
5	黑龙江	黑龙江	天　津	黑龙江	湖　北	湖　北	黑龙江
6	吉　林	天　津	黑龙江	上　海	吉　林	吉　林	吉　林
7	福　建	吉　林	吉　林	吉　林	黑龙江	黑龙江	湖　北
8	河　北	山　东	山　东	福　建	河　北	河　北	江　西
9	山　东	河　北	河　北	河　北	江　西	江　西	河　北
10	江　西	江　西	福　建	江　西	上　海	上　海	安　徽
11	天　津	福　建	江　西	湖　北	安　徽	安　徽	上　海
12	辽　宁	辽　宁	辽　宁	安　徽	北　京	山　东	河　南
13	湖　北	湖　北	湖　北	山　东	山　东	湖　南	山　东
14	湖　南	湖　南	湖　南	广　东	湖　南	河　南	北　京
15	河　南	广　东	山　西	湖　南	河　南	北　京	湖　南
16	安　徽	安　徽	河　南	内蒙古	广　东	广　东	四　川
17	山　西	山　西	新　疆	四　川	四　川	四　川	海　南
18	新　疆	河　南	广　东	河　南	内蒙古	海　南	重　庆
19	青　海	新　疆	青　海	辽　宁	山　西	内蒙古	广　东
20	宁　夏	青　海	安　徽	山　西	重　庆	重　庆	内蒙古
21	广　东	内蒙古	四　川	新　疆	海　南	辽　宁	广　西
22	海　南	四　川	内蒙古	海　南	宁　夏	山　西	山　西
23	四　川	海　南	宁　夏	青　海	辽　宁	广　西	辽　宁
24	内蒙古	宁　夏	海　南	重　庆	广　西	宁　夏	宁　夏
25	陕　西	重　庆	广　西	宁　夏	新　疆	新　疆	陕　西
26	广　西	广　西	重　庆	广　西	青　海	陕　西	新　疆
27	重　庆	陕　西	陕　西	陕　西	陕　西	青　海	青　海
28	云　南	云　南	云　南	甘　肃	贵　州	云　南	云　南
29	甘　肃	甘　肃	甘　肃	贵　州	云　南	贵　州	贵　州
30	贵　州	贵　州	贵　州	云　南	甘　肃	甘　肃	甘　肃

先优势并不十分明显。西部地区整体排序居后，后 10 行列中，西部地区省份占据 8 位，其中排名后 7 位的均为西部地区省份（见表 5-8）。

2. 2010～2016 年排序变化：变化较大

2010～2016 年，收入消费水平实现程度排序变化较大，有 16 个省份排序变动在4 位及 4 位以上，其中北京和辽宁排序分别下降 13 位和 11 位，上海、新疆和青海等省份均下降 8 位；天津、重庆和四川排序分别上升 10 位、9 位和 7 位，湖北和安徽排序均上升 6 位，海南和广西排名均上升 5 位（见表 5－8）。

（四）收入消费水平实现程度预测

按 2010～2016 年收入消费水平实现程度年均进展，将有 2/3 的省份如期实现目标，陕西和宁夏将非常接近实现目标（见表 5－9）；但如果按近两年进展，则如期实现目标的省份将大大减少，整体无法如期实现目标。因此，必须较大幅度提高农民收入和消费水平，进一步缩小城乡居民收入和消费差距，扭转收入消费水平实现程度进展减缓的趋势；特别是北京和上海，由于 2016 年实现程度低于 2010 年，因此，如果不尽快扭转实现程度下降的趋势，将难以如期实现目标。北京近两年已经有所好转，2015 年以来已经连续 2 年提升，2016 年进展达到 3.65 个百分点，如未来 4 年延续这一趋势，也将如期实现目标；上海还需努力尽快扭转下降的势头。

表 5－9　2020 年各地区收入消费水平实现程度预测

单位：%，百分点

地　区	2016 年实现程度	2010～2016 年平均进展	预计 2020 年实现程度
北　京	82.54	－1.47	76.66
天　津	100.00	9.69	100
河　北	87.57	7.31	100
山　西	72.24	7.19	100
内蒙古	77.68	9.86	100
辽　宁	70.35	4.87	89.84
吉　林	90.98	7.63	100
黑龙江	91.02	4.81	100
上　海	84.14	－0.29	82.99
江　苏	94.72	3.36	100
浙　江	98.76	1.42	100

续表

地　区	2016年实现程度	2010～2016年平均进展	预计2020年实现程度
安　徽	84.91	9.07	100
福　建	92.46	7.91	100
江　西	88.08	7.49	100
山　东	83.32	6.64	100
河　南	83.98	8.86	100
湖　北	90.44	8.56	100
湖　南	82.44	7.65	100
广　东	78.80	9.33	100
广　西	73.58	12.50	100
海　南	81.46	10.04	100
重　庆	79.11	13.58	100
四　川	81.51	10.07	100
贵　州	40.60	9.71	79.44
云　南	45.96	8.84	81.33
陕　西	59.25	9.44	97.00
甘　肃	33.93	7.04	62.09
青　海	54.72	4.97	74.62
宁　夏	66.52	7.03	94.65
新　疆	55.31	4.79	74.46

三　居住卫生条件指数

（一）居住卫生条件实现程度

1. 实现程度相对较低

2016年，居住卫生条件实现程度为59.19%，比2015年提高7.11个百分点，虽然在12个二级指标中，实现程度相对较高，仅低于污染物排放、环境卫生治理、社会保障均衡发展和收入消费水平等实现程度，但比农民收入实现程度低23个百分点，实现程度相对较低，表明农村居住卫生条件改善严重滞后于农民水平的提高。

2. 东部地区整体接近实现目标

2016 年，东部地区 10 个省份中，北京、天津、上海和江苏已提前实现目标；浙江、福建、山东和海南等省份实现程度超过 90%，接近实现目标；广东和河北实现程度相对较低，分别只有 78.3% 和 69.1%（见表 5－10、图 5－4）。

表 5－10　中国及各地区居住卫生条件实现程度

单位：%

地　区	2010 年	2011 年	2012 年	2013 年	2014 年	2015 年	2016 年
北　京	100	100	100	99.64	100	100	100
天　津	99.23	100	100	100	100	100	100
河　北	21.99	27.99	27.35	31.14	51.08	61.40	69.10
山　西	20.56	22.70	28.05	29.91	33.03	36.97	43.27
内蒙古	－32.44	－22.93	－16.88	－11.88	－5.14	7.88	7.79
辽　宁	－17.40	－13.37	－6.26	3.60	7.83	16.16	26.11
吉　林	－43.33	－39.50	－35.94	－30.69	－27.30	－25.93	－21.10
黑龙江	－23.52	－25.50	－19.57	－17.24	－13.05	－8.63	－7.41
上　海	100	100	100	100	100	100	100
江　苏	85.65	96.31	100	100	100	100	100
浙　江	83.86	85.48	86.01	85.86	88.13	89.48	90.52
安　徽	－23.26	－14.04	－6.11	－0.93	5.13	10.59	16.29
福　建	77.39	80.03	85.45	87.44	89.68	90.98	92.09
江　西	4.16	12.63	21.14	27.57	33.91	40.03	43.51
山　东	59.24	63.50	69.30	75.88	80.68	81.96	97.02
河　南	24.74	28.59	26.39	33.72	40.65	43.25	50.29
湖　北	13.10	21.86	26.61	29.08	32.61	37.44	48.76
湖　南	－14.94	－10.82	－9.10	－2.07	1.49	6.79	10.17
广　东	68.36	67.92	69.79	74.29	75.87	77.05	78.30
广　西	31.86	36.99	50.30	55.93	58.15	60.76	62.31
海　南	77.33	88.83	88.88	91.60	91.83	92.52	95.74
重　庆	17.54	26.96	32.90	37.98	43.69	48.99	53.84
四　川	－7.13	0.28	8.45	14.33	21.51	29.55	34.56
贵　州	－17.02	－7.45	0.12	5.85	10.02	20.43	23.95
云　南	5.60	10.13	13.76	20.88	24.34	30.75	37.95
陕　西	22.46	29.40	34.67	38.05	39.54	42.62	49.00
甘　肃	－11.22	4.31	3.75	6.08	11.12	16.74	25.92
青　海	1.17	－2.50	4.79	2.65	6.34	5.58	24.27
宁　夏	16.28	29.80	41.31	48.75	51.39	64.43	58.54
新　疆	47.88	30.08	37.64	47.96	54.40	60.15	57.96
全　国	24.90	30.43	35.62	41.44	47.60	52.08	59.19

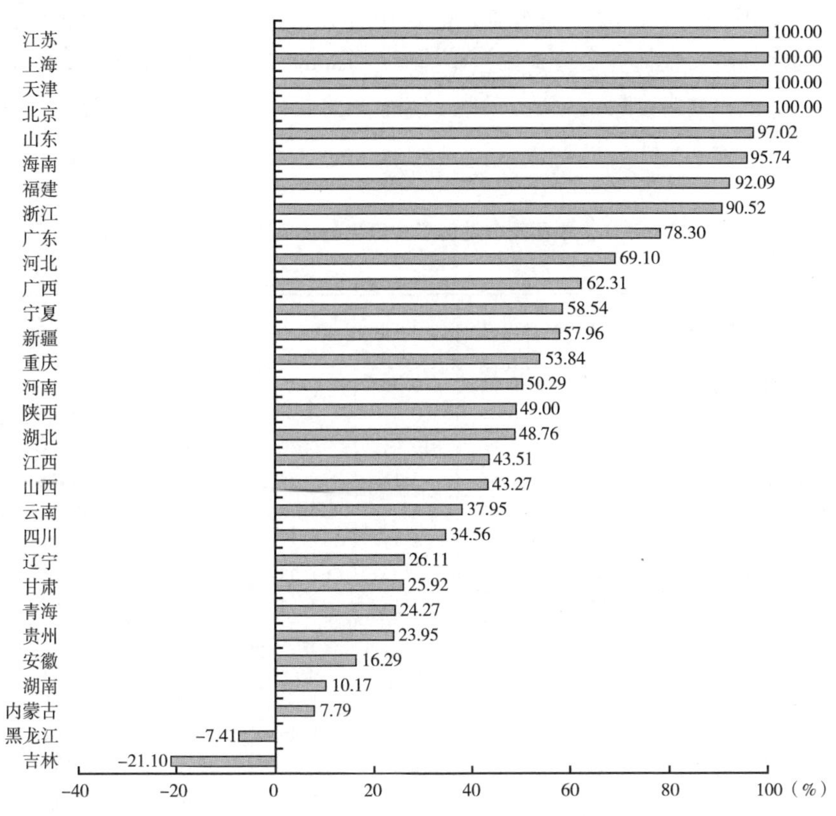

图 5－4　2016 年各地区居住卫生条件实现程度

3. 东北地区实现程度低

2016 年，东北地区 3 个省份中，辽宁居住卫生条件实现程度仅达到 26.11%，距实现目标还有较大差距；吉林和黑龙江等实现程度尚不及 2007 年全国平均水平，其中吉林距 2007 年全国平均水平还有一定差距（见表 5－10、图 5－4）。3 个省份居住卫生条件实现程度与农民收入水平实现程度差距巨大，2016 年，辽宁、吉林和黑龙江农民收入水平实现程度分别为 89.9%、79.8% 和 77.2%，与居住卫生条件实现程度分别相差 63.8 个、100.9 个和 84.6 个百分点。

（二）居住卫生条件实现程度进展

1. 居住卫生条件进展大幅提高

2016 年，居住卫生条件实现程度比 2015 年提升了 7.11 个百分点，较

2015 年进展上升了 2.63 个百分点，是 2010 年以来进展最快的 1 年。青海、山东、湖北进展大幅提升，分别比上年提高了 18.69 个、15.06 个和 11.32 个百分点，辽宁和甘肃进展也超过 9 个百分点；但是，内蒙古、宁夏和新疆实现程度下降（见表 5－11）。

表 5－11　中国及各地区居住卫生条件实现程度进展

单位：个百分点

地　区	2011 年	2012 年	2013 年	2014 年	2015 年	2016 年	2010～2016 年年均提高
北　京	0	0	－0.36	0.36	0	0	0
天　津	0.77	0	0	0	0	0	0.13
河　北	6.00	－0.64	3.79	19.94	10.32	7.70	7.85
山　西	2.14	5.35	1.85	3.13	3.94	6.30	3.79
内蒙古	9.51	6.05	5.00	6.74	13.02	－0.09	6.71
辽　宁	4.03	7.11	9.86	4.23	8.33	9.95	7.25
吉　林	3.83	3.55	5.25	3.39	1.38	4.82	3.70
黑龙江	－1.98	5.93	2.33	4.19	4.42	1.22	2.68
上　海	0	0	0	0	0	0	0
江　苏	10.65	3.69	0	0	0	0	2.39
浙　江	1.62	0.53	－0.14	2.27	1.35	1.04	1.11
安　徽	9.22	7.93	5.18	6.06	5.46	5.70	6.59
福　建	2.64	5.43	1.99	2.24	1.30	1.11	2.45
江　西	8.47	8.51	6.43	6.34	6.12	3.49	6.56
山　东	4.27	5.79	6.58	4.80	1.28	15.06	6.30
河　南	3.85	－2.20	7.33	6.93	2.60	7.03	4.26
湖　北	8.76	4.75	2.47	3.53	4.84	11.32	5.94
湖　南	4.12	1.71	7.04	3.56	5.30	3.38	4.18
广　东	－0.44	1.87	4.50	1.58	1.18	1.25	1.66
广　西	5.13	13.31	5.63	2.22	2.61	1.54	5.07
海　南	11.50	0.06	2.71	0.23	0.69	3.22	3.07
重　庆	9.41	5.94	5.09	5.70	5.30	4.85	6.05
四　川	7.41	8.17	5.88	7.17	8.05	5.01	6.95
贵　州	9.56	7.57	5.73	4.17	10.41	3.52	6.83
云　南	4.53	3.63	7.11	3.47	6.41	7.20	5.39
陕　西	6.94	5.27	3.38	1.49	3.09	6.37	4.42
甘　肃	15.53	－0.56	2.33	5.04	5.62	9.17	6.19
青　海	－3.66	7.28	－2.14	3.69	－0.76	18.69	3.85
宁　夏	13.52	11.52	7.44	2.64	13.04	－5.89	7.04
新　疆	－17.80	7.56	10.32	6.44	5.75	－2.19	1.68
全　国	5.53	5.20	5.82	6.16	4.48	7.11	5.72

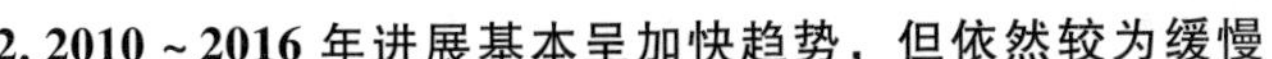

2. 2010～2016 年进展基本呈加快趋势，但依然较为缓慢

2011 年以来，除 2015 年外，居住卫生条件实现程度进展基本呈加快趋势，但提升幅度相对较小，总体进展依然较为缓慢，在 12 个二级指标中仅快于要素配置、教育均衡发展和卫生均衡发展实现程度进展。因此，尽管起点相对较高，但 2016 年没有达到较高的水平。

（三）居住卫生条件实现程度排序

1. 2016 年排序：东部地区领先地位明显，东北地区居后

2016 年，居住卫生条件实现程度排名前 10 位的全部为东部地区省份，领先地位十分突出；排名后 5 位的依次是安徽、湖南、内蒙古、黑龙江和吉林，东北地区整体排序居后，3 个省份中，黑龙江和吉林位于倒数后 2 位，辽宁也仅排在第 22 位（见表 5－12）。

表 5－12　各地区居住卫生条件实现程度排序

排序	2010 年	2011 年	2012 年	2013 年	2014 年	2015 年	2016 年
1	北京(1)	北京(1)	北京(1)	上海(1)	上海(1)	上海(1)	北京(1)
2	上海(1)	上海(1)	上海(1)	天津(1)	天津(1)	天津(1)	天津(1)
3	天　津	天津(1)	天津(1)	江苏(1)	江苏(1)	江苏(1)	上海(1)
4	江　苏	江　苏	江苏(1)	北　京	北京(1)	北京(1)	江苏(1)
5	浙　江	海　南	海　南	海　南	海　南	海　南	山　东
6	福　建	浙　江	浙　江	福　建	福　建	福　建	海　南
7	海　南	福　建	福　建	浙　江	浙　江	浙　江	福　建
8	广　东	广　东	广　东	山　东	山　东	山　东	浙　江
9	山　东	山　东	山　东	广　东	广　东	广　东	广　东
10	新　疆	广　西	广　西	广　西	广　西	宁　夏	河　北
11	广　西	新　疆	宁　夏	宁　夏	新　疆	河　北	广　西
12	河　南	宁　夏	新　疆	新　疆	宁　夏	广　西	宁　夏
13	陕　西	陕　西	陕　西	陕　西	河　北	新　疆	新　疆
14	河　北	河　南	重　庆	重　庆	重　庆	重　庆	重　庆
15	山　西	河　北	山　西	河　南	河　南	河　南	河　南
16	重　庆	重　庆	河　北	河　北	陕　西	陕　西	陕　西
17	宁　夏	山　西	湖　北	山　西	江　西	江　西	湖　北
18	湖　北	湖　北	河　南	湖　北	山　西	湖　北	江　西
19	云　南	江　西	江　西	江　西	湖　北	山　西	山　西

续表

排序	2010 年	2011 年	2012 年	2013 年	2014 年	2015 年	2016 年
20	江　西	云　南	云　南	云　南	云　南	云　南	云　南
21	青　海	甘　肃	四　川	四　川	四　川	四　川	四　川
22	四　川	四　川	青　海	甘　肃	甘　肃	贵　州	辽　宁
23	甘　肃	青　海	甘　肃	贵　州	贵　州	甘　肃	甘　肃
24	湖　南	贵　州	贵　州	辽　宁	辽　宁	辽　宁	青　海
25	贵　州	湖　南	安　徽	青　海	青　海	安　徽	贵　州
26	辽　宁	辽　宁	辽　宁	安　徽	安　徽	内蒙古	安　徽
27	安　徽	安　徽	湖　南	湖　南	湖　南	湖　南	湖　南
28	黑龙江	内蒙古	内蒙古	内蒙古	内蒙古	青　海	内蒙古
29	内蒙古	黑龙江	黑龙江	黑龙江	黑龙江	黑龙江	黑龙江
30	吉　林	吉　林	吉　林	吉　林	吉　林	吉　林	吉　林

注：括号（1）表示该省份在当年已实现目标时排序为并列第一。

2. 2010～2016 年排序变化：基本稳定，变化较小

2016 年与 2010 年相比，居住卫生条件实现程度排序的整体格局基本稳定，变化较小，东部地区领先地位更加巩固。虽然只有 6 个省份排序发生变化，但变化较小，除宁夏排序上升 5 位，山东、河北和辽宁等省份排序上升 4 位，山西排序下降 4 位，其余 19 个省份排序变动幅度仅在 1～3 位（见表 5－12）。

（四）居住卫生条件实现程度预测

按 2010～2016 年居住卫生条件实现程度年均进展，全国距实现目标尚有一定距离。东部地区整体非常接近实现目标，10 个省份中，有 8 个省份将如期实现目标，这 8 个省份均来自东部地区；浙江也将十分接近实现目标，但广东距实现目标尚有一定距离。

东北地区实现程度则距目标还有非常大的差距，3 个省份中，辽宁实现程度也仅过半，黑龙江实现程度仅及 2007 年全国平均水平，吉林则不及 2007 年全国平均水平。

中部和西部地区多数省份实现程度距目标还有很大差距（见表 5－13）。

表 5－13　2020 年各地区居住卫生条件实现程度预测

单位：%，个百分点

地　区	2016 年实现程度	2010～2016 年平均进展	预计 2020 年实现程度
北　京	100	0	100
天　津	100	0.13	100
河　北	69.10	7.85	100
山　西	43.27	3.79	58.42
内蒙古	7.79	6.71	34.62
辽　宁	26.11	7.25	55.12
吉　林	－21.10	3.70	－6.29
黑龙江	－7.41	2.68	3.33
上　海	100	0	100
江　苏	100	2.39	100
浙　江	90.52	1.11	94.96
安　徽	16.29	6.59	42.65
福　建	92.09	2.45	100
江　西	43.51	6.56	69.75
山　东	97.02	6.30	100
河　南	50.29	4.26	67.32
湖　北	48.76	5.94	72.54
湖　南	10.17	4.18	26.90
广　东	78.30	1.66	84.92
广　西	62.31	5.07	82.60
海　南	95.74	3.07	100
重　庆	53.84	6.05	78.04
四　川	34.56	6.95	62.36
贵　州	23.95	6.83	51.26
云　南	37.95	5.39	59.52
陕　西	49.00	4.42	66.68
甘　肃	25.92	6.19	50.67
青　海	24.27	3.85	39.68
宁　夏	58.54	7.04	86.71
新　疆	57.96	1.68	64.68

第六章
中国及各地区生态环境一体化指数

一　生态环境一体化指数

（一）生态环境一体化实现程度

1. 实现程度超过四分之三

2016 年，中国城乡生态环境一体化实现程度达到 75.86%，高于城乡发展一体化总水平实现程度 12.09 个百分点，在四个一体化中实现程度最高。

2. 三分之一以上的省份实现程度超过 80%，东部地区整体实现程度高

2016 年，有 11 个省份生态环境一体化实现程度超过 80%。东部地区整体实现程度高，10 个省份中，除广东实现程度较低外，其余 9 个省份实现程度均超过 80%，其中上海、北京和江苏已实现目标，浙江、山东和天津等 3 个省份非常接近实现目标。

2016 年还有 4 个省份实现程度未达到 50%，贵州最低，仅为 27.51%，距实现目标还有较大差距（见表 6－1、图 6－1）。

（二）生态环境一体化实现程度进展

1. 2016 年实现程度继续大幅提高

2016 年，生态环境一体化实现程度大幅提升，比上年提高了 10.41 个百分点，延续了上年大幅提升的趋势，提升幅度远远高于城乡发展一体化总水平

表 6－1 中国及各地区生态环境一体化实现程度

单位：%

地 区	2010 年	2011 年	2012 年	2013 年	2014 年	2015 年	2016 年
北 京	93.68	95.46	96.03	95.97	96.16	97.41	99.94
天 津	86.51	88.54	88.75	91.46	90.09	92.00	93.71
河 北	44.26	46.99	54.67	60	64.45	73.37	84.04
山 西	1.77	8.26	19.83	29.23	34.89	43.67	56.89
内蒙古	-8.57	1.57	12.87	21.28	28.67	38.42	58.71
辽 宁	35.51	41.88	48.95	57.56	63.07	70.39	81.31
吉 林	17.76	23.96	29.70	41.08	44.49	55.17	68.63
黑龙江	0.81	9.60	18.79	28.07	34.48	48.21	72.21
上 海	92.92	87.13	94.88	96.93	99.82	100	100
江 苏	74.92	79.71	84.45	90.40	94.94	99.43	99.97
浙 江	82.34	85.14	88.87	91.55	92.75	94.64	96.30
安 徽	17.30	29.91	37.29	45.89	50.60	59.24	71.88
福 建	48.22	55.55	61.88	66.40	69.43	73.99	80.45
江 西	9.76	17.59	25.53	33.07	38.89	44.55	58.24
山 东	68.16	72.26	78.37	84.33	91.19	93.60	94.99
河 南	41.31	48.03	55.56	60.38	67.41	73.77	88.25
湖 北	13.42	20.19	30.07	39.05	44.90	53.37	65.67
湖 南	7.53	18.02	26.93	33.95	40.33	47.76	59.57
广 东	25.84	32.46	39.90	47.09	51.26	57.63	65.28
广 西	-15.64	3.62	11.36	21.42	28.87	41.67	56.12
海 南	33.22	44.52	51.43	56.55	59.76	70.30	84.57
重 庆	13.55	23.44	27.96	34.61	40.16	46.68	56.67
四 川	-5.22	7.16	14.95	24.20	37.16	43.46	53.98
贵 州	-54.70	-38.88	-23.33	-11.20	-0.62	10.27	27.51
云 南	-9.84	-13.57	-4.15	10.41	17.93	24.59	36.86
陕 西	29.76	35.03	41.79	49.83	54.15	62.66	76.22
甘 肃	-19.23	-13.39	-0.81	8.02	19.44	26.72	54.49
青 海	-30.57	-16.02	-6.92	0.99	13.08	25.93	41.82
宁 夏	-49.39	-56.98	-40.26	-18.70	-7.76	7.88	40.85
新 疆	-20.04	-12.61	-1.91	4.68	12.33	20.86	51.98
全 国	27.87	35.40	43.21	49.54	55.24	65.45	75.86

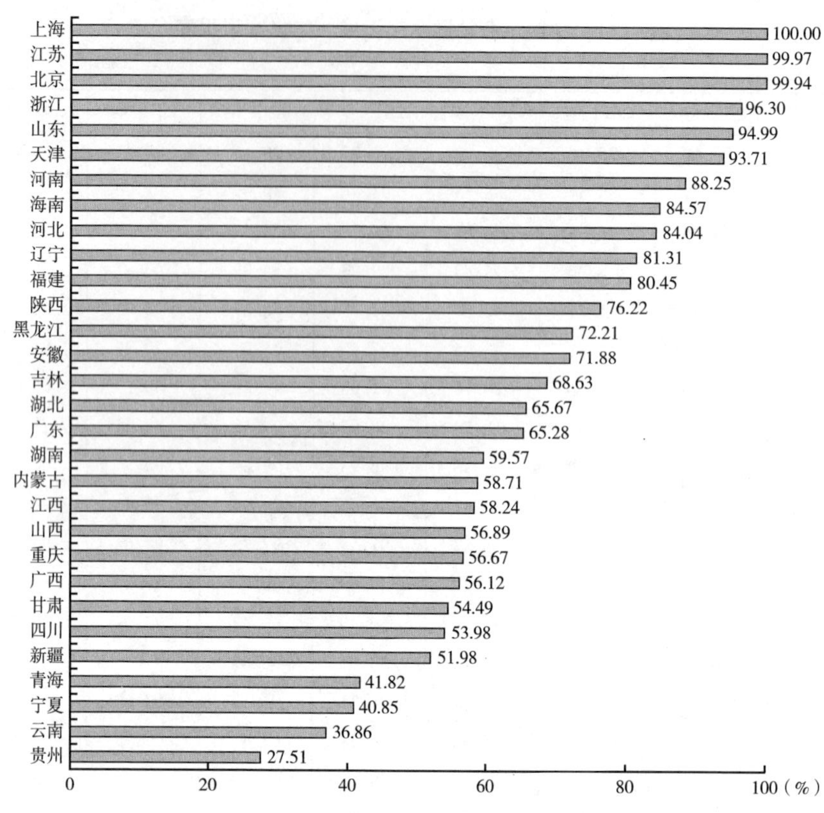

图 6－1　2016 年各地区生态环境一体化实现程度

和其他三个一体化实现程度提升幅度。生态环境一体化实现程度大幅提升主要来自污染物排放和环境卫生治理实现程度的大幅提升。

21 个省份实现程度进展超过 10 个百分点，内蒙古、黑龙江、甘肃、宁夏和新疆等省份实现程度进展超过 20 个百分点，宁夏和新疆实现程度进展更是超过 30 个百分点（见表 6－2）。

2. 2010～2016 年实现程度进展快，近两年进展大幅加快，西部地区进展迅猛

2010～2016 年，中国城乡生态环境一体化实现程度提高了 48.00 个百分点，年均提高 8 个百分点，远高于城乡发展一体化总水平和其他三个一体化实现程度进展。2012～2014 年，生态环境一体化实现程度提升幅度连续 3 年下降，但 2015 年以来已经连续两年实现程度大幅提升。

表 6－2　中国及各地区生态环境一体化实现程度进展（环比提高）

单位：个百分点

地　区	2011 年	2012 年	2013 年	2014 年	2015 年	2016 年	2010～2016 年 年均提高
北　京	1.77	0.57	－0.06	0.19	1.25	2.53	1.04
天　津	2.03	0.21	2.71	－1.37	1.91	1.71	1.20
河　北	2.74	7.68	5.32	4.45	8.92	10.67	6.63
山　西	6.48	11.58	9.39	5.66	8.78	13.22	9.19
内蒙古	10.14	11.31	8.41	7.39	9.74	20.29	11.21
辽　宁	6.36	7.07	8.61	5.51	7.32	10.92	7.63
吉　林	6.20	5.74	11.38	3.41	10.68	13.47	8.48
黑龙江	8.80	9.19	9.28	6.41	13.73	24.00	11.90
上　海	－5.79	7.74	2.06	2.88	0.18	0	1.18
江　苏	4.79	4.74	5.95	4.54	4.49	0.54	4.17
浙　江	2.80	3.73	2.68	1.20	1.88	1.66	2.33
安　徽	12.61	7.38	8.60	4.70	8.64	12.64	9.10
福　建	7.33	6.33	4.52	3.03	4.56	6.45	5.37
江　西	7.82	7.94	7.55	5.82	5.65	13.69	8.08
山　东	4.10	6.11	5.96	6.87	2.40	1.39	4.47
河　南	6.72	7.53	4.83	7.03	6.35	14.49	7.82
湖　北	6.77	9.87	8.98	5.85	8.47	12.30	8.71
湖　南	10.48	8.92	7.01	6.39	7.43	11.80	8.67
广　东	6.62	7.44	7.18	4.18	6.37	7.65	6.57
广　西	19.26	7.74	10.05	7.45	12.80	14.45	11.96
海　南	11.31	6.91	5.12	3.21	10.55	14.26	8.56
重　庆	9.89	4.52	6.65	5.55	6.53	9.99	7.19
四　川	12.38	7.78	9.26	12.96	6.30	10.52	9.87
贵　州	15.82	15.55	12.14	10.58	10.89	17.24	13.70
云　南	－3.73	9.42	14.56	7.53	6.66	12.27	7.78
陕　西	5.27	6.76	8.04	4.32	8.51	13.56	7.74
甘　肃	5.84	12.58	8.83	11.42	7.28	27.76	12.29
青　海	14.55	9.11	7.90	12.09	12.85	15.89	12.07
宁　夏	－7.59	16.72	21.56	10.94	15.64	32.97	15.04
新　疆	7.42	10.71	6.58	7.65	8.53	31.12	12.00
全　国	7.53	7.81	6.33	5.69	10.22	10.41	8.00

西部地区实现程度进展快，2010～2016 年，有 11 个省份实现程度年均进展超过 9 个百分点，其中 8 个为西部地区省份，内蒙古、广西、贵州、甘肃、青海、宁夏和新疆等省份实现程度进展超过 10 个百分点（见表 6－2）。

（三）生态环境一体化实现程度排序及变化

1. 2016 年排序：东部地区领先，西部地区居后

2016 年，排在生态环境一体化实现程度前 5 位的全部是东部地区省份，排在前 10 位的省份中东部地区省份占据 8 位。排在生态环境一体化实现程度后 9 位的均为西部地区省份（见表 6－3）。

表 6－3　各地区生态环境一体化实现程度排序

排序	2010 年	2011 年	2012 年	2013 年	2014 年	2015 年	2016 年
1	北　京	北　京	北　京	上　海	上　海	上　海	上　海
2	上　海	天　津	上　海	北　京	北　京	江　苏	江　苏
3	天　津	上　海	浙　江	浙　江	江　苏	北　京	北　京
4	浙　江	浙　江	天　津	天　津	浙　江	浙　江	浙　江
5	江　苏	江　苏	江　苏	江　苏	山　东	山　东	山　东
6	山　东	山　东	山　东	山　东	天　津	天　津	天　津
7	福　建	福　建	福　建	福　建	福　建	福　建	河　南
8	河　北	河　南	河　南	河　南	河　南	河　南	海　南
9	河　南	河　北	河　北	河　北	河　北	河　北	河　北
10	辽　宁	海　南	海　南	辽　宁	辽　宁	辽　宁	辽　宁
11	海　南	辽　宁	辽　宁	海　南	海　南	海　南	福　建
12	陕　西	陕　西	陕　西	陕　西	陕　西	陕　西	陕　西
13	广　东	广　东	广　东	广　东	广　东	安　徽	黑龙江
14	吉　林	安　徽	安　徽	安　徽	安　徽	广　东	安　徽
15	安　徽	吉　林	湖　北	吉　林	湖　北	吉　林	吉　林
16	重　庆	重　庆	吉　林	湖　北	吉　林	湖　北	湖　北
17	湖　北	湖　北	重　庆	重　庆	湖　南	黑龙江	广　东
18	江　西	湖　南	湖　南	湖　南	重　庆	湖　南	湖　南
19	湖　南	江　西	江　西	江　西	江　西	重　庆	内蒙古
20	山　西	黑龙江	山　西	山　西	四　川	江　西	江　西
21	黑龙江	山　西	黑龙江	黑龙江	山　西	山　西	山　西
22	四　川	四　川	四　川	四　川	黑龙江	四　川	重　庆
23	内蒙古	广　西	内蒙古	广　西	广　西	广　西	广　西
24	云　南	内蒙古	广　西	内蒙古	内蒙古	内蒙古	甘　肃
25	广　西	新　疆	甘　肃	云　南	甘　肃	甘　肃	四　川
26	甘　肃	甘　肃	新　疆	甘　肃	云　南	青　海	新　疆
27	新　疆	云　南	云　南	新　疆	青　海	云　南	青　海
28	青　海	青　海	青　海	青　海	新　疆	新　疆	宁　夏
29	宁　夏	贵　州	贵　州	贵　州	贵　州	贵　州	云　南
30	贵　州	宁　夏	宁　夏	宁　夏	宁　夏	宁　夏	贵　州

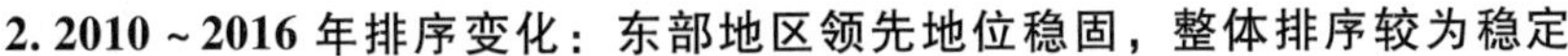

2. 2010～2016年排序变化：东部地区领先地位稳固，整体排序较为稳定

2010～2016年，生态环境一体化实现程度区域排序较为稳定，保持着东部地区领先、西部地区居后的整体格局。虽然西部地区多数省份实现程度进展迅猛，但由于起点低，与东部地区以及其他区域之间的差距较大，因而对其整体排序变化的影响不大。

省份之间排序的变化也相对较小，除黑龙江排序大幅上升8位、重庆和云南分别下降6位和5位外，其余省份排序变化多数仅在1～3位（见表6－3）。

（四）生态环境一体化实现程度预测

由于生态环境一体化实现程度起点相对较高，且进展快速，按2010～2016年平均进展，到2020年，生态环境一体化将如期实现目标。除个别省份外，大多数省份将如期或接近实现目标（见表6－4）。

表6－4　2020年各地区生态环境一体化实现程度预测

单位：%，个百分点

地　区	2016年实现程度	2010～2016年平均进展	预计2020年实现程度
北　京	99.94	1.04	100
天　津	93.71	1.20	98.51
河　北	84.04	6.63	100
山　西	56.89	9.19	93.64
内蒙古	58.71	11.21	100
辽　宁	81.31	7.63	100
吉　林	68.63	8.48	100
黑龙江	72.21	11.90	100
上　海	100	1.18	100
江　苏	99.97	4.17	100
浙　江	96.30	2.33	100
安　徽	71.88	9.10	100
福　建	80.45	5.37	100
江　西	58.24	8.08	90.55
山　东	94.99	4.47	100
河　南	88.25	7.82	100
湖　北	65.67	8.71	100
湖　南	59.57	8.67	94.26

续表

地　区	2016 年实现程度	2010～2016 年平均进展	预计 2020 年实现程度
广　东	65.28	6.57	91.58
广　西	56.12	11.96	100
海　南	84.57	8.56	100
重　庆	56.67	7.19	85.42
四　川	53.98	9.87	93.45
贵　州	27.51	13.70	82.32
云　南	36.86	7.78	67.99
陕　西	76.22	7.74	100
甘　肃	54.49	12.29	100
青　海	41.82	12.07	90.08
宁　夏	40.85	15.04	100
新　疆	51.98	12.00	99.99

二　水资源利用指数

（一）水资源利用实现程度

1. 实现程度较低

2016 年，水资源利用实现程度为 50.43%，实现程度较低，不仅远低于生态环境一体化实现程度，也远低于城乡发展一体化总水平实现程度；分别比生态环境一体化指数下的污染物排放和卫生环境治理实现程度低 49.57 个和 26.74 个百分点，是拉低生态环境一体化实现程度的主要因素。

2. 省际之间实现程度差距大

2016 年，有 7 个省份水资源利用已经提前实现目标，黑龙江也十分接近实现目标。但是，仍有多达 16 个省份实现程度尚未达到 50%，其中 10 个省份实现程度尚未达到 20%，更有 4 个省份实现程度尚未达到 2007 年全国平均水平，距离实现目标差距巨大。东部地区虽然整体实现程度较高，但广东实现程度仅及 2007 年全国平均水平，福建实现程度也相对较低（见表 6－5、图 6－2）。

表 6－5　中国及各地区水资源利用实现程度

单位：%

地　区	2010 年	2011 年	2012 年	2013 年	2014 年	2015 年	2016 年
北　京	100	100	100	100	100	100	100
天　津	100	100	100	100	100	100	100
河　北	100	100	100	100	100	100	100
山　西	16.24	23.93	31.62	35.90	38.46	40.17	43.59
内蒙古	-9.40	-0.85	7.69	16.24	24.79	32.48	41.88
辽　宁	67.52	69.23	70.94	79.49	84.62	88.89	89.74
吉　林	45.30	48.72	52.14	59.83	62.39	68.38	75.21
黑龙江	59.83	64.96	70.09	76.92	83.76	91.45	95.73
上　海	100	100	100	100	100	100	100
江　苏	66.67	70.94	75.21	83.76	91.45	98.29	100
浙　江	66.67	70.94	75.21	78.63	82.05	84.62	88.89
安　徽	9.40	12.82	16.24	21.37	24.79	35.04	38.46
福　建	20.51	24.79	29.06	33.33	38.46	42.74	46.15
江　西	-23.93	-17.09	-10.26	-4.27	0.85	5.98	11.11
山　东	98.29	100	100	100	100	100	100
河　南	71.79	79.49	87.18	88.89	98.29	100	100
湖　北	-6.84	-1.71	3.42	5.98	9.40	14.53	18.80
湖　南	-16.24	-12.82	-9.40	-2.56	3.42	11.11	18.80
广　东	-33.33	-26.50	-19.66	-14.53	-6.84	-1.71	3.42
广　西	-56.41	-50.43	-44.44	-38.46	-31.62	-15.38	-5.13
海　南	53.85	55.56	57.26	59.83	64.10	68.38	70.09
重　庆	-11.11	-14.53	-17.95	-11.11	-6.84	-2.56	0.85
四　川	-60.68	-52.99	-45.30	-37.61	-31.62	-24.79	-18.80
贵　州	-52.14	-47.01	-41.88	-35.90	-31.62	-27.35	-21.37
云　南	-64.96	-63.25	-61.54	-36.75	-32.48	-27.35	-19.66
陕　西	47.86	50.43	52.99	56.41	58.97	62.39	65.81
甘　肃	25.64	29.91	34.19	41.03	46.15	49.57	54.70
青　海	-74.36	-63.25	-52.14	-29.91	-11.11	5.13	7.69
宁　夏	-45.30	-36.75	-28.21	-16.24	-6.84	15.38	23.93
新　疆	-7.69	6.84	21.37	26.50	32.48	31.62	37.61
全　国	14.53	23.08	28.21	29.91	31.62	45.30	50.43

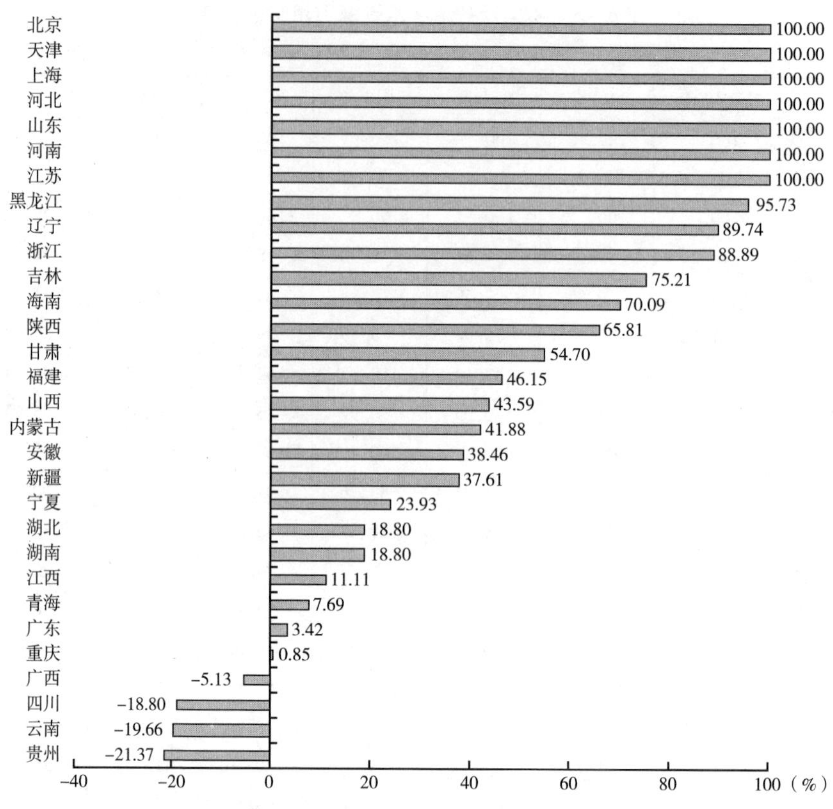

图 6－2 2016 年各地区水资源利用实现程度

（二）水资源利用实现程度进展

1. 2016 年实现程度进展大幅减缓

2016 年，水资源利用实现程度比上年提高 5. 13 个百分点，但进展大幅减缓，进展速度比上年低 8. 55 个百分点。宁夏、内蒙古和广西等 3 个省份进展速度较快，超过 8 个百分点（见表 6－6）。

2. 2010～2016 年实现程度进展较为缓慢

2010～2016 年，水资源利用实现程度提高了 35. 91 个百分点，年均提高 5. 98 个百分点，远低于生态环境一体化实现程度进展，也低于城乡发展一体化总水平实现程度进展 0. 73 个百分点。西部地区省份实现程度进展较快，内蒙古、广西、云南、青海、宁夏和新疆等省份实现程度年均进展超过7个百分点，特别是青海和宁夏年均进展超过10个百分点（见表6-6）。

表6-6　中国及各地区水资源利用实现程度进展（环比提高）

单位：个百分点

地　区	2011年	2012年	2013年	2014年	2015年	2016年	2010~2016年年均提高
北　京	0	0	0	0	0	0	0
天　津	0	0	0	0	0	0	0
河　北	0	0	0	0	0	0	0
山　西	7.69	7.69	4.27	2.56	1.71	3.42	4.56
内蒙古	8.55	8.55	8.55	8.55	7.69	9.40	8.55
辽　宁	1.71	1.71	8.55	5.13	4.27	0.85	3.70
吉　林	3.42	3.42	7.69	2.56	5.98	6.84	4.99
黑龙江	5.13	5.13	6.84	6.84	7.69	4.27	5.98
上　海	0	0	0	0	0	0	0
江　苏	4.27	4.27	8.55	7.69	6.84	1.71	5.56
浙　江	4.27	4.27	3.42	3.42	2.56	4.27	3.70
安　徽	3.42	3.42	5.13	3.42	10.26	3.42	4.84
福　建	4.27	4.27	4.27	5.13	4.27	3.42	4.27
江　西	6.84	6.84	5.98	5.13	5.13	5.13	5.84
山　东	1.71	0	0	0	0	0	0.28
河　南	7.69	7.69	1.71	9.40	1.71	0	4.70
湖　北	5.13	5.13	2.56	3.42	5.13	4.27	4.27
湖　南	3.42	3.42	6.84	5.98	7.69	7.69	5.84
广　东	6.84	6.84	5.13	7.69	5.13	5.13	6.13
广　西	5.98	5.98	5.98	6.84	16.24	10.26	8.55
海　南	1.71	1.71	2.56	4.27	4.27	1.71	2.71
重　庆	-3.42	-3.42	6.84	4.27	4.27	3.42	1.99
四　川	7.69	7.69	7.69	5.98	6.84	5.98	6.98
贵　州	5.13	5.13	5.98	4.27	4.27	5.98	5.13
云　南	1.71	1.71	24.79	4.27	5.13	7.69	7.55
陕　西	2.56	2.56	3.42	2.56	3.42	3.42	2.99
甘　肃	4.27	4.27	6.84	5.13	3.42	5.13	4.84
青　海	11.11	11.11	22.22	18.80	16.24	2.56	13.68
宁　夏	8.55	8.55	11.97	9.40	22.22	8.55	11.54
新　疆	14.53	14.53	5.13	5.98	-0.85	5.98	7.55
全　国	8.55	5.13	1.71	1.71	13.68	5.13	5.98

（三）水资源利用实现程度排序及变化

1. 2016 年排序：东部和东北地区居前

2016 年，已经实现 2020 年目标的 7 个省份中有 6 个是东部地区省份；排在水资源利用实现程度前 10 位的省份中，东部地区占据 7 席，但广东排序靠后；东北地区 3 个省份实现程度排序较为靠前。排在水资源利用实现程度后 5 位的均为西部地区省份，排在后 10 位的省份中西部地区占据 6 席（见表 6－7）。

表 6－7　各地区水资源利用实现程度排序

排序	2010 年	2011 年	2012 年	2013 年	2014 年	2015 年	2016 年
1	北京(1)	北京(1)	北京(1)	北京(1)	北京(1)	北京(1)	北京(1)
2	天津(1)	天津(1)	天津(1)	天津(1)	天津(1)	天津(1)	天津(1)
3	河北(1)	河北(1)	河北(1)	河北(1)	河北(1)	河北(1)	河北(1)
4	上海(1)	上海(1)	上海(1)	上海(1)	上海(1)	上海(1)	上海(1)
5	山东	山东(1)	山东(1)	山东(1)	山东(1)	山东(1)	山东(1)
6	河　南	河　南	河　南	河　南	河　南	河南(1)	河南(1)
7	辽　宁	江　苏	江　苏	江　苏	江　苏	江　苏	江苏(1)
8	江　苏	浙　江	浙　江	辽　宁	辽　宁	黑龙江	黑龙江
9	浙　江	辽　宁	辽　宁	浙　江	黑龙江	辽　宁	辽　宁
10	黑龙江	黑龙江	黑龙江	黑龙江	浙　江	浙　江	浙　江
11	海　南	海　南	海　南	海　南	海　南	海　南	吉　林
12	陕　西	陕　西	陕　西	吉　林	吉　林	吉　林	海　南
13	吉　林	吉　林	吉　林	陕　西	陕　西	陕　西	陕　西
14	甘　肃	甘　肃	甘　肃	甘　肃	甘　肃	甘　肃	甘　肃
15	福　建	福　建	山　西	山　西	山　西	福　建	福　建
16	山　西	山　西	福　建	福　建	福　建	山　西	山　西
17	安　徽	安　徽	新　疆	新　疆	新　疆	安　徽	内蒙古
18	湖　北	新　疆	安　徽	安　徽	安　徽	内蒙古	安　徽
19	新　疆	内蒙古	内蒙古	内蒙古	内蒙古	新　疆	新　疆
20	内蒙古	湖　北	湖　北	湖　北	湖　北	宁　夏	宁　夏
21	重　庆	湖　南	湖　南	湖　南	湖　南	湖　北	湖　北
22	湖　南	重　庆	江　西	江　西	江　西	湖　南	湖　南
23	江　西	江　西	重　庆	重　庆	重　庆	江　西	江　西
24	广　东	广　东	广　东	广　东	广　东	青　海	青　海
25	宁　夏	宁　夏	宁　夏	宁　夏	宁　夏	广　东	广　东
26	贵　州	贵　州	贵　州	青　海	青　海	重　庆	重　庆
27	广　西	广　西	广　西	贵　州	贵　州	广　西	广　西
28	四　川	四　川	四　川	云　南	四　川	四　川	四　川
29	云　南	云　南	青　海	四　川	广　西	贵　州	云　南
30	青　海	青　海	云　南	广　西	云　南	云　南	贵　州

注：括号（1）表示该省份在当年已实现目标时排序为并列第一。

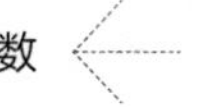

2. 2010～2016 年排序变化：整体格局较为稳定

2010～2016 年，水资源利用实现程度整体排序格局较为稳定，变化较小；有 14 个省份排序没有发生变化；宁夏、青海等实现程度排序分别上升 5 位和 6 位，重庆和贵州等实现程度排序分别下降 5 位和 4 位，其他 12 个省份排序变化幅度很小（见表 6－7）。

（四）水资源利用实现程度预测

由于水资源利用实现程度起点低，且进展较为缓慢，按 2010～2016 年平均进展，到 2020 年，水资源利用实现程度仅能达到 74.36%，距实现目标还有较大差距。省份间实现程度差距较大，到 2020 年，有 10 个省份将如期实现目标，但仍有 9 个省份实现程度不能达到 50%，其中有 4 个省份实现程度不能达到 20%，贵州实现程度尚不能达到 2007 年全国平均水平（见表 6－8）。

表 6－8　2020 年各地区生水资源利用实现程度预测

单位：%，个百分点

地　区	2016 年实现程度	2010～2016 年平均进展	预计 2020 年实现程度
北　京	100	0	100
天　津	100	0	100
河　北	100	0	100
山　西	43.59	4.56	61.82
内蒙古	41.88	8.55	76.07
辽　宁	89.74	3.70	100
吉　林	75.21	4.99	95.16
黑龙江	95.73	5.98	100
上　海	100	0	100
江　苏	100	5.56	100
浙　江	88.89	3.70	100
安　徽	38.46	4.84	57.83
福　建	46.15	4.27	63.25
江　西	11.11	5.84	34.47
山　东	100	0.28	100
河　南	100	4.70	100
湖　北	18.80	4.27	35.90
湖　南	18.80	5.84	42.17

续表

地　区	2016 年实现程度	2010～2016 年平均进展	预计 2020 年实现程度
广　东	3.42	6.13	27.92
广　西	-5.13	8.55	29.06
海　南	70.09	2.71	80.91
重　庆	0.85	1.99	8.83
四　川	-18.80	6.98	9.12
贵　州	-21.37	5.13	-0.85
云　南	-19.66	7.55	10.54
陕　西	65.81	2.99	77.78
甘　肃	54.70	4.84	74.07
青　海	7.69	13.68	62.39
宁　夏	23.93	11.54	70.09
新　疆	37.61	7.55	67.81

三　污染物排放指数

（一）污染物排放实现程度

1. 提前实现 2020 年目标

2016 年，污染物排放实现程度为 100%，是唯一提前实现 2020 年目标的二级指标。

2. 三分之二的省份已经提前实现或非常接近 2020 年目标

2016 年，有 20 个省份已经提前实现或非常接近 2020 年目标，河北和江西也十分接近实现目标，但宁夏、贵州等省份实现程度距目标还有较大差距（见表 6－9、图 6－3）。

（二）污染物排放指数实现程度进展

1. 2016 年实现程度进展大幅加速

2016 年，污染物排放实现程度比上年提高 11.77 个百分点，明显快于上年进展，高于城乡发展一体化总水平实现程度进展，也略高于生态环境一体化实现程度进展。大多数省份实现程度大幅加快，加速推动了目标的提前实现（见表 6－10）。

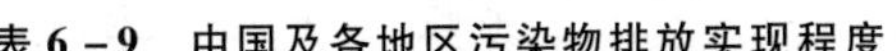

表 6－9　中国及各地区污染物排放实现程度

单位：%

地　区	2010 年	2011 年	2012 年	2013 年	2014 年	2015 年	2016 年
北　京	100	100	100	100	100	100	100
天　津	94. 52	98. 74	100	100	100	100	100
河　北	29. 55	34. 95	47. 61	57. 36	66. 19	74. 56	96. 54
山　西	－20. 78	－13. 83	8. 05	22. 74	32. 36	43. 15	76. 02
内蒙古	－28. 60	－7. 65	10. 62	23. 48	34. 66	46. 14	90. 81
辽　宁	29. 88	38. 45	50. 88	60. 65	67. 01	71. 38	100
吉　林	22. 99	33. 44	48. 08	58. 26	64. 87	70. 88	100
黑龙江	－29. 98	－11. 66	7. 37	21. 58	30	38. 31	99. 46
上　海	99. 28	100	100	100	100	100	100
江　苏	90. 83	95. 83	100	100	100	100	100
浙　江	92. 05	96. 69	100	100	100	100	100
安　徽	36. 52	49. 80	61. 29	70. 35	77. 10	83. 02	100
福　建	75. 37	83. 84	90. 99	94. 87	97. 53	100	100
江　西	19. 79	31. 94	44. 91	54. 90	64. 38	71. 04	93. 64
山　东	61. 97	64. 58	73. 50	81. 94	88. 12	92. 94	100
河　南	36. 60	47. 21	59. 50	67. 56	75. 50	82. 18	100
湖　北	46. 06	56. 63	67. 34	75. 67	82. 50	89. 45	100
湖　南	27. 17	46. 22	58. 86	66. 73	74. 13	80. 64	100
广　东	83. 80	89. 92	93. 47	96. 56	99. 11	100	100
广　西	－11. 23	36. 01	48. 37	59. 94	67. 20	76. 65	99. 94
海　南	39. 20	49. 37	56. 13	62. 83	66. 92	72. 86	100
重　庆	17. 31	46. 96	60. 64	71. 02	79. 20	87. 13	100
四　川	18. 65	44. 91	57. 90	67. 98	74. 53	82. 28	100
贵　州	－133. 60	－90. 15	－52. 89	－24. 42	－1. 74	19. 86	55. 37
云　南	14. 89	11. 41	28. 14	40. 77	50. 94	63. 05	81. 07
陕　西	26. 77	31. 07	49. 25	61. 11	69. 93	77. 86	100
甘　肃	－55. 39	－45. 53	－15. 70	2. 18	12. 18	23. 08	85. 71
青　海	－15. 61	－3. 47	13. 00	24. 04	33. 92	43. 31	74. 50
宁　夏	－132. 50	－145. 22	－112. 37	－81. 83	－60. 69	－37. 34	35. 94
新　疆	－57. 08	－58. 33	－42. 18	－27. 32	－14. 50	5. 55	75. 54
全　国	47. 42	57. 21	67. 40	75. 47	81. 86	88. 23	100

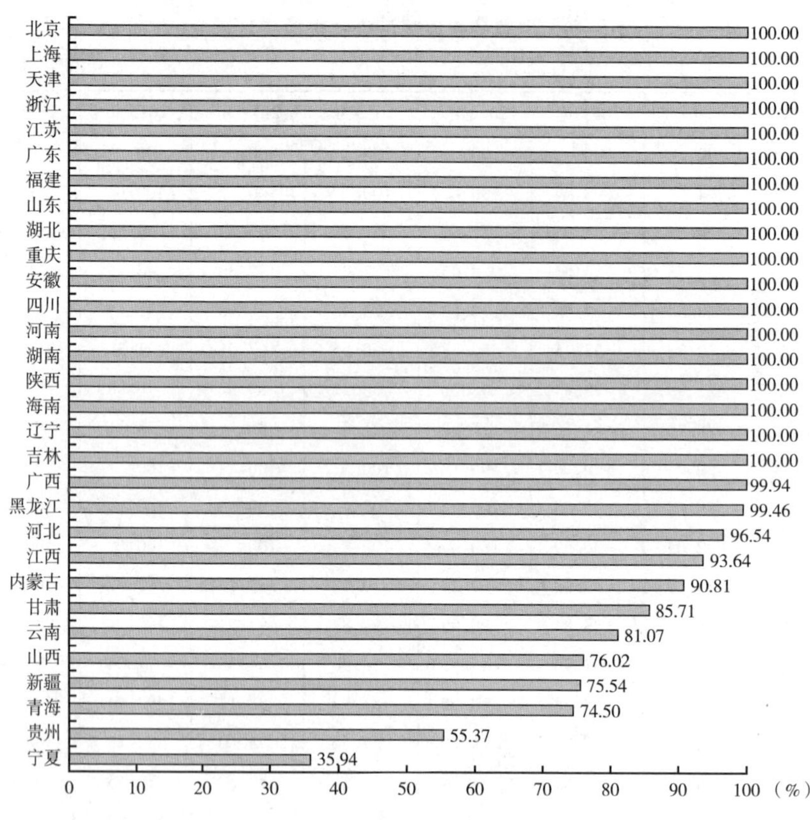

图 6－3　2016 年各地区污染物排放实现程度

表 6－10　中国及各地区污染物排放实现程度进展（环比提高）

单位：个百分点

地　区	2011 年	2012 年	2013 年	2014 年	2015 年	2016 年	2010～2016 年年均提高
北　京	0	0	0	0	0	0	0
天　津	4.22	1.26	0	0	0	0	0.91
河　北	5.41	12.66	9.75	8.83	8.38	21.98	11.17
山　西	6.94	21.88	14.69	9.62	10.79	32.87	16.13
内蒙古	20.95	18.27	12.86	11.17	11.48	44.67	19.90
辽　宁	8.58	12.42	9.77	6.36	4.37	28.62	11.69
吉　林	10.45	14.63	10.19	6.60	6.01	29.12	12.83
黑龙江	18.32	19.03	14.21	8.42	8.31	61.15	21.57

续表

地　区	2011 年	2012 年	2013 年	2014 年	2015 年	2016 年	2010～2016 年年均提高
上　海	0.72	0	0	0	0	0	0.12
江　苏	5.00	4.17	0	0	0	0	1.53
浙　江	4.64	3.31	0	0	0	0	1.32
安　徽	13.28	11.49	9.06	6.75	5.92	16.98	10.58
福　建	8.47	7.15	3.88	2.65	2.47	0	4.11
江　西	12.15	12.97	9.99	9.48	6.66	22.60	12.31
山　东	2.61	8.92	8.44	6.18	4.83	7.06	6.34
河　南	10.62	12.29	8.06	7.94	6.68	17.82	10.57
湖　北	10.57	10.71	8.33	6.83	6,95	10.55	8.99
湖　南	19.05	12.64	7.87	7.41	6.51	19.36	12.14
广　东	6.12	3.55	3.08	2.55	0.89	0	2.70
广　西	47.24	12.36	11.57	7.26	9.45	23.28	18.53
海　南	10.17	6.76	6.70	4.09	5.94	27.14	10.13
重　庆	29.65	13.68	10.38	8.18	7.93	12.87	13.78
四　川	26.25	12.99	10.08	6.56	7.75	17.72	13.56
贵　州	43.45	37.26	28.46	22.68	21.60	35.52	31.49
云　南	-3.48	16.73	12.62	10.17	12.11	18.02	11.03
陕　西	4.30	18.18	11.86	8.81	7.94	22.14	12.20
甘　肃	9.86	29.83	17.88	10	10.90	62.62	23.52
青　海	12.14	16.46	11.04	9.88	9.39	31.19	15.02
宁　夏	-12.72	32.84	30.54	21.14	23.35	73.28	28.07
新　疆	-1.25	16.15	14.85	12.82	20.05	69.99	22.10
全　国	9.78	10.19	8.08	6.38	6.37	11.77	8.76

2. 2010～2016 年实现程度大幅提高

2010～2016 年，污染物排放实现程度提高了 52.58 个百分点，年均提高 8.76 个百分点，在 12 个二级指标中，实现程度进展仅慢于环境卫生治理。除北京、上海、江苏和浙江等较早实现目标的几个省份外，大多数省份实现程度年均进展超过 10 个百分点（见表 6－10）。

（三）污染物排放实现程度排序及变化

2016 年，西部地区有 3 个省份污染物排放实现程度已提前实现目标，但仍有 6 个省份实现程度低于 90%，特别是贵州和宁夏实现程度尚未达到 60%，西部地区实现程度整体排序居后（见表 6－11）。

表 6－11　各地区污染物排放实现程度排序

排序	2010 年	2011 年	2012 年	2013 年	2014 年	2015 年	2016 年
1	北京(1)	北京(1)	北京(1)	北京(1)	北京(1)	北京(1)	北京(1)
2	上　海	上海(1)	上海(1)	上海(1)	上海(1)	上海(1)	上海(1)
3	天　津	天　津	天津(1)	天津(1)	天津(1)	天津(1)	天津(1)
4	浙　江	浙　江	浙江(1)	浙江(1)	浙江(1)	浙江(1)	浙江(1)
5	江　苏	江　苏	江苏(1)	江苏(1)	江苏(1)	江苏(1)	江苏(1)
6	广　东	广　东	广　东	广　东	广　东	广东(1)	广东(1)
7	福　建	福　建	福　建	福　建	福　建	福建(1)	福建(1)
8	山　东	山　东	山　东	山　东	山　东	山　东	山东(1)
9	湖　北	湖　北	湖　北	湖　北	湖　北	湖　北	湖北(1)
10	海　南	安　徽	安　徽	重　庆	重　庆	重　庆	重庆(1)
11	河　南	海　南	重　庆	安　徽	安　徽	安　徽	安徽(1)
12	安　徽	河　南	河　南	四　川	河　南	四　川	四川(1)
13	辽　宁	重　庆	湖　南	河　南	四　川	河　南	河南(1)
14	河　北	湖　南	四　川	湖　南	湖　南	湖　南	湖南(1)
15	湖　南	四　川	海　南	海　南	陕　西	陕　西	陕西(1)
16	陕　西	辽　宁	辽　宁	陕　西	广　西	广　西	海南(1)
17	吉　林	广　西	陕　西	辽　宁	辽　宁	河　北	辽宁(1)
18	江　西	河　北	广　西	广　西	海　南	海　南	吉林(1)
19	四　川	吉　林	吉　林	吉　林	河　北	辽　宁	广　西
20	重　庆	江　西	河　北	河　北	吉　林	江　西	黑龙江
21	云　南	陕　西	江　西	江　西	江　西	吉　林	河　北
22	广　西	云　南	云　南	云　南	云　南	云　南	江　西
23	青　海	青　海	青　海	青　海	内蒙古	内蒙古	内蒙古
24	山　西	内蒙古	内蒙古	内蒙古	青　海	青　海	甘　肃
25	内蒙古	黑龙江	山　西	山　西	山　西	山　西	云　南
26	黑龙江	山　西	黑龙江	黑龙江	黑龙江	黑龙江	山　西
27	甘　肃	甘　肃	甘　肃	甘　肃	甘　肃	甘　肃	新　疆
28	新　疆	新　疆	新　疆	贵　州	贵　州	贵　州	青　海
29	宁　夏	贵　州	贵　州	新　疆	新　疆	新　疆	贵　州
30	贵　州	宁　夏	宁　夏	宁　夏	宁　夏	宁　夏	宁　夏

注：括号（1）表示该省份在当年已实现目标时排序为并列第一。

（四）污染物排放实现程度预测

污染物排放实现程度起点高，进展迅猛，2016 年已提前整体实现目标，但仍有部分省份尚未实现目标。按 2010～2016 年平均进展，到 2020 年，所有省份污染物排放都将如期实现目标（见表 6－12）。

表 6－12　2020 年各地区污染物排放实现程度预测

单位：%，个百分点

地　区	2016 年实现程度	2010～2016 年平均进展	预计 2020 年实现程度
北　京	100	0	100
天　津	100	0.91	100
河　北	96.54	11.17	100
山　西	76.02	16.13	100
内蒙古	90.81	19.90	100
辽　宁	100	11.69	100
吉　林	100	12.83	100
黑龙江	99.46	21.57	100
上　海	100	0.12	100
江　苏	100	1.53	100
浙　江	100	1.32	100
安　徽	100	10.58	100
福　建	100	4.11	100
江　西	93.64	12.31	100
山　东	100	6.34	100
河　南	100	10.57	100
湖　北	100	8.99	100
湖　南	100	12.14	100
广　东	100	2.70	100
广　西	99.94	18.53	100
海　南	100	10.13	100
重　庆	100	13.78	100
四　川	100	13.56	100
贵　州	55.37	31.49	100
云　南	81.07	11.03	100
陕　西	100	12.20	100
甘　肃	85.71	23.52	100
青　海	74.50	15.02	100
宁　夏	35.94	28.07	100
新　疆	75.54	22.10	100

四　环境卫生治理指数

（一）环境卫生治理实现程度

1. 距离实现目标还有不到四分之一的路程

2016 年，环境卫生治理实现程度为 77.17%，略高于生态环境一体化实现程度，远高于城乡发展一体化总水平实现程度，在 12 个二级指标中，实现程度仅低于污染物排放。

2. 三分之一的省份实现程度超过 80%，但部分省份实现程度尚未达到 50%

2016 年，有 10 个省份实现程度超过 80%，上海、浙江、江苏和北京等省份提前实现或非常接近目标，福建和广东等省份较接近实现目标；但仍有 8 个省份实现程度尚未达到 50%，东北地区整体实现程度低，最低的黑龙江实现程度仅为 21.45%（见表 6－13、图 6－4）。

表 6－13　中国及各地区环境卫生治理实现程度

单位：%

地　区	2010 年	2011 年	2012 年	2013 年	2014 年	2015 年	2016 年
北　京	81.05	86.37	88.09	87.92	88.48	92.24	99.82
天　津	65.00	66.87	66.24	74.37	70.27	75.99	81.13
河　北	3.22	6.02	16.41	22.63	27.16	45.53	55.58
山　西	9.86	14.68	19.83	29.05	33.84	47.69	51.07
内蒙古	12.29	13.20	20.31	24.12	26.57	36.63	43.44
辽　宁	9.15	17.94	25.02	32.55	37.58	50.91	54.18
吉　林	－15.01	－10.30	－11.13	5.15	6.21	26.25	30.69
黑龙江	－27.42	－24.49	－21.08	－14.29	－10.31	14.88	21.45
上　海	79.48	61.40	84.63	90.80	99.45	100	100
江　苏	67.26	72.36	78.15	87.44	93.37	100	99.91
浙　江	88.29	87.77	91.39	96.02	96.21	99.30	100
安　徽	5.98	27.12	34.35	45.97	49.91	59.66	77.19
福　建	48.77	58.02	65.60	71.00	72.31	79.25	95.19
江　西	33.43	37.92	41.93	48.60	51.45	56.61	69.96
山　东	44.21	52.21	61.62	71.05	85.46	87.84	84.96
河　南	15.55	17.40	19.99	24.71	28.44	39.12	64.75
湖　北	1.04	5.66	19.44	35.48	42.79	56.12	78.20
湖　南	11.67	20.65	31.34	37.67	43.44	51.54	59.90

续表

地　区	2010 年	2011 年	2012 年	2013 年	2014 年	2015 年	2016 年
广　东	27.05	33.96	45.90	59.23	61.52	74.60	92.43
广　西	20.74	25.28	30.17	42.78	51.04	63.73	73.54
海　南	6.60	28.64	40.89	46.98	48.25	69.68	83.62
重　庆	34.45	37.89	41.18	43.93	48.11	55.49	69.16
四　川	26.38	29.57	32.24	42.24	68.57	72.88	80.75
贵　州	21.63	20.51	24.77	26.74	31.52	38.31	48.53
云　南	20.55	11.12	20.94	27.21	35.34	38.07	49.17
陕　西	14.64	23.60	23.12	31.97	33.55	47.74	62.86
甘　肃	-27.93	-24.54	-20.91	-19.15	-0.01	7.51	23.05
青　海	-1.75	18.65	18.39	8.83	16.43	29.35	43.26
宁　夏	29.64	11.03	19.81	41.99	44.26	45.60	62.68
新　疆	4.66	13.65	15.09	14.86	19.01	25.40	42.79
全　国	21.65	25.91	34.03	43.24	52.22	62.83	77.17

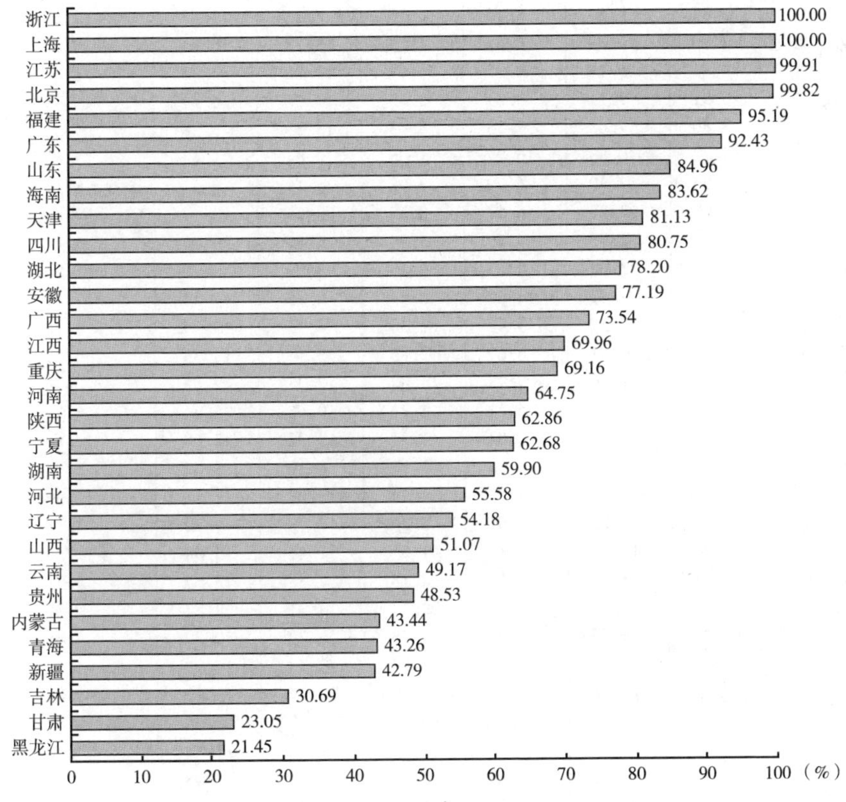

图 6-4　2016 年各地区环境卫生治理实现程度

（二）环境卫生治理实现程度进展

1. 2016 年实现程度进展进一步加速

2016 年，环境卫生治理实现程度比上年提高 14. 34 个百分点，在上年高速发展的基础上进一步加速发展，比上年进展速度快 3. 74 个百分点，在 12 个二级指标中进展最快。有 9 个省份实现程度提高幅度超过 15 个百分点，其中河南和湖北等省份进展超过 20 个百分点（见表 6－14）。

表 6－14　中国及各地区环境卫生治理实现程度进展（环比提高）

单位：个百分点

地　区	2011 年	2012 年	2013 年	2014 年	2015 年	2016 年	2010～2016 年年均提高
北　京	5. 32	1. 72	－0. 17	0. 56	3. 76	7. 59	3. 13
天　津	1. 87	－0. 63	8. 13	－4. 10	5. 72	5. 13	2. 69
河　北	2. 80	10. 39	6. 22	4. 53	18. 38	10. 04	8. 73
山　西	4. 81	5. 16	9. 22	4. 79	13. 85	3. 38	6. 87
内蒙古	0. 91	7. 11	3. 81	2. 45	10. 06	6. 81	5. 19
辽　宁	8. 80	7. 08	7. 53	5. 03	13. 33	3. 28	7. 51
吉　林	4. 72	－0. 83	16. 27	1. 06	20. 04	4. 44	7. 62
黑龙江	2. 94	3. 40	6. 79	3. 98	25. 19	6. 57	8. 15
上　海	－18. 08	23. 22	6. 17	8. 65	0. 55	0	3. 42
江　苏	5. 10	5. 78	9. 29	5. 94	6. 63	－0. 09	5. 44
浙　江	－0. 52	3. 62	4. 63	0. 19	3. 09	0. 70	1. 95
安　徽	21. 14	7. 23	11. 62	3. 94	9. 75	17. 53	11. 87
福　建	9. 25	7. 57	5. 41	1. 30	6. 94	15. 94	7. 74
江　西	4. 49	4. 01	6. 67	2. 85	5. 17	13. 34	6. 09
山　东	8. 00	9. 40	9. 43	14. 42	2. 38	－2. 88	6. 79
河　南	1. 85	2. 60	4. 71	3. 73	10. 68	25. 64	8. 20
湖　北	4. 62	13. 78	16. 04	7. 31	13. 33	22. 08	12. 86
湖　南	8. 98	10. 69	6. 33	5. 77	8. 10	8. 36	8. 04
广　东	6. 91	11. 94	13. 33	2. 29	13. 08	17. 83	10. 90
广　西	4. 54	4. 89	12. 61	8. 26	12. 70	9. 80	8. 80
海　南	22. 04	12. 25	6. 09	1. 27	21. 43	13. 94	12. 84
重　庆	3. 44	3. 30	2. 75	4. 18	7. 38	13. 67	5. 79
四　川	3. 18	2. 67	10	26. 33	4. 31	7. 87	9. 06
贵　州	－1. 12	4. 26	1. 96	4. 78	6. 79	10. 22	4. 48
云　南	－9. 42	9. 82	6. 27	8. 13	2. 73	11. 09	4. 77
陕　西	8. 96	－0. 48	8. 85	1. 59	14. 19	15. 12	8. 04
甘　肃	3. 38	3. 64	1. 76	19. 13	7. 52	15. 54	8. 50
青　海	20. 40	－0. 25	－9. 56	7. 60	12. 92	13. 91	7. 50
宁　夏	－18. 62	8. 78	22. 18	2. 27	1. 34	17. 08	5. 51
新　疆	8. 99	1. 44	－0. 23	4. 15	6. 39	17. 39	6. 35
全　国	4. 26	8. 12	9. 22	8. 98	10. 60	14. 34	9. 25

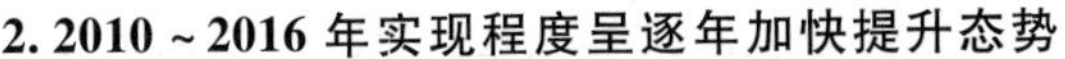

2. 2010 ~ 2016 年实现程度呈逐年加快提升态势

2010 ~ 2016 年，环境卫生治理实现程度基本呈逐年加快提升态势，提高了 55.52 个百分点，年均提高 9.25 个百分点，不仅远快于城乡发展一体化总水平实现程度进展，也快于生态环境一体化实现程度进展，在 12 个二级指数实现程度进展中最快。湖北、安徽、广东和海南等省份实现程度年均进展超过 10 个百分点（见表 6 - 14）。

（三）环境卫生治理实现程度排序变化

1. 2016 年排序：东北地区居后

2016 年，排在环境卫生治理实现程度前 5 位的均为东部地区省份，排在前 10 位的省份东部地区占据 9 席，东部地区实现程度整体遥遥领先。东北地区 3 个省份实现程度均位于后 10 行列，其中黑龙江和吉林分别位于倒数第一和倒数第三（见表 6 - 15）。

2. 2010 ~ 2016 年整体排序变化：东部地区领先地位进一步巩固，西部地区相对下降，东北地区居后格局未变

虽然东部地区多数省份实现程度进展相对缓慢，但由于其实现程度在 2010 年时与其他 3 个区域实现程度之间的差距较大，因此，东部地区实现程度整体排序领先的地位不仅没有动摇，而且得到进一步巩固，2016 年进入前 10 行列的省份数比 2010 年增加 2 个。西部地区则整体排序下降，贵州等 5 个省份实现程度排序下降幅度均超过 7 位，其中重庆和宁夏排序退出前 10 行列，处于后 10 行列的省份数比 2010 年增加 3 个。东北地区实现程度排序整体居后的状况没有发生变化。部分省份实现程度排序变化较大，湖北、海南和安徽 3 个省份实现程度排序分别上升 15 位、14 位和 11 位，贵州实现程度排序则下降了 11 位（见表 6 - 15）。

（四）环境卫生治理实现程度预测

虽然环境卫生治理实现程度起点较低，但进展迅猛，按 2010 ~ 2016 年平均进展，到 2020 年，环境卫生治理整体将如期实现目标，12 个省份将如期实现目标，有 7 个省份接近实现，但仍有部分省份距离实现目标还有较大差距（见表 6 - 16）。

表 6－15　各地区环境卫生治理实现程度排序

排序	2010 年	2011 年	2012 年	2013 年	2014 年	2015 年	2016 年
1	浙　江	浙　江	浙　江	浙　江	上　海	上海(1)	上海(1)
2	北　京	北　京	北　京	上　海	浙　江	江苏(1)	浙江(1)
3	上　海	江　苏	上　海	北　京	江　苏	浙　江	江　苏
4	江　苏	天　津	江　苏	江　苏	北　京	北　京	北　京
5	天　津	上　海	天　津	天　津	山　东	山　东	福　建
6	福　建	福　建	福　建	山　东	福　建	福　建	广　东
7	山　东	山　东	山　东	福　建	天　津	天　津	山　东
8	重　庆	江　西	广　东	广　东	四　川	广　东	海　南
9	江　西	重　庆	江　西	江　西	广　东	四　川	天　津
10	宁　夏	广　东	重　庆	海　南	江　西	海　南	四　川
11	广　东	四　川	海　南	安　徽	广　西	广　西	湖　北
12	四　川	海　南	安　徽	重　庆	安　徽	安　徽	安　徽
13	贵　州	安　徽	四　川	广　西	海　南	江　西	广　西
14	广　西	广　西	湖　南	四　川	重　庆	湖　北	江　西
15	云　南	陕　西	广　西	宁　夏	宁　夏	重　庆	重　庆
16	河　南	湖　南	辽　宁	湖　南	湖　南	湖　南	河　南
17	陕　西	贵　州	贵　州	湖　北	湖　北	辽　宁	陕　西
18	内蒙古	青　海	陕　西	辽　宁	辽　宁	陕　西	宁　夏
19	湖　南	辽　宁	云　南	陕　西	云　南	山　西	湖　南
20	山　西	河　南	内蒙古	山　西	山　西	宁　夏	河　北
21	辽　宁	山　西	河　南	云　南	陕　西	河　北	辽　宁
22	海　南	新　疆	山　西	贵　州	贵　州	河　南	山　西
23	安　徽	内蒙古	宁　夏	河　南	河　南	贵　州	云　南
24	新　疆	云　南	湖　北	内蒙古	河　北	云　南	贵　州
25	河　北	宁　夏	青　海	河　北	内蒙古	内蒙古	内蒙古
26	湖　北	河　北	河　北	新　疆	新　疆	青　海	青　海
27	青　海	湖　北	新　疆	青　海	青　海	吉　林	新　疆
28	吉　林	吉　林	吉　林	吉　林	吉　林	新　疆	吉　林
29	黑龙江	黑龙江	甘　肃	黑龙江	甘　肃	黑龙江	甘　肃
30	甘　肃	甘　肃	黑龙江	甘　肃	黑龙江	甘　肃	黑龙江

注：括号（1）表示该省份在当年已实现目标时排序为并列第　。

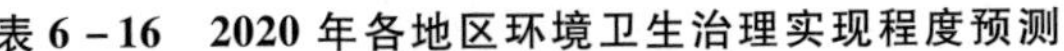

表 6-16　2020 年各地区环境卫生治理实现程度预测

单位：%，个百分点

地　区	2016 年实现程度	2010～2016 年平均进展	预计 2020 年实现程度
北　京	99.82	3.13	100
天　津	81.13	2.69	91.88
河　北	55.58	8.73	90.48
山　西	51.07	6.87	78.54
内蒙古	43.44	5.19	64.21
辽　宁	54.18	7.51	84.21
吉　林	30.69	7.62	61.15
黑龙江	21.45	8.15	54.04
上　海	100	3.42	100
江　苏	99.91	5.44	100
浙　江	100	1.95	100
安　徽	77.19	11.87	100
福　建	95.19	7.74	100
江　西	69.96	6.09	94.31
山　东	84.96	6.79	100
河　南	64.75	8.20	97.55
湖　北	78.20	12.86	100
湖　南	59.90	8.04	92.06
广　东	92.43	10.90	100
广　西	73.54	8.80	100
海　南	83.62	12.84	100
重　庆	69.16	5.79	92.30
四　川	80.75	9.06	100
贵　州	48.53	4.48	66.46
云　南	49.17	4.77	68.25
陕　西	62.86	8.04	95.00
甘　肃	23.05	8.50	57.04
青　海	43.26	7.50	73.28
宁　夏	62.68	5.51	84.71
新　疆	42.79	6.35	68.21

第七章
北京城乡发展一体化

一　城乡发展一体化实现程度与进展

（一）城乡发展一体化总水平比较接近实现目标，生态环境一体化提前实现目标

2016 年，北京城乡发展一体化总水平实现程度达到 89.11%，比全国平均水平高 25.3 个百分点，已经接近 2020 年目标。

生态环境一体化实现程度达到 99.94%，已经提前 4 年实现目标；生活水平一体化实现程度为 91.27%，接近实现目标；社会发展一体化实现程度为 88.52%，距实现目标也只有约 1/10 的路程；经济发展一体化实现程度虽然远低于其他三个一体化，但远高于全国平均水平，距实现目标只有不到 1/4 的路程。

12 个二级指标中，经济发展、要素配置、卫生均衡发展、文化均衡发展、居住卫生条件、水资源利用、污染物排放和环境卫生治理 8 个指标已提前实现或非常接近目标；但产业协调实现程度低，远低于全国平均水平（见表 7－1）。

（二）2016年城乡发展一体化整体水平继续提高，经济发展一体化实现程度继续下降

2016 年，北京城乡发展一体化总水平实现程度继续提升，比 2015 年提高了 1.1 个百分点。社会发展一体化、生活水平一体化和生态环境一体化实现程

表 7－1　北京城乡发展一体化实现程度

单位：%

项目	2010 年	2011 年	2012 年	2013 年	2014 年	2015 年	2016 年	2016 年全国
总指数	87.09	88.07	88.52	87.67	87.54	88.01	89.11	63.77
经济发展一体化	75.06	74.02	74.41	76.29	77.76	77.13	76.71	60.03
经济发展	100	100	100	100	100	100	100	71.27
产业协调	40.28	37.29	39.16	39.76	38.01	31.38	30.12	57.45
要素配置	84.91	84.76	84.07	89.11	95.28	100	100	51.36
社会发展一体化	83.95	84.98	86.05	85.92	86.85	88.07	88.52	53.13
教育均衡发展	80.65	71.10	73.87	69.50	70.52	67.69	66.19	41.94
卫生均衡发展	91.16	96.85	99.38	96.44	92.68	100	100	23.44
文化均衡发展	100	100	100	100	100	100	100	73.23
社会保障均衡发展	63.97	71.97	70.93	77.72	84.19	84.59	87.88	73.92
生活水平一体化	95.67	97.81	97.60	92.51	89.39	89.45	91.27	66.07
收入消费水平	91.35	95.62	95.19	85.39	78.77	78.89	82.54	72.96
居住卫生条件	100	100	100	99.64	100	100	100	59.19
生态环境一体化	93.68	95.46	96.03	95.97	96.16	97.41	99.94	75.86
水资源利用	100	100	100	100	100	100	100	50.43
污染物排放	100	100	100	100	100	100	100	100
环境卫生治理	81.05	86.37	88.09	87.92	88.48	92.24	99.82	77.17

度均继续提升，分别比 2015 年提高了 0.45 个、1.82 个和 2.53 个百分点。经济发展一体化实现程度延续了下降的态势，比 2015 年下降了 0.42 个百分点（见表 7－2）。

（三）2016年城乡发展一体化总水平实现程度进展加快

2016 年，北京城乡发展一体化总水平实现程度进展比 2015 年进展快 0.63 个百分点；生活水平一体化和生态环境一体化实现程度进展也有所加快，分别比上年快 1.76 个和 1.28 个百分点；社会发展一体化实现程度进展有所减缓，比上年慢 0.77 个百分点；经济发展一体化实现程度继续下降，但下降幅度有所减缓（见表 7－2）。

（四）2010～2016年城乡发展一体化总水平实现程度在波动中缓慢提升

北京城乡发展一体化起点较高，但进展缓慢，年际间有所波动。2010～2016年，总水平实现程度仅提高2.02个百分点，年均仅提高0.34个百分点（见表7－1、表7－2）。

表7－2　北京城乡发展一体化实现程度进展（环比提高）

单位：个百分点

项目	2011年	2012年	2013年	2014年	2015年	2016年	2010～2016年年均提高	
							北京	全国
总指数	0.97	0.45	－0.85	－0.13	0.47	1.10	0.34	6.71
经济发展一体化	－1.04	0.39	1.88	1.47	－0.64	－0.42	0.27	6.46
经济发展	0	0	0	0	0	0	0	7.89
产业协调	－2.99	1.87	0.60	－1.75	－6.63	－1.25	－1.69	6.78
要素配置	－0.15	－0.69	5.04	6.17	4.72	0	2.52	4.70
社会发展一体化	1.03	1.07	－0.13	0.93	1.22	0.45	0.76	5.22
教育均衡发展	－9.55	2.77	－4.37	1.02	－2.83	－1.50	－2.41	3.93
卫生均衡发展	5.69	2.54	－2.94	－3.76	7.32	0	1.47	3.67
文化均衡发展	0	0	0	0	0	0	0	6.31
社会保障均衡发展	8.00	－1.04	6.79	6.47	0.40	3.29	3.98	6.99
生活水平一体化	2.14	－0.21	－5.09	－3.13	0.06	1.82	－0.73	7.15
收入消费水平	4.27	－0.43	－9.80	－6.62	0.12	3.65	－1.47	8.59
居住卫生条件	0	0	－0.36	0.36	0	0	0	5.72
生态环境一体化	1.77	0.57	－0.06	0.19	1.25	2.53	1.04	8.00
水资源利用	0	0	0	0	0	0	0	5.98
污染物排放	0	0	0	0	0	0	0	8.76
环境卫生治理	5.32	1.72	－0.17	0.56	3.76	7.59	3.13	9.25

二　城乡发展一体化实现程度排序与变化

（一）2016年：城乡发展一体化水平继续全面领先，经济发展一体化排序微升

2016年，总体上看，北京城乡发展一体化实现程度排序保持了上年的状

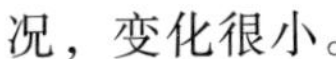

况，变化很小。

城乡发展一体化总水平实现程度排序未变，继续保持全国第 3 位。

四个一体化中，经济发展一体化实现程度排序从第 3 位上升至第 2 位；社会发展一体化、生活水平一体化和生态环境一体化实现程度排序未发生变化，分别排在第 2、第 6 和第 3 位。

12 个二级指标中，收入消费水平排序由第 15 位上升至第 14 位，产业协调和社会保障均衡发展分别由第 17 位和第 4 位下降至第 18 位和第 5 位，其他指标排序未发生变化（见表 7－3）。

表 7－3　北京城乡发展一体化实现程度排序

项目	2010 年	2011 年	2012 年	2013 年	2014 年	2015 年	2016 年
总指数	1	1	1	1	3	3	3
经济发展一体化	2	2	2	2	2	3	2
经济发展	1	1	1	1	1	1	1
产业协调	11	12	11	13	13	17	18
要素配置	2	2	3	1	1	1	1
社会发展一体化	1	1	2	2	2	2	2
教育均衡发展	1	2	4	4	5	7	7
卫生均衡发展	4	3	5	5	5	1	1
文化均衡发展	1	1	1	1	1	1	1
社会保障均衡发展	2	3	8	4	3	4	5
生活水平一体化	1	1	1	3	6	6	6
收入消费水平	1	1	1	4	12	15	14
居住卫生条件	1	1	1	4	1	1	1
生态环境一体化	1	1	1	2	2	3	3
水资源利用	1	1	1	1	1	1	1
污染物排放	1	1	1	1	1	1	1
环境卫生治理	2	2	2	3	4	4	4

（二）2010～2016年变化：总体地位全面下滑，但依然保持领先

2010～2016 年，北京城乡发展一体化整体水平虽然继续保持领先地位，但相对发展水平有所下降，整体排序下降。2010 年，城乡发展一体化总水平、

社会发展一体化、生活水平一体化和生态环境一体化实现程度均处于榜首位置，经济发展一体化实现程度位于第2位。到2016年，除经济发展一体化实现程度排序保持不变外，总水平排序下降至第3位，社会发展一体化排序下降至第2位，生态环境一体化排序下降至第3位，生活水平一体化排序下滑幅度较大，下降至第6位，下降了5个位次。

12个二级指标中，产业协调、教育均衡发展、社会保障均衡发展、收入消费水平和环境卫生治理等排序下降，其中产业协调、教育均衡发展和收入消费水平排序下滑幅度较大，分别下降了7个、6个和13个位次；要素配置和卫生均衡发展排序分别由第2位和第4位上升至第1位；其他5个指标继续保持榜首位置（见表7－3）。

三　简要评价

总体上看，北京城乡发展一体化水平较高，处于全国领先。2013年和2014年，北京城乡发展一体化实现程度连续两年下降，2015年以来，这一趋势得到扭转，且进展有所加快。但是，城乡发展一体化进展依然十分缓慢，按照2010～2016年平均进展，到2020年，实现程度只能达到90.47%；如按2016年进展水平，到2020年，实现程度也只能达到93.51%，依然不能如期实现目标。制约北京城乡发展一体化实现程度进展的最主要因素是城乡二元经济结构和城乡人力资源差距。

2016年，北京农业劳动生产率虽然比全国平均水平高27.3个百分点，但在30个省份中也仅排在第12位；同时，农业比较劳动生产率水平较低，城乡二元经济结构较为严重，2016年，二元经济实现程度距2007年全国平均水平还有较大距离。另外，农业比较劳动生产率提高速度持续低于非农产业比较劳动生产率提高速度，城乡二元经济问题持续恶化，实现程度不断下降。二元经济结构问题极大地拖累了产业协调和经济发展一体化实现程度的提高和进展。2016年与2010年相比，产业协调实现程度不升反降，下降了10.16个百分点；同期，经济发展一体化实现程度仅提高了1.65个百分点。

北京农村人口平均受教育程度较高，处于全国第一，2016年农村人口平均受教育年限比全国平均水平高22.2个百分点，已提前实现目标。但是，人口平均受教育年限的城乡差距却大于全国平均水平，在30个省份中排在第17

位。同时，人口平均受教育年限的城乡差距呈持续扩大趋势。2016 年，农村人力资源水平与城乡差距的实现程度仅为 32.38%，比 2010 年下降了 34.86 个百分点，距实现目标还有很大差距。人口素质的城乡差距极大地制约了教育均衡发展实现程度的提高，2016 年与 2010 年相比，教育均衡发展实现程度大幅下降了 14.46 个百分点。

第八章
天津城乡发展一体化

一　城乡发展一体化实现程度与进展

（一）城乡发展一体化整体水平较高

2016 年，天津城乡发展一体化总水平实现程度为 86.15%，比全国平均水平高 22.38 个百分点，城乡发展一体化整体水平较高（见表 8－1）。

（二）生活水平一体化已提前实现目标，生态环境一体化接近实现目标

2016 年，天津生态环境一体化实现程度达到 93.71%，距实现目标仅相差 6.29 个百分点；生活水平一体化则在 2014 年就已提前实现目标（见表 8－1）。

（三）经济发展一体化和社会发展一体化实现程度相对较高

2016 年，天津经济发展一体化和社会发展一体化实现程度分别为 76.56% 和 74.33%，均远高于全国平均水平，距实现目标只有约 1/4 的路程（见表 8－1）。

（四）半数二级指标已提前实现目标，但产业协调实现程度低

12 个二级指标中，经济发展、卫生均衡发展、收入消费水平、居住卫生

条件、水资源利用和污染物排放等已提前实现目标。产业协调和文化均衡发展实现程度较低，分别只有 39.92% 和 50.26%，均远低于全国平均水平（见表 8 - 1）。

（五）2016年城乡发展一体化整体水平继续全面提高

2016 年，天津城乡发展一体化总水平实现程度比 2015 年提高 1.17 个百分点，保持了逐年持续提高的态势。

表 8 - 1　天津城乡发展一体化实现程度

单位：%

项目	2010 年	2011 年	2012 年	2013 年	2014 年	2015 年	2016 年	2016 年全国
总指数	73.04	77.86	80.17	83.52	83.80	84.98	86.15	63.77
经济发展一体化	68.83	73.58	74.07	75.17	75.31	75.89	76.56	60.03
经济发展	100	100	100	100	100	100	100	71.27
产业协调	20.79	34.92	36.78	39.94	40.62	40.17	39.92	57.45
要素配置	85.69	85.81	85.43	85.56	85.32	87.50	89.75	51.36
社会发展一体化	66.27	63.33	65.52	67.81	69.79	72.02	74.33	53.13
教育均衡发展	61.63	45.05	46.82	50.21	53.92	54.86	57.49	41.94
卫生均衡发展	100	100	100	100	100	100	100	23.44
文化均衡发展	43.97	43.79	43.61	43.61	44.99	48.18	50.26	73.23
社会保障均衡发展	59.47	64.49	71.64	77.42	80.25	85.04	89.59	73.92
生活水平一体化	70.55	86.00	92.36	99.64	100	100	100	66.07
收入消费水平	41.87	72.00	84.73	99.27	100	100	100	72.96
居住卫生条件	99.23	100	100	100	100	100	100	59.19
生态环境一体化	86.51	88.54	88.75	91.46	90.09	92.00	93.71	75.86
水资源利用	100	100	100	100	100	100	100	50.43
污染物排放	94.52	98.74	100	100	100	100	100	100
环境卫生治理	65.00	66.87	66.24	74.37	70.27	75.99	81.13	77.17

四个一体化中，除生活水平一体化已提前实现目标外，经济发展一体化、社会发展一体化和生态环境一体化实现程度均比上年提高。

12 个二级指标中，仅产业协调实现程度略微下降，其他 5 个尚未实现目标的指标实现程度均有所上升（见表 8 - 2）。

（六）2016年城乡发展一体化整体进展与上年持平

2016 年，天津城乡发展一体化总水平实现程度进展与上年基本持平，仅比上年慢 0.01 个百分点；四个一体化中，经济发展一体化和社会发展一体化进展略微加快，而生态环境一体化进展略微减缓（见表 8－2）。

（七）2010～2016年城乡发展一体化进展较慢，进展持续减缓，生活水平一体化进程较快

2010～2016 年，天津城乡发展一体化总水平实现程度年均提高 2.19 个百分点，远低于全国平均进展，且进展基本呈持续减缓趋势。

表 8－2　天津城乡发展一体化实现程度进展（环比提高）

单位：个百分点

项目	2011 年	2012 年	2013 年	2014 年	2015 年	2016 年	2010～2016 年年均提高	
							天津	全国
总指数	4.82	2.31	3.35	0.28	1.18	1.17	2.19	6.71
经济发展一体化	4.75	0.49	1.10	0.15	0.58	0.67	1.29	6.46
经济发展	0	0	0	0	0	0	0	7.89
产业协调	14.13	1.86	3.16	0.68	－0.45	－0.25	3.19	6.78
要素配置	0.12	－0.38	0.13	－0.24	2.18	2.24	0.68	4.70
社会发展一体化	－2.94	2.19	2.29	1.98	2.23	2.31	1.34	5.22
教育均衡发展	－16.58	1.77	3.39	3.70	0.94	2.63	－0.69	3.93
卫生均衡发展	0	0	0	0	0	0	0	3.67
文化均衡发展	－0.18	－0.18	0	1.38	3.20	2.08	1.05	6.31
社会保障均衡发展	5.02	7.15	5.78	2.83	4.79	4.55	5.02	6.99
生活水平一体化	15.45	6.36	7.28	0.36	0	0	4.91	7.15
收入消费水平	30.13	12.73	14.54	0.73	0	0	9.69	8.59
居住卫生条件	0.77	0	0	0	0	0	0.13	5.72
生态环境一体化	2.03	0.21	2.71	－1.37	1.91	1.71	1.20	8.00
水资源利用	0	0	0	0	0	0	0	5.98
污染物排放	4.22	1.26	0	0	0	0	0	8.76
环境卫生治理	1.87	－0.63	8.13	－4.10	5.72	5.13	2.69	9.25

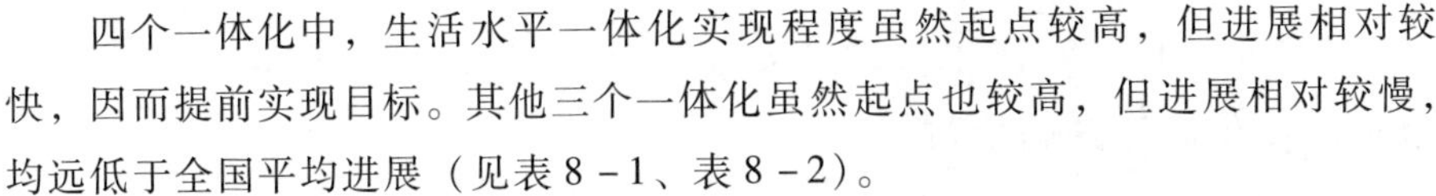

四个一体化中，生活水平一体化实现程度虽然起点较高，但进展相对较快，因而提前实现目标。其他三个一体化虽然起点也较高，但进展相对较慢，均远低于全国平均进展（见表8－1、表8－2）。

二　城乡发展一体化实现程度排序与变化

（一）2016年：城乡发展一体化整体排序基本稳定，依然处于领先地位

2016年，天津城乡发展一体化总水平实现程度继续位列全国第5位。

四个一体化中，经济发展一体化实现程度排序由第4位上升至第3位；社会发展一体化实现程度由第6位下降至第7位；生活水平一体化和生态环境一体化实现程度排序没有发生变化，前者依然保持榜首位置。

12个二级指标中，教育均衡发展排序上升1位，产业协调、文化均衡发展、社会保障均衡发展和环境卫生治理等排序不同程度下降，其中文化均衡发展排序下降幅度较大，下降了5位（见表8－3）。

表8－3　天津城乡发展一体化实现程度排序

项目	2010年	2011年	2012年	2013年	2014年	2015年	2016年
总指数	5	5	5	5	5	5	5
经济发展一体化	4	3	3	3	4	4	3
经济发展	1	1	1	1	1	1	1
产业协调	15	14	13	12	12	12	14
要素配置	1	1	1	2	3	2	2
社会发展一体化	5	5	6	5	5	6	7
教育均衡发展	5	13	14	13	11	13	12
卫生均衡发展	1	1	1	1	1	1	1
文化均衡发展	15	19	22	23	24	24	29
社会保障均衡发展	4	7	6	7	4	3	4
生活水平一体化	5	5	4	1	1	1	1
收入消费水平	11	6	5	1	1	1	1
居住卫生条件	3	1	1	1	1	1	1
生态环境一体化	3	2	4	4	6	6	6
水资源利用	1	1	1	1	1	1	1
污染物排放	3	3	1	1	1	1	1
环境卫生治理	5	4	5	5	7	7	9

（二）2010～2016年：城乡发展一体化整体水平排序稳定，生活水平一体化排序跃居榜首

2010～2016年，天津城乡发展一体化总水平实现程度排序非常稳定，始终保持在第5位。

生活水平一体化实现程度排序由第5位上升至榜首；经济发展一体化实现程度排序由第4位上升至第3位；社会发展一体化和生态环境一体化实现程度排序分别由第5位和第3位下降至第7位和第6位，分别下降了2位和3位。

12个二级指标中，产业协调、收入消费水平、居住卫生条件和污染物排放等排序上升，其中收入消费水平上升幅度最大，由第11位上升至榜首，上升了10位；要素配置、教育均衡发展、文化均衡发展和环境卫生治理等实现程度排序下降，其中教育均衡发展、文化均衡发展排序下降幅度较大，分别下降了7位和14位（见表8-3）。

三　简要评价

天津城乡发展一体化整体水平相对较高，但2014年以来总水平进展大幅下滑，3年（2014年、2015年和2016年）平均进展比前3年（2011年、2012年和2013年）平均进展低2.61个百分点，也比2010～2016年平均进展低1个以上百分点。按2010～2016年平均进展，到2020年，城乡发展一体化总水平实现程度将达到94.89%；如按前3年平均进展，将如期实现目标；而按后3年平均进展，则只能达到89.6%，距实现目标还有一定差距。

制约天津城乡发展一体化实现程度水平和进展的主要因素与北京十分相似。

天津农业劳动生产率相对较高，但农业比较劳动生产率较低，城乡二元经济结构较为严重，且自2011年以来呈持续恶化趋势。城乡二元经济问题极大地拖累了产业协调和经济发展一体化实现程度的提高和进展。

天津农村人口平均受教育程度较高，2016年处于全国第3位。但是，人口平均受教育年限的城乡差距却大于全国平均水平，在30个省份中排在第18位。同时，与2010年相比，人口平均受教育年限的城乡差距扩大。人口素质的城乡差距极大地制约了教育均衡发展实现程度的提高，2016年，农村人力资源水平与城乡差距的实现程度仅为26.67%，比2010年下降15.56个百分点，距实现目标还有巨大差距。

第九章
河北城乡发展一体化

一　城乡发展一体化实现程度与进展

（一）城乡发展一体化实现程度整体水平相对较高，经济发展一体化实现程度较低

2016 年，河北城乡发展一体化总水平实现程度为 69.28%，虽低于东部地区多数省份，但比全国平均水平高 5.51 个百分点。

四个一体化中，生态环境一体化实现程度较高，达到 84%，高于全国平均水平；社会发展一体化和生活水平一体化实现程度也均高于全国平均水平；经济发展一体化实现程度较低，低于全国平均水平，距实现目标还有约一半的距离。

12 个二级指标中，水资源利用已提前实现目标，污染物排放接近实现目标；收入消费水平、文化均衡发展和教育均衡发展实现程度相对较高，均距目标只有约 1/5 的路程；要素配置、卫生均衡发展、经济发展和环境卫生治理等实现程度较低，特别是卫生均衡发展和要素配置（见表 9－1）。

（二）2016年城乡发展一体化实现程度全面提升

2016 年，河北城乡发展一体化总水平实现程度比上年提高 7.46 个百分点，四个一体化实现程度也均比上年提高（见表 9－2）。

（三）城乡发展一体化整体水平逐年持续全面提升

2010～2016 年，河北城乡发展一体化总水平实现程度逐年提升，经济发展一体化、生活水平一体化和生态环境一体化实现程度也逐年提升；仅社会发展一体化实现程度在 2014 年出现短暂的下降，但总体上也呈提升趋势（见表 9－2）。

表 9－1　河北城乡发展一体化实现程度

单位：%

项目	2010 年	2011 年	2012 年	2013 年	2014 年	2015 年	2016 年	2016 年全国
总指数	32.46	39.60	44.99	50.65	55.17	61.81	69.28	63.77
经济发展一体化	23.71	29.79	35.63	40.77	43.94	47.21	51.40	60.03
经济发展	1.63	9.54	17.50	25.59	32.67	42.99	53.42	71.27
产业协调	51.31	56.74	59.60	61.94	62.50	61.77	62.11	57.45
要素配置	18.17	23.11	29.80	34.79	36.64	36.86	38.66	51.36
社会发展一体化	29.01	39.32	44.11	47.58	45.15	53.20	63.34	53.13
教育均衡发展	61.77	73.13	78.87	72.40	75.35	79.51	78.34	41.94
卫生均衡发展	-12.32	-7.12	-0.58	-3.26	-16.30	12.28	32.98	23.44
文化均衡发展	51.19	53.41	55.83	71.81	71.84	67.12	79.74	73.23
社会保障均衡发展	15.40	37.86	42.33	49.38	49.69	53.91	62.31	73.92
生活水平一体化	32.85	42.29	45.55	54.24	67.13	73.48	78.34	66.07
收入消费水平	43.72	56.59	63.75	77.34	83.19	85.56	87.57	72.96
居住卫生条件	21.99	27.99	27.35	31.14	51.08	61.40	69.10	59.19
生态环境一体化	44.26	46.99	54.67	60.00	64.45	73.37	84.04	75.86
水资源利用	100	100	100	100	100	100	100	50.43
污染物排放	29.55	34.95	47.61	57.36	66.19	74.56	96.54	100
环境卫生治理	3.22	6.02	16.41	22.63	27.16	45.53	55.58	77.17

表 9－2　河北城乡发展一体化实现程度进展（环比提高）

单位：个百分点

项目	2011 年	2012 年	2013 年	2014 年	2015 年	2016 年	2010～2016 年年均提高	
							河北	全国
总指数	7.14	5.39	5.66	4.52	6.65	7.46	6.14	6.71
经济发展一体化	6.09	5.84	5.14	3.16	3.27	4.19	4.62	6.46
经济发展	7.91	7.97	8.09	7.08	10.32	10.43	8.63	7.89
产业协调	5.43	2.86	2.34	0.56	-0.73	0.34	1.80	6.78
要素配置	4.93	6.69	4.99	1.85	0.22	1.80	3.41	4.70

续表

项目	2011 年	2012 年	2013 年	2014 年	2015 年	2016 年	2010 ~ 2016 年年均提高	
							河北	全国
社会发展一体化	10.31	4.79	3.47	-2.43	8.06	10.14	5.72	5.22
教育均衡发展	11.37	5.73	-6.47	2.96	4.16	-1.18	2.76	3.93
卫生均衡发展	5.21	6.54	-2.68	-13.03	28.57	20.70	7.55	3.67
文化均衡发展	2.22	2.42	15.98	0.03	-4.73	12.62	4.76	6.31
社会保障均衡发展	22.46	4.47	7.05	0.32	4.22	8.39	7.82	6.99
生活水平一体化	9.43	3.26	8.69	12.89	6.35	4.86	7.58	7.15
收入消费水平	12.87	7.16	13.59	5.85	2.38	2.01	7.31	8.59
居住卫生条件	6.00	-0.64	3.79	19.94	10.32	7.70	7.85	5.72
生态环境一体化	2.74	7.68	5.33	4.45	8.92	10.67	6.63	8.00
水资源利用	0	0	0	0	0	0	0	5.98
污染物排放	5.41	12.66	9.75	8.83	8.38	21.98	11.17	8.76
环境卫生治理	2.80	10.39	6.22	4.53	18.38	10.04	8.73	9.25

（四）2016年城乡发展一体化实现程度整体进展加快

2016 年，河北城乡发展一体化总水平实现程度提高 7.46 个百分点，比上年快 0.81 个百分点，也快于 2010 ~ 2016 年年均进展，是进展最快的一年。

经济发展一体化、社会发展一体化和生态环境一体化实现程度进展分别比上年提高 0.92 个、2.08 个和 1.75 个百分点；但生活水平一体化进展比上年降低 1.49 个百分点（见表 9 - 2）。

（五）近几年城乡发展一体化进程明显加快

2010 ~ 2016 年，河北城乡发展一体化总水平实现程度年均提高 6.14 个百分点，比全国平均水平低 0.57 个百分点；但是，近几年来进展明显加快，2015 年和 2016 年进展均高于 2010 ~ 2016 年平均水平，年均达到 7.06 个百分点。

四个一体化中，近几年社会发展一体化和生态环境一体化实现程度进展也明显加快，2015 年和 2016 年进展均明显高于 2010 ~ 2016 年平均进展；但是，经济发展一体化和生活水平一体化进展有所减缓（见表 9 - 2）。

二　城乡发展一体化实现程度排序与变化

（一）2016年：城乡发展一体化整体排序继续上升

2016 年，河北城乡发展一体化总水平实现程度列全国第 8 位，比 2015 年上升 1 位，排序连续第二年上升，进一步巩固了前 10 名的地位。

四个一体化中，社会发展一体化实现程度排序大幅提升，由第 17 位提升至第 10 位；经济发展一体化、生活水平一体化和生态环境一体化实现程度排序未发生变化。

12 个二级指标中，卫生均衡发展、文化均衡发展、居住卫生条件和环境卫生治理等排序上升，其中卫生均衡发展、文化均衡发展排序上升幅度较大，均上升了 4 位；教育均衡发展、社会保障均衡发展、收入消费水平和污染物排放等排序下降，其中污染物排放排序下降幅度较大，下降了 4 位。

城乡发展一体化实现程度整体排序相对较高，除经济发展一体化实现程度排在第 13 位外，总水平和其他 3 个一体化均进入前 10 行列。教育均衡发展和产业协调排序居前，分别位列第 4 位和第 6 位；社会保障均衡发展排序非常居后，位列第 28 位（见表 9－3）。

表 9－3　河北城乡发展一体化实现程度排序

项目	2010 年	2011 年	2012 年	2013 年	2014 年	2015 年	2016 年
总指数	11	11	11	11	11	9	8
经济发展一体化	13	14	13	13	13	13	13
经济发展	19	19	19	19	19	19	19
产业协调	6	7	6	6	6	6	6
要素配置	15	16	15	16	17	18	18
社会发展一体化	20	19	19	18	22	17	10
教育均衡发展	4	1	2	3	3	2	4
卫生均衡发展	24	26	24	26	27	22	18
文化均衡发展	9	11	12	7	7	13	9
社会保障均衡发展	26	26	28	27	28	27	28

续表

项目	2010年	2011年	2012年	2013年	2014年	2015年	2016年
生活水平一体化	11	10	10	10	10	10	10
收入消费水平	8	9	9	9	8	8	9
居住卫生条件	14	15	16	16	13	11	10
生态环境一体化	8	9	9	9	9	9	9
水资源利用	1	1	1	1	1	1	1
污染物排放	14	18	20	20	19	17	21
环境卫生治理	25	26	26	25	24	21	20

（二）2010～2016年变化：整体排序较为稳定，社会发展一体化实现程度排序大幅上升导致总水平排序上升

2010～2014年，河北城乡发展一体化总水平实现程度排序一直稳定在第11位，2015年和2016年连续两年上升，由第11位上升至第8位，上升了3位。

四个一体化中，社会发展一体化实现程度排序除2014年有所波动外，基本呈逐年提升的态势，并由2010年的第20位上升至第10位，大幅上升了10位，这是导致总水平排序上升的最主要原因；同期，经济发展一体化、生活水平一体化和生态环境一体化实现程度排序非常稳定，除个别年份外，其余6个年份均分别排在第13位、第10位和第9位（见表9－3）。

三　简要评价

2016年，河北城乡发展一体化总水平实现程度达到70%左右，高于全国平均水平，特别是近几年进展明显加快。如按2010～2016年平均进展，到2020年，城乡发展一体化总水平实现程度将达到93.83%，接近实现目标；而按2016年进展，到2020年将如期实现目标。

制约河北城乡发展一体化实现程度提高的主要因素是：经济发展水平较低，城乡要素配置不尽合理，农村医疗卫生服务人力资源水平较低，农村环境卫生治理水平较低，等等。

（一）加快提高经济发展水平

2016 年，河北人均 GDP 在东部地区 10 个省份中仅高于海南，城镇化率最低，导致经济发展实现程度不仅在东部地区 10 个省份中最低，而且远低于全国平均水平，并最终制约了经济发展一体化和总水平实现程度的提高。

（二）加大信贷资金对农业的支持，加快农业劳动力转移，提高城镇化土地利用效率

河北信贷资金对农业的支持明显不足，农业贷款相对强度逐年下降，实现程度低且呈逐年下降趋势，2016 年，农业贷款相对强度的实现程度距离 2007 年全国平均水平还有较大差距。

河北非农产业劳动力比重低于全国平均水平，在东部地区 10 个省份中仅高于海南。2016 年，非农产业劳动力比重的实现程度仅为 38.82%，距实现目标还有较大差距。

河北城镇化土地利用率低于全国平均水平，在东部地区 10 个省份中仅高于海南。2016 年，土地相对利用率实现程度刚刚过半，低于全国平均水平。

上述三个方面的问题导致要素配置实现程度处于较低水平，2016 年仅达到 36.86%，距实现目标还有较大差距，严重制约了经济发展一体化实现程度的提高。

（三）增加农村医疗卫生服务人力资源，缩小城乡医疗卫生服务人力资源差距

河北农村医疗卫生服务人员数量相对较少，低于全国平均水平；虽然近几年来城乡医疗卫生服务人员数量差距不断缩小，但依然大于全国平均水平，致使农村医疗卫生人力资源水平实现程度处于较低水平，而城乡医疗卫生人力资源差距实现程度距 2007 年全国平均水平还有巨大差距，并最终导致卫生均衡发展实现程度处于较低水平，2016 年仅为 32.98%，尚不及东部地区平均水平的一半。

（四）改善农村环境卫生状况

河北农村环境卫生治理水平和居住卫生条件相对较差，农村无害化卫生厕所普及率、农村生活垃圾处理率和农村生活污水处理率不仅在东部地区 10 个省份中均处于最低水平，也均低于全国平均水平，距离实现目标还有较大差距。

第十章 山西城乡发展一体化

一 城乡发展一体化实现程度与进展

（一）城乡发展一体化整体水平较低，经济发展一体化实现程度低

2016 年，山西城乡发展一体化总水平实现程度为 51.72%，比全国平均水平低 12.05 个百分点，实现程度较低。

四个一体化实现程度均未超过 60%，生活水平一体化实现程度最高，也仅为 57.76%；除社会发展一体化实现程度略高于全国平均水平外，其他三个一体化实现程度均低于全国平均水平；特别是经济发展一体化实现程度低，比全国平均水平低 24 个百分点，差距较大；生态环境一体化实现程度与全国平均水平的差距也较大。

但是，教育均衡发展实现程度较高，达到 84.69%，比全国平均水平高 42.75 个百分点；其余 11 个二级指标实现程度均低于全国平均水平，其中产业协调、卫生均衡发展实现程度低，均未达到 10%，特别是产业协调，与全国平均水平相差 54.86 个百分点，差距巨大（见表 10－1）。

（二）2016年城乡发展一体化整体水平提升，社会发展一体化实现程度下降

2016 年，山西城乡发展一体化总水平实现程度比 2015 年提高了 4.5 个百

表 10－1　山西城乡发展一体化实现程度

单位：%

项目	2010 年	2011 年	2012 年	2013 年	2014 年	2015 年	2016 年	2016 年全国
总指数	20.61	26.57	33.30	37.92	42.55	47.22	51.72	63.77
经济发展一体化	13.00	19.14	25.36	30.63	33.25	34.27	35.91	60.03
经济发展	10.73	20.78	30.06	38.18	44.51	50.19	56.36	71.27
产业协调	－11.38	－8.35	－3.60	0.01	2.64	2.84	2.59	57.45
要素配置	39.63	45.00	49.63	53.69	52.60	49.76	48.77	51.36
社会发展一体化	42.87	48.09	48.75	49.01	50.89	57.53	56.30	53.13
教育均衡发展	64.03	70.35	74.24	75.09	78.70	82.85	84.69	41.94
卫生均衡发展	31.46	28.99	22.30	16.13	14.42	14.60	9.51	23.44
文化均衡发展	53.42	54.07	54.52	54.06	54.04	70.58	61.63	73.23
社会保障均衡发展	22.56	38.94	43.92	50.75	56.41	62.09	69.36	73.92
生活水平一体化	24.82	30.77	39.27	42.82	51.16	53.40	57.76	66.07
收入消费水平	29.09	38.85	50.48	55.74	69.28	69.83	72.24	72.96
居住卫生条件	20.56	22.70	28.05	29.91	33.03	36.97	43.27	59.19
生态环境一体化	1.77	8.26	19.83	29.23	34.89	43.67	56.89	75.86
水资源利用	16.24	23.93	31.62	35.90	38.46	40.17	43.59	50.43
污染物排放	－20.78	－13.83	8.05	22.74	32.36	43.15	76.02	100
环境卫生治理	9.86	14.68	19.83	29.05	33.84	47.69	51.07	77.17

分点。经济发展一体化、生活水平一体化和生态环境一体化实现程度分别提高1.64个、4.36个和13.22个百分点，生态环境一体化实现程度大幅提升，但社会发展一体化实现程度下降1.23个百分点。

12个二级指标中，产业协调、要素配置、卫生均衡发展和文化均衡发展等实现程度有所下降，其余8个指标实现程度提高，特别是污染物排放实现程度大幅提高了32.87个百分点（见表10－1）。

（三）2016年城乡发展一体化总水平实现程度进程略微减缓，但生态发展一体化实现程度进程大幅加快

2016年，山西城乡发展一体化总水平实现程度比上年提高了4.5个百分点，但进展比2015年低0.17个百分点，其中社会发展一体化实现程度比上年有所下降；经济发展一体化、生活水平一体化和生态环境一体化实现程度进展

均比上年加快，特别是生态环境一体化实现程度进展大幅加快，比上年进展快4.44个百分点，其中污染物排放实现程度进展比上年快22.08个百分点（见表10－2）。

表10－2　山西城乡发展一体化实现程度进展（环比提高）

单位：个百分点

项目	2011年	2012年	2013年	2014年	2015年	2016年	2010～2016年年均提高	
							山西	全国
总指数	5.95	6.74	4.62	4.63	4.67	4.50	5.18	6.71
经济发展一体化	6.15	6.22	5.27	2.62	1.02	1.64	3.82	6.46
经济发展	10.05	9.28	8.12	6.34	5.68	6.17	7.61	7.89
产业协调	3.03	4.76	3.61	2.63	0.20	－0.25	2.33	6.78
要素配置	5.36	4.63	4.06	－1.10	－2.84	－0.98	1.52	4.70
社会发展一体化	5.22	0.66	0.26	1.88	6.64	－1.23	2.24	5.22
教育均衡发展	6.32	3.88	0.85	3.60	4.15	1.84	3.44	3.93
卫生均衡发展	－2.47	－6.69	－6.17	－1.72	0.19	－5.09	－3.66	3.67
文化均衡发展	0.65	0.45	－0.46	－0.02	16.54	－8.95	1.37	6.31
社会保障均衡发展	16.38	4.98	6.83	5.66	5.67	7.27	7.80	6.99
生活水平一体化	5.95	8.49	3.55	8.34	2.24	4.36	5.49	7.15
收入消费水平	9.76	11.63	5.26	13.54	0.54	2.42	7.19	8.59
居住卫生条件	2.14	5.35	1.86	3.13	3.94	6.30	3.79	5.72
生态环境一体化	6.48	11.58	9.40	5.66	8.78	13.22	9.19	8.00
水资源利用	7.69	7.69	4.28	2.56	1.71	3.42	4.56	5.98
污染物排放	6.94	21.88	14.69	9.62	10.79	32.87	16.13	8.76
环境卫生治理	4.81	5.16	9.22	4.79	13.85	3.38	6.87	9.25

（四）2010～2016年城乡发展一体化进程较为缓慢

2010～2016年，山西城乡发展一体化总水平实现程度年均提高5.18个百分点，比全国平均水平低1.53个百分点，进展较慢。

生态环境一体化实现程度进展较快，比全国平均水平快1.19个百分点；经济发展一体化实现程度进展慢，比全国平均水平低2.64个百分点；社会发展一体化实现程度进展最为缓慢，年均仅提高2.24个百分点，比全国平均水平低 2.98 个百分点；虽然生活水平一体化实现程度进展仅低于生态环境一体化，但比全国平均水平低 1.66 个百分点（见表 10－2）。

二　城乡发展一体化实现程度排序与变化

（一）2016年：城乡发展一体化整体水平居中下游，教育均衡发展处于领先地位

2016 年，山西城乡发展一体化总水平实现程度列全国第 21 位，在中部地区 6 个省份中列第 5 位。

四个一体化实现程度排序均位于中下游，其中，社会发展一体化和生活水平一体化实现程度均位列第 18 位，经济发展一体化和生态环境一体化实现程度分别列第 20 位和第 21 位。

教育均衡发展实现程度位居榜首，是 12 个二级指标中唯一进入前 10 行列的；产业协调和污染物排放实现程度居后，分别列第 27 位和第 26 位（见表 10－3）。

表 10－3　山西城乡发展一体化实现程度排序

项目	2010 年	2011 年	2012 年	2013 年	2014 年	2015 年	2016 年
总指数	17	18	17	19	20	20	21
经济发展一体化	16	16	15	15	17	20	20
经济发展	17	16	15	16	17	17	18
产业协调	25	24	23	23	23	26	27
要素配置	10	10	9	9	9	11	13
社会发展一体化	9	10	13	13	15	11	18
教育均衡发展	3	3	3	2	2	1	1
卫生均衡发展	16	17	19	21	20	20	24
文化均衡发展	8	9	13	15	18	11	20
社会保障均衡发展	22	24	25	26	22	22	21
生活水平一体化	14	15	14	18	18	18	18
收入消费水平	17	17	15	20	19	22	22
居住卫生条件	15	17	15	17	18	19	19
生态环境一体化	20	21	20	20	21	21	21
水资源利用	16	16	15	15	15	16	16
污染物排放	24	26	25	25	25	25	26
环境卫生治理	20	21	22	20	20	19	22

（二）2016年：城乡发展一体化实现程度整体排序下降

2016 年，山西城乡发展一体化总水平实现程度排序比上年下降，由第 20 位下降至第 21 位；由于社会发展一体化实现程度比上年下降，导致其排序大幅下降，由第 11 位下降至第 18 位，下降了 7 位；经济发展一体化、生活水平一体化和生态环境一体化实现程度排序均未发生变化（见表 10－3）。

（三）2010～2016年变化：呈全面逐步下降趋势

2010～2016 年，山西城乡发展一体化总水平实现程度在全国的排序逐步下降，由第 17 位下降至第 21 位，下降了 4 位。

经济发展一体化、社会发展一体化和生活水平一体化实现程度排序也基本呈不断下降趋势，经济发展一体化实现程度由第 16 位下降至第 20 位，下降了 4 位；社会发展一体化实现程度由第 9 位下降至第 18 位，大幅下降了 9 位；生活水平一体化实现程度由第 14 位下降至第 18 位，下降了 4 位；生态环境一体化实现程度排序较为稳定（见表 10－3）。

三　简要评价

虽然山西城乡发展一体化在个别方面处于全国领先，但城乡发展一体化总水平实现程度较低，距实现目标还有较大差距。同时，城乡发展一体化实现程度进展较为缓慢且呈逐年减缓趋势。如按 2010～2016 年平均进展，到 2020 年，总水平实现程度仅能达到 72.45%；如按 2016 年进展，则实现程度更低。

（一）加快提高经济发展水平

2016 年，山西人均 GDP 仅为全国平均水平的 82%，人口城镇化率也低于全国平均水平，经济发展实现程度远远低于全国平均水平，城乡发展一体化基础薄弱。

（二）大力提高农业劳动生产率和比较劳动生产率，遏制城乡二元经济结构恶化趋势

山西农业劳动生产率水平较低，2016 年水平还未达到 2007 年全国平均水

平；同时，农业比较劳动生产率也较低，而且农业比较劳动生产率提高速度不及非农产业比较劳动生产率，导致城乡二元经济问题呈逐年恶化趋势，产业发展极不协调，2016 年产业协调实现程度仅及 2007 年全国平均水平。

（三）加快农业劳动力转移

山西农业劳动力比重依然较高，2016 年比全国平均水平低 5 个百分点，农业依然容留了较多的劳动力，导致农业劳动生产率和比较劳动生产率较低，非农劳动力比重实现程度距实现目标还有很大差距。

（四）遏制城乡医疗卫生服务人力资源配置差距日益扩大的趋势

2016 年与 2010 年相比，尽管山西农村医疗卫生服务人员数量有所增加，但增长速度远低于全国平均水平；农村医疗卫生服务人力资源数量水平与全国平均水平相当，但是，城乡医疗卫生服务人员数量差距呈不断扩大趋势，城乡医疗卫生服务人力资源配置不均衡没有得到有效改善。2016 年，城乡医疗卫生服务人员数量差距远远大于 2007 年全国平均水平，导致卫生均衡发展实现程度持续下降，最终制约社会发展一体化实现程度的提高。

（五）改善农村环境卫生状况

山西农村环境卫生治理水平相对较差，农村无害化卫生厕所普及率、农村生活垃圾处理率和农村生活污水处理率均远远低于全国平均水平，距离实现目标还有较大差距。

第十一章
内蒙古城乡发展一体化

一　城乡发展一体化实现程度与进展

（一）城乡发展一体化整体实现程度较低，经济发展一体化实现程度相对较高

2016 年，内蒙古城乡发展一体化总水平实现程度为 54.53%，比全国平均水平低 9.24 个百分点。

经济发展一体化实现程度虽然只有 67.3%，但比全国平均水平高 7.27 个百分点，实现程度相对较高；社会发展一体化、生活水平一体化和生态环境一体化实现程度均低于全国平均水平；生活水平一体化实现程度最低，而且与全国平均水平相差较大，相差 23.33 个百分点。

12 个二级指标中，经济发展水平较高，已提前实现目标，是经济发展一体化实现程度相对较高的最重要贡献因素；污染物排放实现程度较高，接近实现目标；居住卫生条件实现程度尚未达到 10%，与全国平均水平存在巨大差距（见表 11－1）。

（二）2016年，城乡发展一体化实现程度全面提高

2016 年，内蒙古城乡发展一体化总水平实现程度比 2015 年提高了 7.42 个

百分点。

四个一体化实现程度也全面提高，特别是生态环境一体化实现程度提高了20.29个百分点。

表11－1 内蒙古城乡发展一体化实现程度

单位：%

项目	2010年	2011年	2012年	2013年	2014年	2015年	2016年	2016年全国
总指数	10.22	19.98	27.03	34.89	41.63	47.11	54.53	63.77
经济发展一体化	36.15	43.76	49.87	56.16	60.23	64.10	67.30	60.03
经济发展	65.73	78.34	90.36	95.43	98.30	100	100	71.27
产业协调	25.49	27.96	28.95	34.46	37.01	39.35	41.53	57.45
要素配置	17.25	24.99	30.31	38.58	45.37	52.96	60.38	51.36
社会发展一体化	20.26	30.12	34.62	36.30	44.96	45.07	49.36	53.13
教育均衡发展	42.93	33.68	45.04	45.67	45.26	48.56	45.89	41.94
卫生均衡发展	0.53	29.59	19.68	10.46	40.42	34.67	43.25	23.44
文化均衡发展	－9.06	－1.88	11.46	23.66	27.19	26.03	37.91	73.23
社会保障均衡发展	46.65	59.09	62.28	65.42	66.97	71.02	70.39	73.92
生活水平一体化	－6.95	4.48	10.75	25.84	32.66	40.83	42.74	66.07
收入消费水平	18.54	31.88	38.37	63.55	70.45	73.79	77.68	72.96
居住卫生条件	－32.44	－22.93	－16.88	－11.88	－5.14	7.88	7.79	59.19
生态环境一体化	－8.57	1.57	12.87	21.28	28.67	38.42	58.71	75.86
水资源利用	－9.40	－0.85	7.69	16.24	24.79	32.48	41.88	50.43
污染物排放	－28.60	－7.65	10.62	23.48	34.66	46.14	90.81	100
环境卫生治理	12.29	13.20	20.31	24.12	26.57	36.63	43.44	77.17

12个二级指标中，污染物排放实现程度大幅提高了44.67个百分点，但教育均衡发展、社会保障均衡发展和居住卫生条件等实现程度下降（见表11－1）。

（三）2016年，城乡发展一体化进程加快，初步遏制住了逐年下滑的态势，生态环境一体化进展大幅加快

2016年，内蒙古城乡发展一体化总水平实现程度不仅比上年提高了7.42个

百分点，而且实现程度进展明显加快，比上年快1.94个百分点（见表11－2）。

社会发展一体化和生态环境一体化实现程度进展加快，特别是后者，比上年进展大幅提高了10.55个百分点；经济发展一体化实现程度进展略低于上年，生活水平一体化进展则大幅下降，比上年下降了6.28个百分点（见表11－2）。

表11－2　内蒙古城乡发展一体化实现程度进展（环比提高）

单位：个百分点

项目	2011年	2012年	2013年	2014年	2015年	2016年	2010～2016年年均提高	
							内蒙古	全国
总指数	9.76	7.04	7.87	6.74	5.48	7.42	7.38	6.71
经济发展一体化	7.61	6.11	6.29	4.07	3.87	3.20	5.19	6.46
经济发展	12.61	12.02	5.07	2.87	1.70	0	5.71	7.89
产业协调	2.47	0.99	5.51	2.55	2.34	2.18	2.67	6.78
要素配置	7.74	5.31	8.27	6.79	7.59	7.42	7.19	4.70
社会发展一体化	9.86	4.50	1.69	8.66	0.11	4.29	4.85	5.22
教育均衡发展	－9.25	11.36	0.63	－0.41	3.30	－2.67	0.49	3.93
卫生均衡发展	29.06	－9.92	－9.22	29.96	－5.75	8.58	7.12	3.67
文化均衡发展	7.18	13.34	12.20	3.53	－1.16	11.88	7.83	6.31
社会保障均衡发展	12.44	3.19	4.13	1.56	4.05	－0.63	3.96	6.99
生活水平一体化	11.43	6.27	15.09	6.82	8.18	1.90	8.28	7.15
收入消费水平	13.34	6.49	25.18	6.90	3.34	3.89	9.86	8.59
居住卫生条件	9.51	6.05	5.00	6.74	13.02	－0.09	6.71	5.72
生态环境一体化	10.14	11.31	8.41	7.39	9.74	20.29	11.21	8.00
水资源利用	8.55	8.55	8.55	8.55	7.69	9.40	8.55	5.98
污染物排放	20.95	18.27	12.86	11.17	11.48	44.67	19.90	8.76
环境卫生治理	0.91	7.11	3.81	2.45	10.06	6.81	5.19	9.25

（四）2010～2016年城乡发展一体化进程较快，但基本呈逐年下滑趋势

2010～2016年，内蒙古城乡发展一体化总水平实现程度年均提高7.38个百分点，高于全国平均水平，但进展基本呈逐年下滑态势，直到2016年才初步遏止住了下滑趋势。生活水平一体化和生态环境一体化实现程度进展快，年

均进展分别比全国平均水平高 1.13 个和 3.21 个百分点；经济发展一体化和社会发展一体化实现程度进展相对较慢，年均进展均低于全国平均水平（见表 11－2）。

二　城乡发展一体化实现程度排序与变化

（一）2016年：城乡发展一体化整体水平处于中下游，经济发展一体化排序相对较高

2016 年，内蒙古城乡发展一体化总水平实现程度位列全国第 20 位。

经济发展一体化实现程度排序相对较高，位于全国第 9 位，西部地区第 3 位；社会发展一体化和生活水平一体化实现程度排序居后，分别位于第 25 位和第 24 位；生态环境一体化实现程度排序位于第 19 位。

12 个二级指标中，经济发展实现程度排序并列第一，要素配置排序也相对较高，位于第 9 位；文化均衡发展、居住卫生条件和环境卫生治理等排序居后，分别位列末位、倒数第 3 位和第 25 位（见表 11－3）。

表 11－3　内蒙古城乡发展一体化实现程度排序

项目	2010 年	2011 年	2012 年	2013 年	2014 年	2015 年	2016 年
总指数	21	22	21	21	21	21	20
经济发展一体化	11	11	9	9	9	9	9
经济发展	8	8	6	6	7	1	1
产业协调	14	15	17	15	14	13	13
要素配置	17	15	13	13	13	9	9
社会发展一体化	23	23	23	23	23	23	25
教育均衡发展	11	18	17	15	16	15	16
卫生均衡发展	21	16	20	24	17	18	17
文化均衡发展	28	29	29	29	29	29	30
社会保障均衡发展	10	11	12	12	15	14	20
生活水平一体化	28	28	27	26	25	24	24
收入消费水平	24	21	22	16	18	19	20
居住卫生条件	29	28	28	28	28	26	28
生态环境一体化	23	24	23	24	24	24	19
水资源利用	20	19	19	19	18	18	17
污染物排放	25	24	24	24	23	23	23
环境卫生治理	18	23	20	24	25	25	25

（二）2016年：城乡发展一体化实现程度整体排序略升

2016 年，内蒙古城乡发展一体化总水平实现程度排序由第 21 位上升至 20 位。

生态环境一体化实现程度排序大幅上升了 5 位，由第 24 位上升至第 19 位；社会发展一体化实现程度排序下降 2 位，经济发展一体化和生活水平一体化实现程度排序保持不变（见表 11－3）。

（三）2010～2016年变化：城乡发展一体化整体排序较为稳定，变化较小

2010～2016 年，内蒙古城乡发展一体化总水平实现程度在全国的排序较为稳定，7 个年份中有 5 个年份位于第 21 位，仅 2011 年和 2016 年分别位于第 22 位和第 20 位。

四个一体化排序在大多数年份也较为稳定。生活水平一体化实现程度排序呈逐步上升趋势，由第 28 位上升至第 24 位，上升了 4 位；经济发展一体化实现程度排序有所上升，从第 11 位上升至第 9 位，上升了 2 位，自 2012 年起一直稳定排在第 9 位；社会发展一体化实现程度一直稳定在第 23 位，仅在 2016 年下降至第 25 位；生态环境一体化实现程度排序主要在第 23 位和第 24 位之间轮换，仅在 2016 年上升到第 19 位（见表 11－3）。

三　简要评价

总体上，内蒙古经济发展水平相对较高，经济发展已提前实现目标。但是，城乡发展一体化水平与相对较高的经济发展和城镇化水平不相匹配，2016 年城乡发展一体化总水平实现程度比全国平均水平低 9.24 个百分点。虽然城乡发展一体化进展相对较快，2010～2016 年总水平进展快于全国平均进展，但由于起点较低，按 2010～2016 年平均进展，到 2020 年，城乡发展一体化总水平实现程度也只能达到 84.06%，距实现目标仍有一定距离。

（一）继续加快改善城乡二元经济

内蒙古农业劳动生产率水平相对较高，2016 年已提前实现目标。但农业

比较劳动生产率较低，尽管近几年来农业比较劳动生产率持续提高，但提高速度较为缓慢，二元经济问题依然十分突出，2016 年二元经济实现程度依然很低，距 2007 年全国平均水平还有一定差距。

（二）加快农业劳动力转移，提高非农产业劳动力比重

内蒙古农业劳动力比重依然较高，2016 年比全国平均水平低 4.6 个百分点，农业依然容留了较多的劳动力，导致农业比较劳动生产率较低。非农劳动力比重实现程度距实现目标还有很大差距。

（三）缩小人口素质城乡差距

虽然内蒙古农村人口平均受教育年限高于全国平均水平，人口平均受教育年限城乡差距小于全国平均水平，但依然是城乡发展一体化的主要短板，距实现目标差距较大，特别是人口平均受教育年限城乡差距实现程度还未达到 2007 年全国平均水平。

（四）缩小医疗卫生服务人力资源城乡差距

内蒙古农村医疗卫生服务人力资源数量水平较高，2016 年，农村每千人口卫生技术人员数量远远高于全国平均水平。虽然医疗卫生服务人力资源城乡差距略小于全国平均水平，但差距依然较大，2016 年实现程度距 2007 年全国平均水平依然有较大差距，成为城乡发展一体化的一个主要短板。

（五）缩小城乡居民收入差距

虽然内蒙古农民收入水平高于全国平均水平，但城乡居民收入差距较大，远高于全国平均水平，距实现目标还有较大差距。

（六）大力改善农村环境卫生条件

内蒙古农村环境卫生和居住卫生条件较差。2016 年，村庄集中供水普及率、农村无害化卫生厕所普及率、农村生活垃圾处理率和农村生活污水处理率均远远低于全国平均水平，距离实现目标还有较大差距，特别是农村无害化卫生厕所普及率实现程度尚未达到 2007 年全国平均水平，农村生活污水处理率实现程度刚刚达到 2007 年全国平均水平。

第十二章
辽宁城乡发展一体化

一 城乡发展一体化实现程度与进展

（一）城乡发展一体化整体水平略高于全国平均水平

2016 年，辽宁城乡发展一体化总水平实现程度为 64.11%，仅比全国平均水平高 0.34 个百分点。

生态环境一体化实现程度最高，达到 81.31%，比全国平均水平高 5.45 个百分点，距目标还有不到 1/5 的路程；经济发展一体化实现程度也相对较高，为 74.93%，比全国平均水平高 14.9 个百分点；社会发展一体化和生活水平一体化实现程度较低，均距目标还有约一半的路程，实现程度均低于全国平均水平。

12 个二级指标中，污染物排放已提前实现目标，经济发展非常接近实现目标，水资源利用接近实现目标；教育均衡发展、卫生均衡发展、居住卫生条件等实现程度低，距实现目标还有较大差距（见表 12 - 1）。

（二）2016年城乡发展一体化整体水平提升，但不均衡

2016 年，辽宁城乡发展一体化总水平实现程度比上年提高 3.08 个百分点；但四个一体化发展不均衡，生活水平一体化和生态环境一体化实现程度提高，特别是生态环境一体化实现程度大幅提高 10.92 个百分点，而经济发展一体化和社会发展一体化实现程度下降（见表 12 - 1）。

表 12-1 辽宁城乡发展一体化实现程度

单位：%

项目	2010 年	2011 年	2012 年	2013 年	2014 年	2015 年	2016 年	2016 年全国
总指数	36.17	43.10	47.48	52.82	55.73	61.03	64.11	63.77
经济发展一体化	57.56	64.77	69.14	74.11	76.42	77.61	74.93	60.03
经济发展	74.98	81.71	87.58	93.55	97.86	100	98.43	71.27
产业协调	54.78	62.28	64.00	66.17	64.67	65.93	65.23	57.45
要素配置	42.91	50.31	55.83	62.61	66.74	66.91	61.11	51.36
社会发展一体化	39.77	45.67	47.40	48.09	48.73	52.73	51.96	53.13
教育均衡发展	34.96	29.29	19.86	20.31	26.23	33.93	34.20	41.94
卫生均衡发展	42.27	45.41	47.32	50.36	36.10	35.55	21.36	23.44
文化均衡发展	48.90	60.21	65.17	61.12	68.32	73.23	79.72	73.23
社会保障均衡发展	32.97	47.77	57.24	60.57	64.29	68.19	72.58	73.92
生活水平一体化	11.85	20.10	24.44	31.51	34.71	43.39	48.23	66.07
收入消费水平	41.11	53.58	55.14	59.42	61.58	70.61	70.35	72.96
居住卫生条件	-17.40	-13.37	-6.26	3.60	7.83	16.16	26.11	59.19
生态环境一体化	35.51	41.88	48.95	57.56	63.07	70.39	81.31	75.86
水资源利用	67.52	69.23	70.94	79.49	84.62	88.89	89.74	50.43
污染物排放	29.88	38.45	50.88	60.65	67.01	71.38	100	100
环境卫生治理	9.15	17.94	25.02	32.55	37.58	50.91	54.18	77.17

表 12-2 辽宁城乡发展一体化实现程度进展（环比提高）

单位：个百分点

项目	2011 年	2012 年	2013 年	2014 年	2015 年	2016 年	2010~2016 年年均提高	
							辽宁	全国
总指数	6.93	4.38	5.34	2.92	5.30	3.08	4.66	6.71
经济发展一体化	7.21	4.37	4.97	2.31	1.19	-2.69	2.90	6.46
经济发展	6.73	5.88	5.96	4.31	2.14	-1.57	3.91	7.89
产业协调	7.50	1.72	2.17	-1.50	1.26	-0.70	1.74	6.78
要素配置	7.40	5.53	6.78	4.13	0.17	-5.80	3.03	4.70
社会发展一体化	5.90	1.73	0.69	0.65	3.99	-0.76	2.03	5.22
教育均衡发展	-5.67	-9.43	0.45	5.93	7.69	0.27	-0.13	3.93
卫生均衡发展	3.14	1.91	3.04	-14.26	-0.55	-14.20	-3.49	3.67
文化均衡发展	11.31	4.96	-4.06	7.20	4.92	6.48	5.14	6.31
社会保障均衡发展	14.80	9.47	3.33	3.72	3.90	4.39	6.60	6.99
生活水平一体化	8.25	4.33	7.07	3.20	8.68	4.84	6.06	7.15
收入消费水平	12.47	1.56	4.29	2.16	9.03	-0.26	4.87	8.59
居住卫生条件	4.03	7.11	9.86	4.23	8.33	9.95	7.25	5.72
生态环境一体化	6.36	7.07	8.61	5.51	7.32	10.92	7.63	8.00
水资源利用	1.71	1.71	8.55	5.13	4.27	0.85	3.70	5.98
污染物排放	8.58	12.42	9.77	6.36	4.37	28.62	11.69	8.76
环境卫生治理	8.80	7.08	7.53	5.03	13.33	3.28	7.54	9.25

（三）2016年城乡发展一体化实现程度整体进展减缓，但生态环境一体化实现程度进展加快

2016 年，辽宁城乡发展一体化总水平实现程度虽有所提高，但进展有所减缓，比 2015 年下降 2.22 个百分点。

四个一体化中，经济发展一体化和社会发展一体化实现程度下降，生活水平一体化进展大幅减缓，比上年下降 3.84 个百分点；但是，生态环境一体化实现程度进展在上年进展较快的基础上进一步加快，比上年快 3.6 个百分点（见表 12－1）。

（四）2010～2016年城乡发展一体化进程缓慢

2010～2016 年，辽宁城乡发展一体化总水平实现程度年均提高 4.66 个百分点，比全国平均水平低 2.05 个百分点。

四个一体化实现程度年均进展也均低于全国平均水平，其中经济发展一体化和社会发展一体化实现程度年均进展大幅低于同期全国平均水平（见表 12－2）。

二　城乡发展一体化实现程度排序与变化

（一）2016年：城乡发展一体化总水平实现程度位居第11位，但发展不均衡

2016 年，辽宁城乡发展一体化总水平实现程度位居全国第 11 位，排序下降 1 位。

但是，辽宁城乡一体化发展不均衡，经济发展一体化实现程度排序较高，位居第 5 位，生态环境一体化位居第 10 位，但社会发展一体化和生活水平一体化排序靠后，均位于第 22 位。

12 个二级指标中，污染物排放并列第 1，产业协调位居第 4 位；但收入消费水平、居住卫生条件、教育均衡发展和环境卫生治理等排在后 10 位（见表 12－3）。

（二）2016年：城乡发展一体化实现程度整体排序下降

2016 年，辽宁城乡发展一体化总水平实现程度排序由第 10 位下降至第 11 位；经济发展一体化和社会发展一体化排序分别下降 3 位和 2 位，生活水平一体化排序上升 1 位，生态环境一体化排序保持不变（见表 12－3）。

表 12－3　辽宁城乡发展一体化实现程度排序

项目	2010 年	2011 年	2012 年	2013 年	2014 年	2015 年	2016 年
总指数	9	9	9	9	10	10	11
经济发展一体化	6	6	6	4	3	2	5
经济发展	7	7	8	7	8	1	9
产业协调	5	6	4	4	4	4	4
要素配置	9	8	8	7	8	8	8
社会发展一体化	14	12	14	16	17	20	22
教育均衡发展	15	19	21	22	22	21	21
卫生均衡发展	11	13	14	12	18	17	19
文化均衡发展	14	8	8	11	9	10	10
社会保障均衡发展	18	16	16	16	16	17	19
生活水平一体化	21	20	21	24	24	23	22
收入消费水平	12	12	12	19	23	21	23
居住卫生条件	26	26	26	24	24	24	22
生态环境一体化	10	11	11	10	10	10	10
水资源利用	7	9	9	8	8	9	9
污染物排放	13	16	16	17	17	19	1
环境卫生治理	21	19	16	18	18	17	21

（三）2010～2016年变化：城乡发展一体化整体排序呈下降趋势

2010～2016 年，辽宁城乡发展一体化总水平实现程度排序由第 9 位下降至第 11 位，下降了 2 位。

生态环境一体化排序较为稳定，仅在第 10 位和第 11 位之间轮换；经济发展一体化实现程度排序逐步上升，由 2010 年的第 6 位逐步上升至 2015 年的第 2 位，上升了 4 位，但 2016 年下降至第 5 位；社会发展一体化排序则基

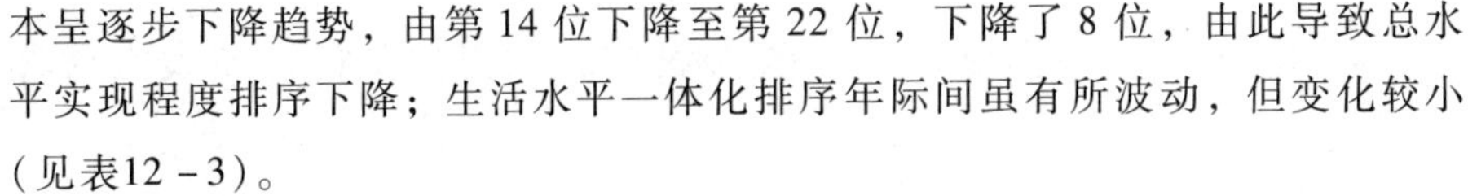

本呈逐步下降趋势，由第 14 位下降至第 22 位，下降了 8 位，由此导致总水平实现程度排序下降；生活水平一体化排序年际间虽有所波动，但变化较小（见表12－3）。

三　简要评价

辽宁经济发展十分接近实现目标，但城乡发展一体化总水平实现程度仅略高于全国平均水平，城乡发展一体化与经济发展水平不相匹配。存在的主要问题是：一是发展不平衡，表现为经济发展一体化、生态环境一体化实现程度相对较高，在 30 个省份中排序靠前，而社会发展一体化和生活水平一体化实现程度较低，排序靠后。二是进展较为缓慢，低于全国平均水平。如按 2010～2016 年平均进展，到 2020 年，城乡发展一体化总水平实现程度只能达到 82.73%，距实现目标还有一定距离；如按 2016 年进展，则只能达到 76.43%。

（一）缩小城乡人口素质差距

虽然辽宁农村人口平均受教育年限高于全国平均水平，但人口平均受教育年限城乡差距大于全国平均水平，大于大多数省份，且呈不断扩大趋势，成为城乡发展一体化的一个主要短板，2016 年实现程度距 2007 年全国平均水平还有较大差距。

（二）加大信贷资金对农业的支持

辽宁信贷资金对农业的支持明显不足，农业贷款相对强度实现程度低，距离实现目标还有较大差距。

（三）增加农村医疗卫生服务人力资源，缩小城乡医疗卫生服务人力资源差距

辽宁不仅农村医疗卫生服务人力资源数量水平大大低于全国平均水平，实现程度远低于全国平均水平；而且，医疗卫生服务人力资源数量城乡差距呈不断扩大趋势，实现程度距 2007 年全国平均水平还有较大差距。

（四）加大治理力度，大力改善农村居住卫生条件，加大农村环境卫生治理

辽宁农村居住卫生条件和环境卫生较差。2016 年，村庄集中供水普及率、农村无害化卫生厕所普及率、农村生活垃圾处理率和农村生活污水处理率均低于全国平均水平，距离实现目标还有较大差距，村庄集中供水普及率实现程度仅为 30%，农村无害化卫生厕所普及率实现程度仅为 22%，农村生活污水处理率实现程度仅达到 21%。

第十三章
吉林城乡发展一体化

一　城乡发展一体化实现程度与进展

（一）城乡发展一体化总水平和生活水平一体化实现程度低

2016 年，吉林城乡发展一体化总水平实现程度为 54.97%，比全国平均水平低 8.8 个百分点。

经济发展一体化、生活水平一体化和生态环境一体化实现程度均低于全国平均水平，特别是生活水平一体化实现程度仅为 34.94%，与全国平均水平存在较大差距，距实现目标还有 2/3 的路程。社会发展一体化实现程度虽然低于经济发展一体化和生态环境一体化实现程度，但相对水平较高，高于全国平均水平。

12 个二级指标中，污染物排放已提前实现目标；收入消费水平实现程度高于全国平均水平，并接近实现目标。居住卫生条件和环境卫生治理等实现程度低，前者距 2007 年全国平均水平尚有一定差距，后者距实现目标尚有 2/3 以上路程；要素配置和教育均衡发展等实现程度也较低，均未达到 40%（见表 13－1）。

（二）2016年城乡发展一体化水平整体水平提升，但社会发展一体化实现程度下降

2016 年，吉林城乡发展一体化总水平实现程度继续提高，比 2015 年提高了 4.14 个百分点。

表 13－1　吉林城乡发展一体化实现程度

单位：%

项目	2010 年	2011 年	2012 年	2013 年	2014 年	2015 年	2016 年	2016 年全国
总指数	24.99	30.98	36.79	42.33	46.00	50.83	54.97	63.77
经济发展一体化	31.83	34.68	39.94	45.27	51.18	54.90	59.24	60.03
经济发展	37.33	43.21	50.00	56.16	62.14	67.69	75.10	71.27
产业协调	40.45	40.97	44.42	48.51	55.39	59.78	62.83	57.45
要素配置	17.73	19.87	25.39	31.13	36.02	37.25	39.80	51.36
社会发展一体化	49.43	53.96	61.34	58.66	59.14	62.26	57.05	53.13
教育均衡发展	34.91	41.63	48.57	43.43	38.83	38.68	37.29	41.94
卫生均衡发展	65.99	66.43	78.68	61.97	65.72	78.61	53.35	23.44
文化均衡发展	37.63	47.42	55.86	61.40	60.61	59.37	58.13	73.23
社会保障均衡发展	59.18	60.36	62.26	67.86	71.41	72.40	79.44	73.92
生活水平一体化	0.94	11.31	16.17	24.31	29.17	30.99	34.94	66.07
收入消费水平	45.21	62.12	68.29	79.31	85.64	87.90	90.98	72.96
居住卫生条件	－43.33	－39.50	－35.94	－30.69	－27.30	－25.93	－21.10	59.19
生态环境一体化	17.76	23.96	29.70	41.08	44.49	55.17	68.63	75.86
水资源利用	45.30	48.72	52.14	59.83	62.39	68.38	75.21	50.43
污染物排放	22.99	33.44	48.08	58.26	64.87	70.88	100	100
环境卫生治理	－15.01	－10.30	－11.13	5.15	6.21	26.25	30.69	77.17

四个一体化中，经济发展一体化、生活水平一体化和生态环境一体化实现程度继续提高，特别是生态环境一体化实现程度提高幅度较大，提高了 13.47 个百分点；然而，社会发展一体化实现程度下降了 5.21 个百分点。

12 个二级指标中，污染物排放实现程度大幅提高了 29.12 个百分点，卫生均衡发展实现程度则大幅下降了 25.26 个百分点，教育均衡发展和文化均衡发展实现程度也有所下降（见表 13－1）。

（三）2016年城乡发展一体化总水平实现程度进展有所减缓

2016 年，虽然经济发展一体化、生活水平一体化和生态环境一体化实现程度进展分别比上年快 0.62 个、2.13 个和 2.79 个百分点，但由于社会发展一体化实现程度进展大幅下降了 8.33 个百分点，导致城乡发展一体化总水平实现程度进展有所减缓，比上年进展下降了0.69个百分点，明显低于2010～2016年平均进展，拖累了城乡发展一体化总水平实现程度的加快提升（见表13－2）。

表13－2 吉林城乡发展一体化实现程度进展（环比提高）

单位：个百分点

项目	2011年	2012年	2013年	2014年	2015年	2016年	2010～2016年年均提高	
							吉林	全国
总指数	5.99	5.81	5.54	3.67	4.83	4.14	5.00	6.71
经济发展一体化	2.85	5.26	5.33	5.92	3.72	4.34	4.57	6.46
经济发展	5.88	6.80	6.15	5.98	5.55	7.41	6.29	7.89
产业协调	0.52	3.45	4.10	6.88	4.38	3.05	3.73	6.78
要素配置	2.15	5.52	5.74	4.89	1.23	2.56	3.68	4.70
社会发展一体化	4.53	7.38	－2.68	0.48	3.12	－5.21	1.27	5.22
教育均衡发展	6.72	6.94	－5.14	－4.60	－0.15	－1.39	0.40	3.93
卫生均衡发展	0.44	12.24	－16.71	3.76	12.89	－25.26	－2.11	3.67
文化均衡发展	9.79	8.44	5.54	－0.79	－1.24	－1.24	3.42	6.31
社会保障均衡发展	1.18	1.90	5.60	3.55	0.99	7.04	3.38	6.99
生活水平一体化	10.37	4.86	8.14	4.86	1.82	3.95	5.67	7.15
收入消费水平	16.91	6.17	11.02	6.33	2.25	3.08	7.63	8.59
居住卫生条件	3.83	3.55	5.25	3.39	1.38	4.82	3.70	5.72
生态环境一体化	6.20	5.74	11.38	3.41	10.68	13.47	8.48	8.00
水资源利用	3.42	3.42	7.69	2.56	5.98	6.84	4.99	5.98
污染物排放	10.45	14.63	10.19	6.60	6.01	29.12	12.83	8.76
环境卫生治理	4.72	－0.83	16.27	1.06	20.04	4.44	7.62	9.25

（四）2010～2016年城乡发展一体化进展较慢

2010～2016年，吉林城乡发展一体化总水平实现程度年均提高5个百分点，比全国平均水平低1.71个百分点。

四个一体化中，除生态环境一体化实现程度进展高于全国平均水平，其余3个一体化进展均低于全国平均水平，特别是社会发展一体化实现程度进展大幅低于全国平均水平（见表13－2）。

二　城乡发展一体化实现程度排序与变化

（一）2016年：城乡发展一体化水平整体排序下降，整体水平处于中下游

2016 年，吉林城乡发展一体化总水平实现程度排序下降 2 位，列全国第 19 位。

四个一体化中，经济发展一体化实现程度排序相对较高，列第 12 位，与上年相比没有发生变化；生活水平一体化实现程度排序比上年下降 1 位，排序依然靠后，位于倒数第 3 位；社会发展一体化实现程度排序大幅下降 7 位，退出前 10 行列；生态环境一体化实现程度排序未发生变化，继续位居中游。

12 个二级指标中，产业协调、收入消费水平和污染物排放实现程度排序居前，特别是污染物排放实现程度大幅提高，排序上升至并列第 1；虽然收入消费水平实现程度排序较高，但由于居住卫生条件实现程度低，排序位居最后，极大地影响了生活水平一体化实现程度的排序（见表 13－3）。

表 13－3　吉林城乡发展一体化实现程度排序

项目	2010 年	2011 年	2012 年	2013 年	2014 年	2015 年	2016 年
总指数	14	14	14	14	15	17	19
经济发展一体化	12	12	12	12	12	12	12
经济发展	11	13	13	13	13	14	13
产业协调	10	10	9	9	7	7	5
要素配置	16	17	17	18	18	17	16
社会发展一体化	6	7	7	8	9	9	16
教育均衡发展	16	14	13	16	17	19	20
卫生均衡发展	7	8	8	10	9	8	15
文化均衡发展	18	16	11	10	11	17	23
社会保障均衡发展	6	9	13	10	10	12	12
生活水平一体化	26	26	26	27	28	27	28
收入消费水平	6	7	7	7	6	6	6
居住卫生条件	30	30	30	30	30	30	30

续表

项目	2010 年	2011 年	2012 年	2013 年	2014 年	2015 年	2016 年
生态环境一体化	14	15	16	15	16	15	15
水资源利用	13	13	13	11	12	11	11
污染物排放	17	19	19	19	20	21	1
环境卫生治理	28	28	28	28	28	27	28

（二）2010～2016年变化：近几年来城乡发展一体化总水平排序持续下降

2010～2013 年，吉林城乡发展一体化总水平实现程度在全国的排序一直稳定在第 14 位，但 2014 年以来，排序逐年下降，由第 15 位下降至第 19 位，下降了 4 位。社会发展一体化实现程度排序基本呈逐年下降趋势，2010～2015 年，由第 6 位下降至第 9 位，下降了 3 位；2016 年大幅下降至第 16 位，这是导致 2016 年总水平排序下滑的主要原因。其他三个一体化实现程度排序变化较小，特别是经济发展一体化实现程度排序一致稳定在第 12 位（见表 13－3）。

三　简要评价

吉林城乡发展一体化总水平实现程度较低，2016 年比全国平均水平低 8.8 个百分点，特别是生活水平一体化实现程度远远低于全国平均水平。同时，城乡发展一体化实现程度进展缓慢，远低于全国平均进展，且进展呈不断减缓趋势，按 2010～2016 年平均进展，到 2020 年，总水平实现程度仅能达到 74.95%，距实现目标还有较大差距；如按 2016 年进展，则只能达到 71.53%。

（一）加大信贷资金对农业的支持，加快农业劳动力转移，提高城镇化土地利用效率

吉林信贷资金对农业的支持明显不足，农业贷款相对强度实现程度低且呈逐年下降趋势，由 2010 年的 57.9% 下降到 2016 年不及 2007 年全国平均水平。

吉林非农产业劳动力比重低于全国平均水平，2016 年，非农产业劳动力比重的实现程度仅为 37.67%，距实现目标还有较大差距。

城镇化土地利用率低于全国平均水平。2016 年，土地相对利用率实现程度仅达到 32.46%，低于全国平均水平。

上述 3 个方面的问题导致要素配置实现程度处于较低水平，2016 年仅达到 39.8%，距实现目标还有较大差距，严重制约了经济发展一体化实现程度的提高。

（二）缩小城乡人口素质差距

虽然吉林农村人口平均受教育年限高于全国平均水平，但人口平均受教育年限城乡差距大于全国平均水平，且呈不断扩大趋势，成为城乡发展一体化的一个主要短板，2016 年实现程度尚不及 2007 年全国平均水平。

（三）提高农村妇女健康水平

吉林农村孕产妇死亡率较高，2016 年农村孕产妇死亡率远远高于全国平均水平，实现程度低，距实现目标还有较大差距。

（四）加大农村环境卫生治理力度，改善农村居住卫生和环境条件

吉林农村居住卫生条件和环境卫生较差。2016 年，村庄集中供水普及率、农村无害化卫生厕所普及率、农村生活垃圾处理率和农村生活污水处理率均低于全国平均水平，距离实现目标还有很大差距。村庄集中供水普及率和农村生活污水处理率实现程度均不超过 10%，农村无害化卫生厕所普及率实现程度距 2007 年全国平均水平还有较大距离，农村生活垃圾处理率实现程度仅达到 22.1%。

第十四章
黑龙江城乡发展一体化

一　城乡发展一体化实现程度与进展

（一）城乡发展一体化整体水平相对较低，经济发展一体化和社会发展一体化实现程度相对较高

2016 年，黑龙江城乡发展一体化总水平实现程度为 59.22%，比全国平均水平低 4.55 个百分点。

生态环境一体化实现程度最高，为 72.21%，但低于全国平均水平；经济发展一体化实现程度和社会发展一体化实现程度相对较高，分别为 66% 和 56.85%，均高于全国平均水平；生活水平一体化实现程度低，仅为 41.8%，远低于全国平均水平。

12 个二级指标中，收入消费水平、水资源利用和污染物排放实现程度接近实现目标，特别是后者，距实现目标仅相差 0.54 个百分点；但要素配置、教育均衡发展、居住卫生条件和环境卫生治理的实现程度低，特别是居住卫生条件实现程度尚未达到 2007 年全国平均水平（见表 14－1）。

（二）2016年城乡发展一体化水平全面提升

2016 年，黑龙江城乡发展一体化总水平实现程度大幅提升了 7.89 个百分

表 14-1　黑龙江城乡发展一体化实现程度

单位：%

项目	2010 年	2011 年	2012 年	2013 年	2014 年	2015 年	2016 年	2016 年全国
总指数	27.22	31.67	37.09	41.70	45.12	51.33	59.22	63.77
经济发展一体化	46.46	50.53	55.66	59.12	62.23	64.31	66.00	60.03
经济发展	39.42	46.84	52.35	57.63	62.55	68.49	73.38	71.27
产业协调	67.80	68.10	73.09	74.93	77.92	79.00	79.83	57.45
要素配置	32.15	36.66	41.54	44.80	46.22	45.44	44.78	51.36
社会发展一体化	42.28	42.21	45.53	47.07	48.00	53.24	56.85	53.13
教育均衡发展	39.89	35.65	30.99	35.40	38.66	39.51	32.98	41.94
卫生均衡发展	46.07	46.46	51.06	49.84	41.47	46.77	64.93	23.44
文化均衡发展	41.94	44.00	47.99	49.90	54.98	59.50	60.65	73.23
社会保障均衡发展	41.23	42.72	52.10	53.15	56.88	67.16	68.86	73.92
生活水平一体化	19.32	24.35	28.39	32.56	35.78	39.57	41.80	66.07
收入消费水平	62.16	74.21	76.35	82.35	84.61	87.78	91.02	72.96
居住卫生条件	-23.52	-25.50	-19.57	-17.24	-13.05	-8.63	-7.41	59.19
生态环境一体化	0.81	9.60	18.79	28.07	34.48	48.21	72.21	75.86
水资源利用	59.83	64.96	70.09	76.92	83.76	91.45	95.73	50.43
污染物排放	-29.98	-11.66	7.37	21.58	30.00	38.31	99.46	100
环境卫生治理	-27.42	-24.49	-21.08	-14.29	-10.31	14.88	21.45	77.17

点；四个一体化实现程度全面提高，特别是生态环境一体化实现程度大幅提高了 24 个百分点；12 个二级指标中，仅要素配置和教育均衡发展实现程度下降；卫生均衡发展和污染物排放实现程度大幅提高，特别是后者，大幅提高了 61.15 个百分点（见表 14-1）。

（三）2016年城乡发展一体化总水平实现程度进展加快但不均衡

2016 年，黑龙江城乡发展一体化总水平实现程度进展明显加快，比上年快 1.67 个百分点，比 2010～2016 年年均进展快 2.55 个百分点，是自 2010 年以来进展最快的一年；总水平实现程度进展加快的主要原因是生态环境一体化进展大幅加快，比上年进展快 10.27 个百分点；而其他三个一体化实现程度进展不同程度减缓，城乡发展一体化进程不均衡（见表 14-2）。

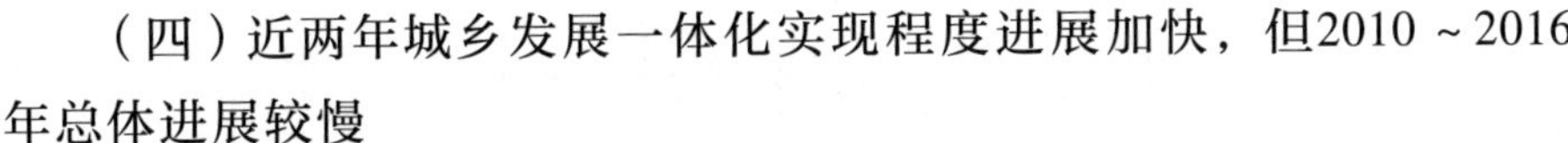

（四）近两年城乡发展一体化实现程度进展加快，但2010～2016年总体进展较慢

2015 年和 2016 年，黑龙江城乡发展一体化总水平实现程度进展连续 2 年大幅加快，分别比 2010～2016 年年均进展快 0.88 个和 2.55 个百分点。但 2010～2016 年总体进展较慢，年均提高 5.33 个百分点，比同期全国平均水平低 1.38 个百分点。生态环境一体化实现程度进展快，年均达到 11.9 个百分点，比同期全国平均水平快 3.9 个百分点，是近两年城乡发展一体化总水平实现程度加快提升的主要因素；其他三个一体化实现程度进展均远低于全国平均水平（见表 14－2）。

表 14－2　黑龙江城乡发展一体化实现程度进展（环比提高）

单位：个百分点

项目	2011 年	2012 年	2013 年	2014 年	2015 年	2016 年	2010～2016 年年均提高	
							黑龙江	全国
总指数	4.46	5.42	4.61	3.42	6.21	7.89	5.33	6.71
经济发展一体化	4.07	5.13	3.46	3.11	2.08	1.69	3.26	6.46
经济发展	7.41	5.52	5.27	4.92	5.94	4.90	5.66	7.89
产业协调	0.30	4.99	1.83	2.99	1.08	0.83	2.00	6.78
要素配置	4.51	4.88	3.27	1.42	－0.78	－0.66	2.10	4.70
社会发展一体化	－0.07	3.32	1.54	0.93	5.24	3.62	2.43	5.22
教育均衡发展	－4.24	－4.66	4.41	3.26	0.86	－6.54	－1.15	3.93
卫生均衡发展	0.39	4.60	－1.22	－8.37	5.30	18.16	3.14	3.67
文化均衡发展	2.06	3.99	1.91	5.08	4.52	1.16	3.12	6.31
社会保障均衡发展	1.49	9.38	1.05	3.73	10.28	1.70	4.60	6.99
生活水平一体化	5.03	4.04	4.16	3.22	3.79	2.23	3.75	7.15
收入消费水平	12.04	2.14	6.00	2.26	3.16	3.24	4.81	8.59
居住卫生条件	－1.98	5.93	2.33	4.19	4.42	1.22	2.68	5.72
生态环境一体化	8.80	9.19	9.28	6.41	13.73	24.00	11.90	8.00
水资源利用	5.13	5.13	6.84	6.84	7.69	4.27	5.98	5.98
污染物排放	18.32	19.03	14.21	8.42	8.31	61.15	21.57	8.76
环境卫生治理	2.94	3.40	6.79	3.98	25.19	6.57	8.15	9.25

二　城乡发展一体化实现程度排序与变化

（一）2016年：城乡发展一体化总水平排序不变，继续位居中游，生态环境一体化实现程度排序大幅提升

2016 年，黑龙江城乡发展一体化总水平实现程度排序未发生变化，继续排在第 15 位。

四个一体化中，经济发展一体化、社会发展一体化和生活水平一体化实现程度排序均出现小幅下降，但由于生态环境一体化实现程度排序大幅上升了 4 位，致使总水平排序没有下降。

12 个二级指标中，产业协调、收入消费水平等实现程度排序位居前列，其中产业协调位居榜首；但居住卫生条件和环境卫生治理等排序靠后，分别位于倒数第 2 位和末位（见表 14－3）。

表 14－3　黑龙江城乡发展一体化实现程度排序

项目	2010 年	2011 年	2012 年	2013 年	2014 年	2015 年	2016 年
总指数	13	13	13	17	17	15	15
经济发展一体化	7	8	8	8	8	8	10
经济发展	10	10	12	12	12	12	14
产业协调	3	1	1	1	1	1	1
要素配置	11	12	11	11	11	13	14
社会发展一体化	10	16	16	19	20	16	17
教育均衡发展	13	17	19	18	18	18	22
卫生均衡发展	10	12	10	14	16	15	12
文化均衡发展	16	17	19	19	16	16	22
社会保障均衡发展	14	19	18	22	21	18	23
生活水平一体化	17	18	18	22	23	25	26
收入消费水平	5	5	6	5	7	7	5
居住卫生条件	28	29	29	29	29	29	29
生态环境一体化	21	20	21	21	22	17	13
水资源利用	10	10	10	10	9	8	8
污染物排放	26	25	26	26	26	26	20
环境卫生治理	29	29	30	29	30	29	30

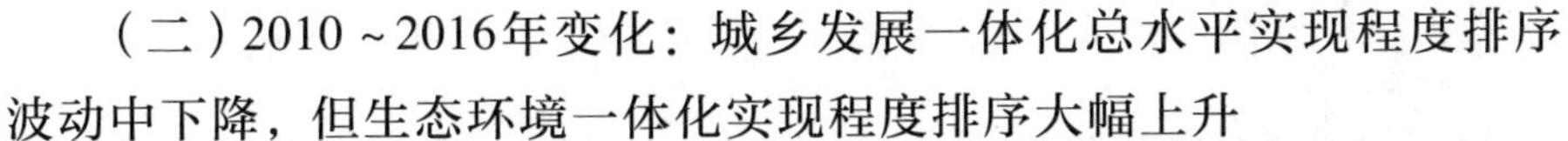

（二）2010～2016年变化：城乡发展一体化总水平实现程度排序波动中下降，但生态环境一体化实现程度排序大幅上升

2010～2016年，黑龙江城乡发展一体化总水平实现程度排序经历了下降再上升的过程。2012年后排序大幅下降了4位，近两年由于社会发展一体化和生态环境一体化实现程度排序大幅提升，总水平实现程度排序回升了2位，但依然有所下降，由第13位下降至第15位，下降了2位；经济发展一体化实现程度排序较为稳定，大多数年份位于第8位，仅在2016年下降了2位；社会发展一体化则在波动中大幅下降，由第10位下降至第17位，下降了7位；生活水平一体化实现程度排序呈逐年下降趋势，2016年比2010年大幅下降了9位，排序处于倒数第5名；生态环境一体化实现程度排序大幅上升了8位（见表14－3）。

三　简要评价

黑龙江城乡发展一体化总水平实现程度较低，2016年比全国平均水平低4.55个百分点，特别是生活水平一体化实现程度远低于全国平均水平。同时，城乡发展一体化实现程度进展缓慢，低于全国平均进展。但是，近几年来黑龙江城乡发展一体化实现程度进展大幅加快，趋势向好。按2010～2016年平均进展，到2020年，总水平实现程度达到80.55%，距实现目标还有较大差距；但如按2016年进展，则可以达到90.7%，接近实现目标。

（一）加快农业劳动力转移

黑龙江非农产业劳动力比重低于全国平均水平，2016年，非农产业劳动力比重的实现程度仅为46.8%，距实现目标还有较大差距。

（二）提高城镇化土地利用效率

黑龙江城镇化土地利用率低。2016年，每平方公里城镇建设用地第二、第三产业增加值仅及全国平均水平的75%，土地相对利用率实现程度仅达到12%，距实现目标还有巨大差距。

（三）遏制农村人力资源素质下降和城乡差距扩大的趋势

黑龙江农村人口平均受教育水平低于全国平均水平，人口平均受教育水平的城乡差距也大于全国平均水平。同时，近几年来，农村人口平均受教育水平呈不断下降趋势，人口平均受教育水平的城乡差距呈扩大趋势。2016 年，农村人口平均受教育水平的实现程度距目标还有较大差距，而人口平均受教育水平的城乡差距实现程度距 2007 年全国平均水平还有一定距离。

（四）缩小医疗卫生服务人力资源城乡差距

黑龙江农村医疗卫生服务人力资源数量水平高于全国平均水平；同时，医疗卫生服务人力资源数量的城乡差距也小于全国平均水平。但是，医疗卫生服务人力资源数量城乡差距的实现程度距实现目标还有较大差距。

（五）加大农村环境卫生治理力度，改善农村居住卫生和环境卫生条件

黑龙江农村居住卫生条件和环境卫生条件较差。2016 年，村庄集中供水普及率、农村无害化卫生厕所普及率、农村生活垃圾处理率和农村生活污水处理率均低于全国平均水平，距离实现目标还有较大差距。农村生活垃圾处理率和生活污水处理率实现程度分别只有 13.15% 和 2.26%，农村无害化卫生厕所普及率实现程度距 2007 年全国平均水平还有较大距离。

第十五章
上海城乡发展一体化

一　城乡发展一体化实现程度与进展

（一）城乡发展一体化整体实现程度高，生态环境一体化提前实现目标

2016 年，上海城乡发展一体化总水平实现程度为 89.34%，比全国平均水平高 25.57 个百分点，接近实现目标。

生态环境一体化已于 2015 年提前实现目标；社会发展一体化和生活水平一体化实现程度分别为 95.49% 和 92.07%，已经非常接近实现目标；经济发展一体化实现程度比全国平均水平高 9.78 个百分点，但尚未达到 70%，实现程度相对较低，距实现目标还有一定差距。

12 个二级指标中，经济发展等 7 个指标已提前实现目标；社会保障均衡发展距实现目标仅相差 0.37 个百分点；但产业协调实现程度较低，仅为 32.62%，比全国平均水平低 24.83 个百分点，差距较大，严重制约了经济发展一体化实现程度的提高（见表 15 – 1）。

（二）2016年城乡发展一体化总水平实现程度微升

2016 年，上海城乡发展一体化总水平实现程度虽然提高，但提高幅度很小，仅提高了 0.12 个百分点；社会发展一体化实现程度比上年提高 1.45 个百

分点，而经济发展一体化和生活水平一体化实现程度分别下降了0.42个和0.57个百分点，制约了总水平实现程度的提高（见表15－2）。

表15－1　上海城乡发展一体化实现程度

单位：%

项目	2010年	2011年	2012年	2013年	2014年	2015年	2016年	2016年全国
总指数	83.32	84.34	88.10	87.61	89.66	89.23	89.34	63.77
经济发展一体化	71.95	72.22	72.01	69.89	71.67	70.23	69.81	60.03
经济发展	100	100	100	100	100	100	100	71.27
产业协调	37.50	35.22	31.36	26.22	33.87	30.68	32.62	57.45
要素配置	78.35	81.43	84.66	83.44	81.15	80.01	76.82	51.36
社会发展一体化	75.49	84.86	91.08	93.91	96.12	94.04	95.49	53.13
教育均衡发展	28.01	63.36	79.64	87.12	91.01	76.86	82.35	41.94
卫生均衡发展	94.04	94.04	100	100	100	100	100	23.44
文化均衡发展	100	100	100	100	100	100	100	73.23
社会保障均衡发展	79.89	82.05	84.66	88.50	93.48	99.31	99.63	73.92
生活水平一体化	92.93	93.14	94.42	89.70	91.01	92.64	92.07	66.07
收入消费水平	85.87	86.27	88.84	79.39	82.03	85.28	84.14	72.96
居住卫生条件	100	100	100	100	100	100	100	59.19
生态环境一体化	92.92	87.13	94.88	96.93	99.82	100	100	75.86
水资源利用	100	100	100	100	100	100	100	50.43
污染物排放	99.28	100	100	100	100	100	100	100
环境卫生治理	79.48	61.40	84.63	90.80	99.45	100	100	77.17

表15－2　上海城乡发展一体化实现程度进展（环比提高）

单位：个百分点

项目	2011年	2012年	2013年	2014年	2015年	2016年	2010～2016年年均提高	
							上海	全国
总指数	1.01	3.76	－0.49	2.05	－0.43	0.12	1.00	6.71
经济发展一体化	0.27	－0.21	－2.12	1.79	－1.44	－0.42	－0.36	6.46
经济发展	0	0	0	0	0	0	0	7.89
产业协调	－2.28	－3.86	－5.14	7.65	－3.19	1.94	－0.81	6.78
要素配置	3.08	3.23	－1.22	－2.29	－1.14	－3.19	－0.26	4.70

续表

项目	2011 年	2012 年	2013 年	2014 年	2015 年	2016 年	2010～2016 年年均提高	
							上海	全国
社会发展一体化	9.38	6.21	2.83	2.22	-2.08	1.45	3.33	5.22
教育均衡发展	35.34	16.28	7.48	3.89	-14.15	5.48	9.06	3.93
卫生均衡发展	0	5.96	0	0	0	0	0.99	3.67
文化均衡发展	0	0	0	0	0	0	0	6.31
社会保障均衡发展	2.16	2.61	3.84	4.98	5.83	0.32	3.29	6.99
生活水平一体化	0.20	1.29	-4.72	1.32	1.63	-0.57	-0.14	7.15
收入消费水平	0.41	2.57	-9.45	2.63	3.26	-1.14	-0.29	8.59
居住卫生条件	0	0	0	0	0	0	0	5.72
生态环境一体化	-5.79	7.74	2.06	2.88	0.18	0	1.18	8.00
水资源利用	0	0	0	0	0	0	0	5.98
污染物排放	0.72	0	0	0	0	0	0.12	8.76
环境卫生治理	-18.08	23.22	6.17	8.65	0.55	0	3.42	9.25

（三）2010～2016年城乡发展一体化整体实现程度进展缓慢，经济发展一体化和生活水平一体化实现程度下降

2010～2016 年，上海城乡发展一体化总水平实现程度进展缓慢，仅提高了 6.02 个百分点，年均仅提高 1 个百分点；社会发展一体化实现程度在高起点基础上进展较快，提高了 20 个百分点，年均提高 3.33 个百分点，并已非常接近实现目标；但是，经济发展一体化和生活水平一体化实现程度出现下降，年均分别下降 0.36 个和 0.14 个百分点，严重阻碍了总水平的提高（见表 15－2）。

二　城乡发展一体化实现程度排序与变化

（一）2016年：城乡发展一体化总水平实现程度继续保持第2位，处于全面领先地位

2016 年，上海城乡发展一体化总水平实现程度继续位居第二。

社会发展一体化和生态环境一体化实现程度均继续保持榜首地位；但经济发展一体化和生活水平一体化实现程度排序均比上年下降 1 位，分别位列第 7 位和第 5 位，与总水平实现程度排序有较大差距。

12个二级指标中，有8个指标位居第一或并列第一；产业协调和收入消费水平排序靠后，与总水平排序差距较大，分别位于第16位和第11位；收入消费水平实现程度排序比上年下降1位，但产业协调实现程度排序比上年提高2位（见表15－3）。

表15－3　上海城乡发展一体化实现程度排序

项目	2010年	2011年	2012年	2013年	2014年	2015年	2016年
总指数	2	2	2	2	1	2	2
经济发展一体化	3	4	5	6	6	6	7
经济发展	1	1	1	1	1	1	1
产业协调	12	13	15	17	16	18	16
要素配置	3	3	2	3	4	4	6
社会发展一体化	2	2	1	1	1	1	1
教育均衡发展	18	6	1	1	1	3	2
卫生均衡发展	3	4	1	1	1	1	1
文化均衡发展	1	1	1	1	1	1	1
社会保障均衡发展	1	1	1	1	1	1	1
生活水平一体化	2	2	2	4	4	4	5
收入消费水平	3	3	3	6	10	10	11
居住卫生条件	1	1	1	1	1	1	1
生态环境一体化	2	3	2	1	1	1	1
水资源利用	1	1	1	1	1	1	1
污染物排放	2	1	1	1	1	1	1
环境卫生治理	3	5	3	2	1	1	1

（二）2010～2016年变化：城乡发展一体化总水平实现程度排序稳定

2010～2016年期间，除2014年外，上海城乡发展一体化总水平实现程度稳定地位于第2位，2014年短暂升至榜首。

社会发展一体化实现程度排序自2012年起稳定地占据榜首位置，生态环境一体化实现程度则自2013年起稳定地占据榜首位置；但是，经济发展一体化实现程度排序呈不断下降趋势，从第3位下降至第7位，下降了4位；生活水平一体化实现程度排序则从第2位下降到第5位（见表15－3）。

三　简要评价

上海城乡发展一体化水平高，2016 年城乡发展一体化总水平实现程度接近实现目标，处于全国领先。但是，城乡发展一体化进展十分缓慢，特别是近两年，基本停滞不前。如按 2010 ~ 2016 年平均进展，到 2020 年，实现程度达到 93.36%，不能如期实现目标。

上海农业劳动生产率水平虽然高于全国平均水平，但远低于东部地区大多数省份。同时，农业比较劳动生产率远低于非农产业比较劳动生产率，城乡二元经济结构较为严重，2016 年，二元经济实现程度尚未达到 2007 年全国平均水平。另一方面，城乡二元经济问题持续恶化，实现程度不断下降。二元经济结构问题极大地拖累了产业协调和经济发展一体化实现程度的提高和进展。2016 年与 2010 年相比，产业协调实现程度下降了 4.88 个百分点；同期，经济发展一体化实现程度下降了 2.14 个百分点。城乡二元经济结构问题成为上海城乡发展一体化实现程度提高的最大短板。

上海农村人口平均受教育程度较高，仅次于北京，已提前实现目标。虽然人口平均受教育年限的城乡差距相对较小，小于全国平均水平，但实现程度依然较低，2016 年仅达到 29.4%，距实现目标还有较大差距。

第十六章
江苏城乡发展一体化

一　城乡发展一体化实现程度与进展

（一）城乡发展一体化整体水平接近实现目标

2016 年，江苏城乡发展一体化总水平实现程度为 91.72%，远高于全国平均水平，接近实现目标。

生态环境一体化实现程度达到 99.97%，距实现目标仅相差 0.03 个百分点；生活水平一体化实现程度为 97.36%，已经非常接近实现目标，仅相差 2.64 个百分点；经济发展一体化和社会发展一体化实现程度均超过 80%，均远高于全国平均水平。

12 个二级指标中，经济发展等 5 个指标已提前实现目标；卫生均衡发展、收入消费水平和环境卫生治理等也非常接近实现目标（见表 16－1）。

（二）2016年城乡发展一体化整体水平继续提升

2016 年，江苏城乡发展一体化总水平实现程度继续提升，比上年提高 1.6 个百分点；社会发展一体化实现程度进展大幅加快，比上年提高了 6.22 个百分点，进展明显加快，远快于 2010～2016 年平均进展；生活水平一体化和生态环境一体化实现程度也不同程度提高；但经济发展一体化实现程度在上年下降的基础上继续下降，比上年下降了 0.41 个百分点（见表 16－1）。

表 16－1　江苏城乡发展一体化实现程度

单位：%

项目	2010 年	2011 年	2012 年	2013 年	2014 年	2015 年	2016 年	2016 年全国
总指数	74.56	80.05	84.01	85.70	89.06	90.12	91.72	63.77
经济发展一体化	75.95	76.02	79.09	81.48	82.80	82.66	82.25	60.03
经济发展	88.89	96.29	100	100	100	100	100	71.27
产业协调	75.42	65.25	64.03	63.11	62.76	62.79	61.79	57.45
要素配置	63.54	66.53	73.23	81.33	85.64	85.18	84.96	51.36
社会发展一体化	67.27	74.33	78.48	75.76	81.30	81.09	87.32	53.13
教育均衡发展	65.92	65.65	69.59	69.09	68.55	72.04	74.91	41.94
卫生均衡发展	80.14	86.38	86.83	73.09	88.72	73.02	94.26	23.44
文化均衡发展	63.66	74.98	86.30	90.03	92.33	100	100	73.23
社会保障均衡发展	59.34	70.31	71.18	70.85	75.59	79.31	80.11	73.92
生活水平一体化	80.12	90.13	94.02	95.17	97.22	97.31	97.36	66.07
收入消费水平	74.59	83.96	88.04	90.35	94.43	94.61	94.72	72.96
居住卫生条件	85.65	96.31	100	100	100	100	100	59.19
生态环境一体化	74.92	79.71	84.45	90.40	94.94	99.43	99.97	75.86
水资源利用	66.67	70.94	75.21	83.76	91.45	98.29	100	50.43
污染物排放	90.83	95.83	100	100	100	100	100	100
环境卫生治理	67.26	72.36	78.15	87.44	93.37	100	99.91	77.17

表 16－2　江苏城乡发展一体化实现程度进展（环比提高）

单位：个百分点

项目	2011 年	2012 年	2013 年	2014 年	2015 年	2016 年	2010～2016 年年均提高	
							江苏	全国
总指数	5.49	3.96	1.70	3.36	1.06	1.60	2.86	6.71
经济发展一体化	0.08	3.06	2.39	1.32	－0.14	－0.41	1.05	6.46
经济发展	7.41	3.71	0	0	0	0	1.85	7.89
产业协调	－10.17	－1.22	－0.92	－0.36	0.04	－1.00	－2.27	6.78
要素配置	2.99	6.70	8.10	4.30	－0.46	－0.22	3.57	4.70
社会发展一体化	7.06	4.15	－2.71	5.53	－0.21	6.22	3.34	5.22
教育均衡发展	－0.27	3.94	－0.50	－0.54	3.49	2.87	1.50	3.93
卫生均衡发展	6.24	0.46	－13.75	15.63	－15.70	21.23	2.35	3.67
文化均衡发展	11.32	11.32	3.73	2.31	7.67	0	6.06	6.31
社会保障均衡发展	10.97	0.86	－0.32	4.74	3.72	0.80	3.46	6.99

续表

项目	2011 年	2012 年	2013 年	2014 年	2015 年	2016 年	2010～2016 年年均提高	
							江苏	全国
生活水平一体化	10.01	3.89	1.15	2.04	0.09	0.06	2.87	7.15
收入消费水平	9.37	4.08	2.31	4.08	0.18	0.11	3.36	8.59
居住卫生条件	10.65	3.69	0	0	0	0	2.39	5.72
生态环境一体化	4.79	4.74	5.95	4.54	4.49	0.54	4.17	8.00
水资源利用	4.27	4.27	8.55	7.69	6.84	1.71	5.56	5.98
污染物排放	5.00	4.17	0	0	0	0	1.53	8.76
环境卫生治理	5.10	5.78	9.29	5.94	6.63	-0.09	5.44	9.25

（三）2010～2016年城乡发展一体化整体实现程度进展相对较快，但呈逐年减缓趋势

2010～2016 年，江苏城乡发展一体化总水平实现程度年均提高 2.86 个百分点，虽然进展低于东部地区平均水平，但由于起点较高，进展相对较快。但是，进展呈逐年持续减缓趋势，主要是经济发展一体化实现程度进展减缓且近两年出现了实现程度连续下降，如果不能遏制这一趋势，将影响到总水平目标的如期实现（见表 16－2）。

二　城乡发展一体化实现程度排序与变化

（一）2016年：城乡发展一体化总水平实现程度继续位居榜首

2016 年，江苏城乡发展一体化总水平实现程度依旧位居全国第 1 位，巩固了榜首位置。

经济发展一体化实现程度继续高居榜首，生态环境一体化实现程度保持第 2 位；社会发展一体化实现程度排序上升 1 位，升至第 3 位；但生活水平一体化实现程度由第 4 位下降到第 5 位。

江苏城乡一体化发展比较均衡，12 个二级指标中除社会保障均衡发展实现程度排在第 11 位外，其余指标均进入前 10 行列，其中经济发展、文化均衡

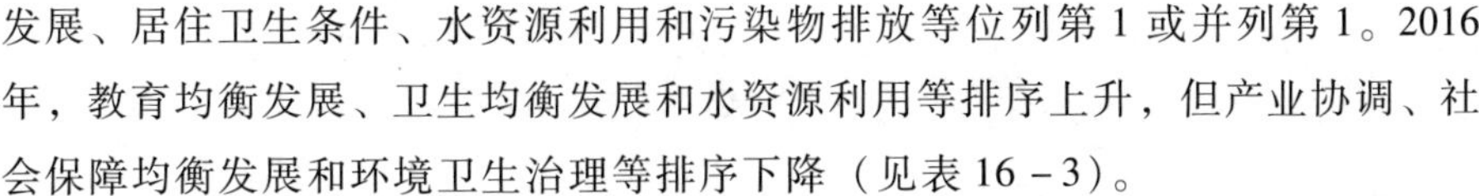

发展、居住卫生条件、水资源利用和污染物排放等位列第 1 或并列第 1。2016 年，教育均衡发展、卫生均衡发展和水资源利用等排序上升，但产业协调、社会保障均衡发展和环境卫生治理等排序下降（见表 16－3）。

（二）2010～2016年变化：城乡发展一体化整体排序逐步上升至第1位，整体始终保持领先地位

2010～2016 年，江苏城乡发展一体化总水平实现程度排序逐步上升，由第 4 位上升至榜首。

经济发展一体化实现程度排序始终高居榜首；社会发展一体化实现程度排序小幅上升 1 位，由第 4 位上升至第 3 位；生态环境一体化由第 5 位上升至第 2 位；但生活水平一体化实现程度排序则由第 2 位下降至第 5 位，下降了 3 位（见表 16－3）。

表 16－3 江苏城乡发展一体化实现程度排序

项目	2010 年	2011 年	2012 年	2013 年	2014 年	2015 年	2016 年
总指数	4	3	3	3	2	1	1
经济发展一体化	1	1	1	1	1	1	1
经济发展	4	4	1	1	1	1	1
产业协调	1	3	3	5	5	5	7
要素配置	4	4	4	4	2	3	3
社会发展一体化	4	4	4	4	3	4	3
教育均衡发展	2	4	5	5	6	6	5
卫生均衡发展	6	6	6	8	7	10	6
文化均衡发展	5	5	5	5	4	1	1
社会保障均衡发展	5	6	7	9	9	6	11
生活水平一体化	2	2	2	4	4	4	5
收入消费水平	4	4	4	3	3	3	3
居住卫生条件	4	4	1	1	1	1	1
生态环境一体化	5	5	5	5	3	2	2
水资源利用	8	7	7	7	7	7	1
污染物排放	5	5	1	1	1	1	1
环境卫生治理	4	3	4	4	3	1	3

三　简要评价

江苏城乡发展一体化水平高，2016 年城乡发展一体化总水平实现程度接近实现目标，处于全国领先。江苏城乡一体化发展较为均衡，同时，在高起点上保持了一定的进展。这是其城乡发展一体化总水平实现程度在 2015 年跃居全国榜首的主要原因。按 2010～2016 年平均进展，到 2020 年城乡发展一体化总水平将如期实现目标。

但是，近两年来，江苏城乡发展一体化总水平实现程度进展连续下降，如按近两年进展，将不能实现目标，这是需要值得注意的问题。

导致城乡发展一体化进展减缓的主要因素是农业比较劳动生产率提高速度低于非农产业比较劳动生产率提高速度，城乡二元经济持续恶化，极大地拖累了产业协调实现程度的提高，并最终影响了经济发展一体化实现程度进展。2016 年与 2010 年相比，产业协调实现程度大幅下降了 13.6 个百分点；同期，经济发展一体化实现程度仅提高了 6.3 个百分点，远低于城乡发展一体化总水平的提高幅度。城乡二元经济结构问题成为江苏城乡发展一体化实现程度提高的最大短板。

此外，江苏信贷资金对农业的支持明显不足，虽然农业贷款相对强度逐步提高，并高于全国平均水平，但实现程度依然很低，2016 年不到 10%，成为制约城乡发展一体化总水平实现程度提高的重要因素

第十七章
浙江城乡发展一体化

一　城乡发展一体化实现程度与进展

（一）城乡发展一体化实现程度整体实现程度高

2016 年，浙江城乡发展一体化总水平实现程度为 88.12%，高于全国平均水平 24.35 个百分点，已经比较接近实现目标。

生活水平一体化和生态环境一体化实现程度分别为 94.64% 和 96.30%，即将实现目标。社会发展一体化实现程度超过 80%，经济发展一体化实现程度虽然最低，但高于全国平均水平 15 个百分点。

12 个二级指标中，经济发展、卫生均衡发展、污染物排放和环境卫生治理等已提前实现目标，收入消费水平和社会保障均衡发展等实现程度非常接近实现目标，文化均衡发展和居住卫生条件等实现程度接近实现目标；但产业协调实现程度较低，尚未达到 50%（见表 17－1）。

（二）2016年城乡发展一体化实现程度继续全面提升

2016 年，浙江城乡发展一体化总水平实现程度比上年提高 1.62 个百分点，延续了持续提升的态势；4 个一体化实现程度均不同程度提升；12 个二级指标中，除经济发展、污染物排放已提前实现目标，以及产业协调和文化均衡发展实现程度有所下降外，其余 8 个指标实现程度均比上年提升（见表 17－1）。

表 17－1　浙江城乡发展一体化实现程度

单位：%

项目	2010 年	2011 年	2012 年	2013 年	2014 年	2015 年	2016 年	2016 年全国
总指数	75.54	78.82	82.42	84.72	85.13	86.50	88.12	63.77
经济发展一体化	62.89	66.32	72.31	73.79	74.59	74.70	75.19	60.03
经济发展	86.56	92.43	98.12	100	100	100	100	71.27
产业协调	43.34	44.45	53.57	51.59	48.55	44.26	42.17	57.45
要素配置	58.76	62.07	65.24	69.78	75.23	79.84	83.39	51.36
社会发展一体化	69.89	75.40	79.37	83.91	79.92	82.59	86.37	53.13
教育均衡发展	48.38	47.01	53.04	53.07	53.41	58.48	60.30	41.94
卫生均衡发展	100	100	100	100	100	95.57	100	23.44
文化均衡发展	77.94	84.02	90.10	94.40	81.59	90.97	90.20	73.23
社会保障均衡发展	53.25	70.57	74.34	88.18	84.68	85.36	94.98	73.92
生活水平一体化	87.05	88.43	89.12	89.64	93.27	94.09	94.64	66.07
收入消费水平	90.25	91.39	92.23	93.42	98.40	98.70	98.76	72.96
居住卫生条件	83.86	85.48	86.01	85.86	88.13	89.48	90.52	59.19
生态环境一体化	82.34	85.14	88.87	91.55	92.75	94.64	96.30	75.86
水资源利用	66.67	70.94	75.21	78.63	82.05	84.62	88.89	50.43
污染物排放	92.05	96.69	100	100	100	100	100	100
环境卫生治理	88.29	87.77	91.39	96.02	96.21	99.30	100	77.17

（三）2016年城乡发展一体化实现程度进展略微加快

2016 年，浙江城乡发展一体化总水平实现程度比上年提升 1.62 个百分点，提升幅度比上年高 0.25 个百分点，进展略微加快，但低于 2010～2016 年平均进展；经济发展一体化和社会发展一体化实现程度进展加快，但生活水平一体化和生态环境一体化实现程度进展减缓（见表 17－2）。

（四）2010～2016年城乡发展一体化进展放缓

由于浙江城乡发展一体化总水平实现程度在 2010 年已经处于较高水平，因此，其进展速度相对缓慢，2010～2016 年总水平实现程度年均提高 2.10 个百分点，低于全国平均进展（见表 17－2）。

表 17－2　浙江城乡发展一体化实现程度进展（环比提高）

单位：个百分点

项目	2011 年	2012 年	2013 年	2014 年	2015 年	2016 年	2010～2016 年年均提高	
							浙江	全国
总指数	3.28	3.60	2.31	0.41	1.37	1.62	2.10	6.71
经济发展一体化	3.43	5.99	1.48	0.80	0.11	0.49	2.05	6.46
经济发展	5.88	5.68	1.88	0	0	0	2.24	7.89
产业协调	1.10	9.13	－1.98	－3.04	－4.29	－2.09	－0.20	6.78
要素配置	3.31	3.17	4.54	5.45	4.61	3.55	4.11	4.70
社会发展一体化	5.51	3.97	4.54	－3.99	2.67	3.78	2.75	5.22
教育均衡发展	－1.37	6.03	0.03	0.34	5.07	1.82	1.99	3.93
卫生均衡发展	0	0	0	0	－4.43	4.43	0	3.67
文化均衡发展	6.08	6.08	4.30	－12.81	9.38	－0.77	2.04	6.31
社会保障均衡发展	17.32	3.77	13.84	－3.50	0.68	9.62	6.96	6.99
生活水平一体化	1.38	0.69	0.52	3.63	0.82	0.55	1.27	7.15
收入消费水平	1.14	0.84	1.19	4.98	0.30	0.06	1.42	8.59
居住卫生条件	1.62	0.53	－0.14	2.27	1.35	1.04	1.11	5.72
生态环境一体化	2.80	3.73	2.68	1.20	1.89	1.66	2.33	8.00
水资源利用	4.27	4.27	3.42	3.42	2.57	4.27	3.70	5.98
污染物排放	4.64	3.31	0	0	0	0	1.33	8.76
环境卫生治理	－0.52	3.62	4.63	0.19	3.09	0.70	1.95	9.25

二　城乡发展一体化实现程度排序与变化

（一）2016年：整体排序居前

2016 年，浙江城乡发展一体化总水平实现程度处于全国第 4 位，与上年相比，排序没有发生变化。

四个一体化实现程度排序均位居前列，其中生活水平一体化实现程度处于第 3 位，经济发展一体化、社会发展一体化和生态环境一体化等实现程度排序均处于第 4 位。

12 个二级指标中，经济发展等 4 个指标实现程度位居榜首（或并列第 1），但产业协调、教育均衡发展和水资源利用实现程度排序相对靠后，与总水平排序差距较大（见表 17－3）。

表 17－3　浙江城乡发展一体化实现程度排序

项目	2010 年	2011 年	2012 年	2013 年	2014 年	2015 年	2016 年
总指数	3	4	4	4	4	4	4
经济发展一体化	5	5	4	5	5	5	4
经济发展	5	5	5	1	1	1	1
产业协调	7	8	7	7	9	11	12
要素配置	5	5	5	5	5	5	4
社会发展一体化	3	3	3	3	4	3	4
教育均衡发展	7	11	10	12	13	11	11
卫生均衡发展	1	1	1	1	1	4	1
文化均衡发展	4	4	3	4	6	6	6
社会保障均衡发展	9	5	5	2	2	2	2
生活水平一体化	3	4	5	5	3	3	3
收入消费水平	2	2	2	2	2	2	2
居住卫生条件	5	6	6	7	7	7	8
生态环境一体化	4	4	3	3	4	4	4
水资源利用	8	7	7	9	10	10	10
污染物排放	4	4	1	1	1	1	1
环境卫生治理	1	1	1	1	2	3	1

（二）2010～2016年变化：整体排序非常稳定

2016 年与 2010 年相比，浙江城乡发展一体化总水平实现程度排序除 2010 年排名第 3 位外，其余年份均稳定地排在第 4 位。

四个一体化实现程度排序除个别年份偶有变动外，总体变化很小，始终处于前列。

12 个二级指标中，产业协调和教育均衡发展实现程度排序出现较大幅度下降，社会保障均衡发展实现程度排序大幅上升（见表 17－3）。

生态环境一体化实现程度排序保持不变；经济发展一体化和社会发展一体化实现程度排序分别上升和下降 1 位（见表 17－3）。

三　简要评价

浙江城乡发展一体化水平起点较高，但进展较慢，特别是近几年来，进展速度不尽理想。按 2010～2016 年平均进展，到 2020 年，生态环境一体化可以如期实现目标，但城乡发展一体化总水平实现程度距实现目标尚相差 3.5 个百分点，将延缓两年实现 2020 年目标；但如按 2014～2016 年平均进展，到 2020 年，总水平实现程度只能达到 92.64%，需要延缓 7 年才能实现目标。为此，还需要继续加快发展。

（一）大力改善城乡二元经济结构，遏制城乡二元经济结构问题恶化趋势

浙江农业劳动生产率水平处于全国领先，但是农业比较劳动生产率提高速度持续低于非农产业比较劳动生产率提高速度，城乡二元经济问题持续恶化，实现程度大幅度下降，严重制约了产业协调和经济发展一体化实现程度的提高。2016 年与 2010 年相比，产业协调实现程度不升反降，经济发展一体化实现程度进展缓慢。

（二）加大信贷资金对农业的支持

浙江信贷资金对农业的支持不足，农业贷款相对强度始终处于较低水平，2016 年，农业贷款相对强度仅及 2007 年全国平均水平。

（三）提高农村人力资本水平，继续缩小城乡差距

浙江农村人口平均受教育水平低于全国平均水平，2016 年实现程度距实现目标还有较大差距；虽然人口平均受教育年限的城乡差异小于全国平均水平，但距实现目标仍有巨大差距。农村人力资本水平较低以及城乡差距较大是制约浙江教育均衡发展和社会发展一体化实现程度进一步提升的主要因素。

第十八章 安徽城乡发展一体化

一　城乡发展一体化实现程度和进展

（一）城乡发展一体化实现程度较低

2016年，安徽城乡发展一体化实现程度为55.52%，比全国平均水平低8.25个百分点。

四个一体化中，经济发展一体化、生活水平一体化和生态环境一体化实现程度均低于全国平均水平，但生态环境一体化实现程度相对较高，达到71.88%；社会发展一体化实现程度虽然不高，但是高于全国平均水平5.71个百分点。

12个二级指标中，除污染物排放已提前实现目标外，有6个指标的实现程度高于全国平均水平，其中卫生均衡发展实现程度较高并远高于全国平均水平；经济发展、要素配置以及居住卫生条件等实现程度不仅低于全国平均水平，而且差距较大（见表18-1）。

（二）2016年城乡发展一体化实现程度继续全面提升

2016年，安徽城乡发展一体化总水平实现程度比上年提高6.36个百分点，延续了逐年提高的态势；4个一体化实现程度和12个二级指标实现程度均不同程度提高（见表18-1）。

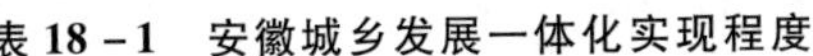

表 18－1　安徽城乡发展一体化实现程度

单位：%

项目	2010 年	2011 年	2012 年	2013 年	2014 年	2015 年	2016 年	2016 年全国
总指数	15.89	23.28	29.92	37.75	43.72	49.16	55.52	63.77
经济发展一体化	6.82	11.49	18.91	25.17	30.61	35.70	40.74	60.03
经济发展	－13.75	－3.71	5.93	14.14	21.88	29.81	38.55	71.27
产业协调	42.22	42.11	47.21	49.94	53.68	57.70	60.48	57.45
要素配置	－8.01	－3.94	3.58	11.42	16.28	19.57	23.20	51.36
社会发展一体化	35.83	38.99	45.77	46.61	51.32	55.02	58.84	53.13
教育均衡发展	21.73	21.66	16.60	24.14	35.13	41.75	42.76	41.94
卫生均衡发展	27.23	24.58	50.42	42.99	47.11	44.29	49.66	23.44
文化均衡发展	50.96	52.18	53.40	54.32	54.43	63.24	66.64	73.23
社会保障均衡发展	43.41	57.55	62.67	65.01	68.60	70.79	76.29	73.92
生活水平一体化	3.63	12.74	17.71	33.31	42.35	46.69	50.60	66.07
收入消费水平	30.51	39.52	41.54	67.55	79.56	82.79	84.91	72.96
居住卫生条件	－23.26	－14.04	－6.11	－0.93	5.13	10.59	16.29	59.19
生态环境一体化	17.30	29.91	37.29	45.89	50.60	59.24	71.88	75.86
水资源利用	9.40	12.82	16.24	21.37	24.79	35.04	38.46	50.43
污染物排放	36.52	49.80	61.29	70.35	77.10	83.02	100	100
环境卫生治理	5.98	27.12	34.35	45.97	49.91	59.66	77.19	77.17

（三）2016年城乡发展一体化实现程度进展有所加快

2016 年，安徽城乡发展一体化总水平实现程度进展速度比上年快 0.92 个百分点，初步遏制住了近几年来进展持续减缓的趋势。

经济发展一体化、社会发展一体化和生活水平一体化等实现程度提高幅度基本与上年持平，但生态环境一体化实现程度比上年大幅提高了 12.64 个百分点，进展比上年快4个百分点，拉动了总水平实现程度进展的加快（见表18－2）。

表18－2　安徽城乡发展一体化实现程度进展（环比提高）

单位：个百分点

项目	2011年	2012年	2013年	2014年	2015年	2016年	2010～2016年年均提高	
							安徽	全国
总指数	7.39	6.64	7.82	5.97	5.44	6.36	6.60	6.71
经济发展一体化	4.67	7.42	6.26	5.45	5.08	5.05	5.65	6.46
经济发展	10.04	9.65	8.21	7.74	7.93	8.74	8.72	7.89
产业协调	－0.11	5.10	2.73	3.74	4.02	2.77	3.04	6.78
要素配置	4.08	7.51	7.84	4.86	3.30	3.63	5.20	4.70
社会发展一体化	3.16	6.78	0.84	4.70	3.70	3.82	3.83	5.22
教育均衡发展	－0.08	－5.06	7.54	11.00	6.61	1.01	3.50	3.93
卫生均衡发展	－2.65	25.84	－7.43	4.12	－2.82	5.37	3.74	3.67
文化均衡发展	1.22	1.22	0.92	0.11	8.81	3.40	2.61	6.31
社会保障均衡发展	14.14	5.12	2.34	3.59	2.19	5.50	5.48	6.99
生活水平一体化	9.12	4.97	15.60	9.03	4.34	3.91	7.83	7.15
收入消费水平	9.01	2.02	26.01	12.01	3.23	2.12	9.07	8.59
居住卫生条件	9.22	7.93	7.04	6.06	5.46	5.70	6.60	5.72
生态环境一体化	12.61	7.38	8.60	4.70	8.64	12.64	9.10	8.00
水资源利用	3.42	3.42	5.13	3.42	10.26	3.42	4.84	5.98
污染物排放	13.28	11.49	9.06	6.75	5.92	16.98	10.59	8.76
环境卫生治理	21.14	7.23	11.62	3.94	9.75	17.53	11.87	9.25

（四）2010～2016年城乡发展一体化总水平实现程度进展减缓

2010～2016年，安徽城乡发展一体化总水平实现程度年均提高6.60个百分点，略低于全国年均进展。同时，总水平实现程度进展不断减缓，2016年虽然初步遏制住了减缓趋势，但进展水平仍低于2010～2016年平均进展。

四个一体化中，经济发展一体化和社会发展一体化实现程度进展低于全国平均水平，但生活水平一体化和生态环境一体化实现程度进展高于全国平均水平（见表18－2）。

二　城乡发展一体化实现程度排序与变化

（一）2016年：整体排序位于全国中下游

2016 年，安徽城乡发展一体化总水平实现程度处于全国第 18 位，比 2015 年上升 1 位。

社会发展一体化和生态环境一体化实现程度排序处于中游，均处于第 14 位；经济发展一体化和生活水平一体化实现程度处于中下游，分别位于第 19 位和第 21 位。

12 个二级指标中，污染物排放提前实现目标，并列第 1；其余 11 个指标中，产业协调和收入消费水平实现程度排序进入前 10 行列；要素配置和居住卫生条件实现程度排序靠后（见表 18－3）。

表 18－3　安徽城乡发展一体化实现程度排序

项目	2010 年	2011 年	2012 年	2013 年	2014 年	2015 年	2016 年
总指数	19	20	20	20	19	19	18
经济发展一体化	22	22	19	19	19	19	19
经济发展	24	24	23	23	23	23	23
产业协调	9	9	8	8	8	8	8
要素配置	22	24	23	22	22	22	23
社会发展一体化	17	20	15	20	14	15	14
教育均衡发展	22	22	22	21	19	17	17
卫生均衡发展	17	20	13	16	14	16	16
文化均衡发展	10	12	15	13	17	15	17
社会保障均衡发展	13	12	10	13	12	15	14
生活水平一体化	25	25	25	21	21	21	21
收入消费水平	16	16	20	12	11	11	10
居住卫生条件	27	27	25	26	26	25	26
生态环境一体化	15	14	14	14	14	13	14
水资源利用	17	17	18	18	18	17	18
污染物排放	12	10	10	11	11	11	1
环境卫生治理	23	13	12	11	12	12	12

（二）2010～2016年变化：城乡发展一体化实现程度整体排序略微上升

2016年与2010年相比，安徽城乡发展一体化总水平实现程度排序上升1位，4个一体化实现程度排序不同程度上升；污染物排放和环境卫生治理实现程度进展大幅快于全国平均水平，是总水平实现程度排序上升的重要因素（见表18-3）。

三　简要评价

安徽城乡发展一体化水平起点较低，进展也不快，特别是近几年来进展速度减缓，严重影响了城乡发展一体化目标的如期实现。按2010～2016年平均进展，到2020年，虽然生态环境一体化可以如期实现目标，但城乡发展一体化总水平实现程度只能达到81.93%，距实现目标还有较大差距。

（一）加快经济发展，提高城镇化水平

2016年，安徽人均GDP不足全国平均水平的80%（2010年不变价），人口城镇化率也低于全国平均水平，城乡发展一体化基础较为薄弱。经济发展实现程度与全国平均水平相差32.72个百分点，距实现目标还有较大差距。必须进一步加快经济发展，提高人口城镇化水平。

（二）加大信贷资金对农业的支持，加快农业劳动力转移，提高城镇化土地利用效率

安徽信贷资金对农业的支持明显不足，农业贷款相对强度逐年下降，2016年农业贷款相对强度距2007年全国平均水平还有较大差距。

农业依然容留了较多的劳动力，农业产业劳动力比重虽然略低于全国平均水平，但距实现目标还有较大差距。

城镇化土地利用率低，2016年，安徽土地相对利用率仅相当于全国平均水平的60%，距2007年全国平均水平还有一定差距。

（三）大力提高农村人力资本水平，继续缩小城乡差距

近几年来，安徽农村人口平均受教育水平持续提高，但是，农村人口平均

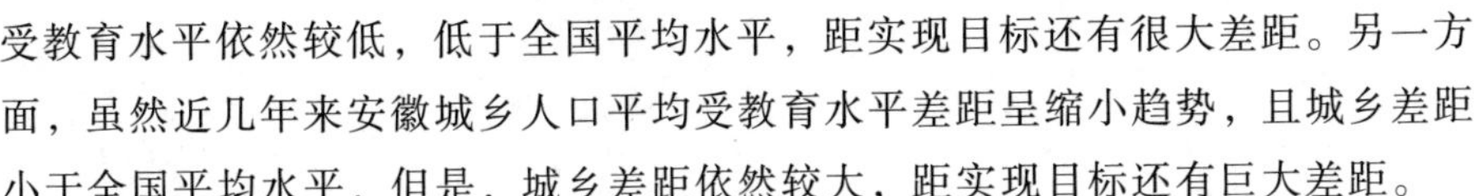

受教育水平依然较低，低于全国平均水平，距实现目标还有很大差距。另一方面，虽然近几年来安徽城乡人口平均受教育水平差距呈缩小趋势，且城乡差距小于全国平均水平，但是，城乡差距依然较大，距实现目标还有巨大差距。

（四）增加农村医疗卫生服务人力配置，继续缩小城乡差距

与其他省份相比，安徽农村医疗卫生服务人力资源配置最少，2016 年，每千农村人口卫生技术人员数仅相当于全国平均水平的 75%；另外，虽然城乡差距在不断缩小且小于全国平均水平，但城乡差距依然较大，距实现目标还有较大差距。

（五）大力改善农村居住卫生条件

安徽农村居住卫生条件较差，村庄集中供水普及率和农村无害化卫生厕所普及率均远远低于全国平均水平，2016 年实现程度均不到 2%，距实现目标还有巨大差距。

第十九章
福建城乡发展一体化

一　城乡发展一体化实现程度与进展

（一）城乡发展一体化实现程度相对较高

2016年，福建城乡发展一体化总水平实现程度为78.75%，远高于全国平均水平14.98个百分点，实现程度较高。

四个一体化实现程度均超过70%，也均高于全国平均水平，其中生活水平一体化实现程度达92.28%，接近实现目标。

12个二级指标中，经济发展和污染物排放已提前实现2020年目标，文化均衡发展和环境卫生治理等非常接近实现目标，收入消费水平和居住卫生条件实现程度均在90%以上，接近实现目标。但产业协调和水资源利用实现程度低于全国平均水平，特别是产业协调的实现程度与全国平均水平相差较大（见表19－1）。

（二）2016年城乡发展一体化实现程度继续全面提升

2016年，福建城乡发展一体化总水平实现程度比上年提升3.26个百分点，四个一体化实现程度全部比上年提升；12个二级指标中，除经济发展和污染物排放等已提前实现目标，以及教育均衡发展实现程度下降外，其余9个指标实现程度不同程度提升（见表19－1）。

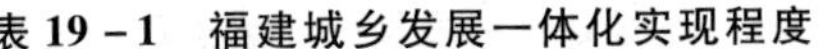

表 19－1　福建城乡发展一体化实现程度

单位：%

项目	2010 年	2011 年	2012 年	2013 年	2014 年	2015 年	2016 年	2016 年全国
总指数	48.61	54.67	60.54	66.69	71.31	75.49	78.75	63.77
经济发展一体化	42.90	50.63	57.42	62.58	67.44	68.96	70.67	60.03
经济发展	61.69	71.27	82.89	90.99	97.46	100	100	71.27
产业协调	19.73	26.19	29.88	31.45	32.40	32.14	33.61	57.45
要素配置	47.28	54.43	59.49	65.30	72.45	74.75	78.40	51.36
社会发展一体化	42.16	45.34	50.62	55.10	58.76	67.40	71.60	53.13
教育均衡发展	45.01	55.57	59.33	53.59	53.79	56.09	48.81	41.94
卫生均衡发展	14.00	8.06	12.38	31.35	33.49	55.94	59.19	23.44
文化均衡发展	63.30	67.28	75.58	80.61	90.74	95.60	97.35	73.23
社会保障均衡发展	46.32	50.45	55.21	54.83	57.03	61.96	81.06	73.92
生活水平一体化	61.18	67.18	72.24	82.70	89.61	91.61	92.28	66.07
收入消费水平	44.97	54.33	59.02	77.96	89.55	92.24	92.46	72.96
居住卫生条件	77.39	80.03	85.45	87.44	89.68	90.98	92.09	59.19
生态环境一体化	48.22	55.55	61.88	66.40	69.43	73.99	80.45	75.86
水资源利用	20.51	24.79	29.06	33.33	38.46	42.74	46.15	50.43
污染物排放	75.37	83.84	90.99	94.87	97.53	100	100	100
环境卫生治理	48.77	58.02	65.60	71.00	72.31	79.25	95.19	77.17

（三）2016年城乡发展一体化实现程度进展减缓

2016 年，福建城乡发展一体化总水平实现程度虽然有所提升，但进展有所减缓，进展比上年下降 0.92 个百分点；虽然经济发展一体化和生态环境一体化实现程度进展快于上年，但社会发展一体化和生活水平一体化实现程度进展低于上年，特别是社会发展一体化实现程度提高幅度大幅下降 4.44 个百分点，教育均衡发展实现程度下降 7.29 个百分点，这是总水平实现程度进展减缓的主要原因（见表 19－2）。

表 19－2　福建城乡发展一体化实现程度进展

单位：个百分点

项目	2011 年	2012 年	2013 年	2014 年	2015 年	2016 年	2010～2016 年年均提高	
							福建	全国
总指数	6.06	5.87	6.15	4.62	4.18	3.26	5.02	6.71
经济发展一体化	7.73	6.79	5.16	4.86	1.53	1.71	4.63	6.46
经济发展	9.58	11.62	8.10	6.47	2.54	0	6.38	7.89
产业协调	6.46	3.69	1.58	0.95	-0.26	1.47	2.31	6.78
要素配置	7.15	5.06	5.80	7.15	2.30	3.65	5.19	4.70
社会发展一体化	3.18	5.29	4.47	3.67	8.64	4.20	4.91	5.22
教育均衡发展	10.56	3.76	-5.73	0.20	2.30	-7.29	0.63	3.93
卫生均衡发展	-5.95	4.32	18.97	2.14	22.45	3.25	7.53	3.67
文化均衡发展	3.97	8.31	5.02	10.13	4.87	1.75	5.67	6.31
社会保障均衡发展	4.13	4.77	-0.38	2.20	4.93	19.10	5.79	6.99
生活水平一体化	5.99	5.06	10.46	6.92	2.00	0.66	5.18	7.15
收入消费水平	9.35	4.69	18.94	11.60	2.69	0.22	7.91	8.59
居住卫生条件	2.64	5.43	1.99	2.24	1.30	1.11	2.45	5.72
生态环境一体化	7.33	6.33	4.52	3.03	4.56	6.45	5.37	8.00
水资源利用	4.27	4.27	4.27	5.13	4.27	3.42	4.27	5.98
污染物排放	8.47	7.15	3.88	2.65	2.47	0	4.11	8.76
环境卫生治理	9.25	7.57	5.41	1.30	6.94	15.94	7.74	9.25

（四）2010～2016年城乡发展一体化实现程度进展呈不断减缓趋势

2010 年 2016 年，福建城乡发展一体化总水平实现程度年均提高 5.02 个百分点，低于全国年均进展 1.69 个百分点。

同期，四个一体化实现程度进展均慢于全国平均水平，其中经济发展一体化实现程度进展最为缓慢；12 个二级指标中，仅要素配置和卫生均衡发展实现程度进展快于全国平均水平（见表 19－2）。

福建城乡发展一体化实现程度整体进展较慢主要是由于其起点较高，2010 年总水平实现程度已接近 50%。

二　城乡发展一体化实现程度排序与变化

（一）2016年：整体排序处于上游

2016 年，福建城乡发展一体化总水平实现程度处于全国第 7 位，与上年相比，排序没有发生变化。

四个一体化实现程度排序均位居上游，其中生活水平一体化实现程度处于第 4 位，经济发展一体化、社会发展一体化实现程度分别位于第 6 位和第 8 位，生态环境一体化实现程度排序相对较低，处于第 11 位，比总水平实现程度排序低 4 位。

12 个二级指标中，有 8 个处于全国前 10 位，其中经济发展和污染物排放已经实现目标，并列全国第 1。但产业协调、教育均衡发展和水资源利用实现程度排序相对靠后，均处于全国第 15 位（见表 19 - 3）。

表 19 - 3　福建城乡发展一体化实现程度排序

项目	2010 年	2011 年	2012 年	2013 年	2014 年	2015 年	2016 年
总指数	7	7	7	7	7	7	7
经济发展一体化	8	7	7	7	7	7	6
经济发展	9	9	9	9	9	1	1
产业协调	16	17	16	16	17	16	15
要素配置	6	6	6	6	6	6	5
社会发展一体化	11	13	11	10	10	7	8
教育均衡发展	9	8	8	10	12	12	15
卫生均衡发展	20	23	21	18	19	13	13
文化均衡发展	6	6	6	6	5	5	5
社会保障均衡发展	11	15	17	20	20	23	9
生活水平一体化	6	6	6	6	5	5	4
收入消费水平	7	11	10	8	4	4	4
居住卫生条件	6	7	7	6	6	6	7

续表

项目	2010年	2011年	2012年	2013年	2014年	2015年	2016年
生态环境一体化	7	7	7	7	7	7	11
水资源利用	15	15	16	16	15	15	15
污染物排放	7	7	7	7	7	1	1
环境卫生治理	6	6	6	7	6	6	5

（二）2010～2016年变化：整体排序始终未变

2010～2016年，福建城乡发展一体化总水平实现程度始终排在全国第7位。

四个一体化中，生态环境一体化实现程度排序一直稳定排在第7位，但2016年大幅下滑至第11位；其他三个一体化实现程度排序基本呈逐步小幅提高趋势（见表19－3）。

三 简要评价

福建城乡发展一体化水平起点较高，也保持了一定的进展速度，按2010～2016年平均进展，到2020年，生活水平一体化和生态环境一体化可以如期实现目标，城乡发展一体化总水平实现程度距目标仅相差1个百分点，但经济发展一体化和社会发展一体化实现程度距目标还有一定距离；同时，近3年来，总水平实现程度进展减缓，进展均低于2010～2016年平均水平，如果这一趋势继续下去，将延缓目标实现的时间。

（一）改善城乡二元经济结构，促进产业协调发展

福建农业比较劳动生产率与非农产业比较劳动生产率相差较大，城乡二元经济结构问题依然严重，且近几年呈持续恶化趋势，产业发展不协调，距实现目标还有较大差距，严重制约了产业协调和经济发展一体化实现程度的提高。

（二）加大信贷资金对农业的支持

福建信贷资金对农业的支持明显不足，2016年，农业贷款相对强度尚未达到2007年全国平均水平。

（三）提升农村义务教育师资水平，缩小城乡差距

2016 年，福建不仅农村义务教育教师平均受教育年限低于全国平均水平，而且义务教育教师平均受教育年限的城乡差距大于全国平均水平，距实现目标还有较大差距。

（四）提高农村人力资本水平，遏制农村人力资本水平不断下降的趋势

2016 年福建农村人口平均受教育水平低于全国平均水平，距实现目标还有巨大差距；同时，近几年来，农村人口平均受教育水平呈逐年下降趋势，导致教育均衡发展实现程度较低，且进展缓慢，成为制约社会发展一体化实现程度提高的主要因素。

（五）进一步缩小医疗卫生服务人力资源配置城乡差距

近几年来福建农村医疗卫生服务人力资源数量不断增加，城乡差距也在不断缩小；但是，城乡差距依然较大。2016 年，医疗卫生服务人力资源配置城乡差距尚大于 2007 年全国平均水平，距实现目标还有巨大差距。

第二十章
江西城乡发展一体化

一　城乡发展一体化实现程度与进展

（一）城乡发展一体化实现程度较低

2016 年，江西城乡发展一体化总水平实现程度为 57.31%，低于全国平均水平 6.46 个百分点。

四个一体化中，仅社会发展一体化实现程度略高于全国平均水平，其他三个一体化实现程度均低于全国平水平。仅生活水平一体化实现程度超过 60%。

12 个二级指标中，污染物排放和收入消费水平实现程度较高，特别是前者接近实现目标；水资源利用和卫生均衡发展实现程度相当低下，分别只有 11.11% 和 11.64%（见表 20 -1）。

（二）2016年城乡发展一体化实现程度继续全面提升

2016 年，江西城乡发展一体化总水平实现程度比上年提高了 6.02 个百分点，延续了逐年提高的态势；四个一体化实现程度全部提升；12 个二级指标中，除卫生均衡发展实现程度有所下降外，其余 11 个指标实现程度有不同程度的提升（见表 20 -2）。

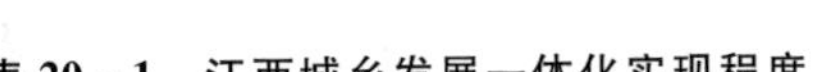

表 20－1　江西城乡发展一体化实现程度

单位：%

项目	2010 年	2011 年	2012 年	2013 年	2014 年	2015 年	2016 年	2016 年全国
总指数	21.03	29.24	35.45	41.86	45.81	51.29	57.31	63.77
经济发展一体化	10.32	19.42	26.87	32.37	38.21	44.87	49.64	60.03
经济发展	-9.44	-0.30	9.47	17.65	25.95	34.47	43.49	71.27
产业协调	19.70	27.68	32.51	37.82	43.15	51.07	52.47	57.45
要素配置	20.71	30.89	38.63	41.66	45.51	49.07	52.96	51.36
社会发展一体化	40.36	46.30	49.80	50.08	48.06	52.98	55.59	53.13
教育均衡发展	34.59	45.71	50.55	53.34	55.80	59.86	62.17	41.94
卫生均衡发展	23.28	29.95	29.53	26.34	12.47	12.50	11.64	23.44
文化均衡发展	49.47	50.16	53.54	54.26	55.59	67.58	73.00	73.23
社会保障均衡发展	54.08	59.37	65.60	66.40	68.39	71.99	75.53	73.92
生活水平一体化	23.66	33.65	39.62	51.92	58.08	62.76	65.79	66.07
收入消费水平	43.16	54.67	58.09	76.26	82.25	85.49	88.08	72.96
居住卫生条件	4.16	12.63	21.14	27.57	33.91	40.03	43.51	59.19
生态环境一体化	9.76	17.59	25.53	33.07	38.89	44.55	58.24	75.86
水资源利用	-23.93	-17.09	-10.26	-4.27	0.85	5.98	11.11	50.43
污染物排放	19.79	31.94	44.91	54.90	64.38	71.04	93.64	100
环境卫生治理	33.43	37.92	41.93	48.60	51.45	56.61	69.96	77.17

（三）2016年城乡发展一体化总水平实现程度进展略微加快

2016 年，江西城乡发展一体化总水平实现程度比上年提高 6.02 个百分点，进展比上年快 0.54 个百分点，提升幅度与 2010～2016 年平均进展持平。

经济发展一体化、社会发展一体化和生活水平一体化等实现程度进展均比上年有一定程度的减缓，但生态环境一体化实现程度由于污染物排放的大幅减少而比上年大幅提高了 13.69 个百分点，进展比上年快 8.04 个百分点，由此拉动城乡发展一体化总水平实现程度进展加快（见表 20－2）。

表 20－2　江西城乡发展一体化实现程度进展（环比提高）

单位：个百分点

项目	2011 年	2012 年	2013 年	2014 年	2015 年	2016 年	2010～2016 年年均提高	
							江西	全国
总指数	8.21	6.21	6.41	3.95	5.48	6.02	6.05	6.71
经济发展一体化	9.10	7.45	5.50	5.83	6.67	4.77	6.55	6.46
经济发展	9.14	9.77	8.17	8.31	8.52	9.01	8.82	7.89
产业协调	7.97	4.83	5.31	5.34	7.91	1.40	5.46	6.78
要素配置	10.18	7.74	3.03	3.85	3.57	3.88	5.37	4.70
社会发展一体化	5.94	3.51	0.28	－2.02	4.92	2.61	2.54	5.22
教育均衡发展	11.11	4.84	2.79	2.45	4.06	2.32	4.60	3.93
卫生均衡发展	6.67	－0.42	－3.19	－13.87	0.03	－0.86	－1.94	3.67
文化均衡发展	0.68	3.38	0.72	1.34	11.98	5.42	3.92	6.31
社会保障均衡发展	5.29	6.23	0.80	1.98	3.60	3.55	3.58	6.99
生活水平一体化	9.99	5.97	12.30	6.16	4.68	3.04	7.02	7.15
收入消费水平	11.51	3.42	18.17	5.99	3.24	2.58	7.49	8.59
居住卫生条件	8.47	8.51	6.43	6.34	6.12	3.49	6.56	5.72
生态环境一体化	7.82	7.94	7.55	5.82	5.65	13.69	8.08	8.00
水资源利用	6.84	6.84	5.98	5.13	5.13	5.13	5.84	5.98
污染物排放	12.15	12.97	9.99	9.48	6.66	22.60	12.31	8.76
环境卫生治理	4.49	4.01	6.67	2.85	5.17	13.34	6.09	9.25

（四）2010～2016年城乡发展一体化总水平实现程度进展较为缓慢

2010～2016 年，江西城乡发展一体化总水平实现程度年均进展 6.05 个百分点，比全国平均进展低 0.66 个百分点，进展较为缓慢。

四个一体化中，经济发展一体化、生活水平一体化和生态环境一体化实现程度进展与全国平均水平基本相当，但社会发展一体化实现程度进展远低于全国平均水平。

12 个二级指标中，污染物排放实现程度进展较快，年均提高 12.31 个百分点；而卫生均衡发展实现程度下降（见表 20－2）。

二　城乡发展一体化实现程度排序与变化

（一）2016年：整体排序处于中游

2016 年，江西城乡发展一体化总水平实现程度处于全国第 17 位，比上年下降 1 位。

四个一体化中，经济发展一体化和生活水平一体化等实现程度均排在第 15 位，社会发展一体化和生态环境一体化等实现程度均处于第 20 位。

12 个二级指标中，产业协调、要素配置、教育均衡发展以及收入消费水平排序进入前 10 位；经济发展、卫生均衡发展、水资源利用和污染物排放实现程度排序靠后，均处于 20 位之后（见表 20 - 3）。

表 20 - 3　江西城乡发展一体化实现程度排序

项目	2010 年	2011 年	2012 年	2013 年	2014 年	2015 年	2016 年
总指数	16	16	16	15	16	16	17
经济发展一体化	19	15	14	14	14	14	15
经济发展	23	22	22	22	22	22	22
产业协调	17	16	14	14	11	10	10
要素配置	14	13	12	12	12	12	10
社会发展一体化	13	11	12	12	19	19	20
教育均衡发展	17	12	12	11	10	10	9
卫生均衡发展	18	15	17	19	21	21	23
文化均衡发展	12	13	14	14	14	12	12
社会保障均衡发展	8	10	9	11	13	13	15
生活水平一体化	15	13	13	12	13	14	15
收入消费水平	10	10	11	10	9	9	8
居住卫生条件	20	19	19	19	17	17	18
生态环境一体化	18	19	19	19	19	20	20
水资源利用	23	23	22	22	22	23	23
污染物排放	18	20	21	21	21	20	22
环境卫生治理	9	8	9	9	10	13	14

（二）2010～2016年变化：整体排序较为稳定，经济发展一体化上升较多，社会发展一体化大幅下跌

2010～2016年，江西城乡发展一体化总水平实现程度排序除2013年和2016年略微变动外，其余年份均处于第16位，整体排序较为稳定。

但四个一体化实现程度排序变化较大，经济发展一体化实现程度排序上升4位，而社会发展一体化实现程度排序大幅下降7位（见表20－3）。

三 简要评价

江西城乡发展一体化水平起点较低，且进展速度较为缓慢，目前实现程度不高，因此，2020年实现目标的任务较为艰巨。按2010～2016年平均进展，到2020年，城乡发展一体化总水平实现程度只能达到81.5%，社会发展一体化实现程度只能达到65%，经济发展一体化实现程度只能达到75%；但生活水平一体化和生态环境一体化实现程度超过90%，接近实现目标。

（一）加快经济发展，提高城镇化水平

2016年，江西人均GDP仅及全国平均水平的80%（2010年不变价），人口城镇化率也低于全国平均水平，城乡发展一体化基础较为薄弱。经济发展实现程度与全国平均水平相差27.8个百分点，距实现目标还有较大差距。必须进一步加快经济发展，提高人口城镇化水平。

（二）进一步提升农村义务教育师资水平，继续缩小城乡差距

近几年来，江西农村义务教育教师平均受教育年限不断提高，义务教育教师平均受教育年限的城乡差距也在不断缩小；但是，农村义务教育教师平均受教育年限低于全国平均水平，义务教育教师平均受教育年限的城乡差距大于全国平均水平；两者距实现目标还有较大差距。

（三）进一步提高农村人力资本水平

江西农村人口平均受教育水平虽高于全国平均水平，但依然较低，距实现

目标还有较大差距；另外，近几年来，农村人口平均受教育年限有所下降，需要引起重视。

（四）增加农村医疗卫生服务人员配置，遏制医疗卫生服务人力资源配置的城乡差距日益扩大的趋势

近几年来，江西农村医疗卫生服务人员数量不断增加，但农村医疗卫生服务人员配置水平依然较低，远低于全国平均水平；同时，医疗卫生服务人员数量的城乡差距较大，且呈不断扩大趋势，城乡医疗卫生服务人力资源配置不均衡的状况没有得到有效改善，距实现目标还有巨大差距。

（五）加快改善居住卫生条件

2016 年，江西农村居住卫生条件实现程度较低，仅达到 43.51%。制约卫生居住条件实现程度的主要因素是村庄集中供水普及率较低，2016 年尚不及 2007 年全国平均水平。

（六）提高农业用水利用效率

江西农业用水效率较低，2016 年，农田灌溉水有效利用系数的实现程度仅为 11%，距实现目标还有巨大差距。

第二十一章
山东城乡发展一体化

一　城乡发展一体化实现程度与进展

（一）城乡发展一体化实现程度高

2016 年，山东城乡发展一体化总水平实现程度为 82.55%，高于全国平均水平 18.78 个百分点。

四个一体化中，生态环境一体化和生活水平一体化实现程度分别为 94.99% 和 90.17%，已接近实现目标。经济发展一体化和社会发展一体化实现程度虽然均低于总水平实现程度，但均远高于全国平均水平。

12 个二级指标中，水资源利用和污染物排放已经提前实现目标，经济发展和居住卫生条件也非常接近实现目标，其他 8 个指标中除产业协调实现程度略低于全国平均水平外，其他指标实现程度均高于全国平均水平（见表 21 - 1）。

（二）2016年城乡发展一体化实现程度继续全面提升

2016 年，山东城乡发展一体化总水平实现程度比上年提高 4.37 个百分点，延续了逐年提高的态势；四个一体化实现程度全部提升；12 个二级指标中，除水资源利用已经提前实现目标以及卫生均衡发展和环境卫生治理实现程度有所下降外，其余 9 个指标实现程度均有所提高（见表 21 - 2）。

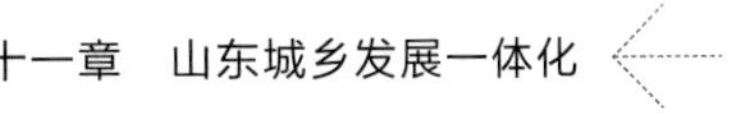

表 21-1　山东城乡发展一体化实现程度

单位：%

项目	2010 年	2011 年	2012 年	2013 年	2014 年	2015 年	2016 年	2016 年全国
总指数	51.84	58.94	64.96	68.67	74.08	78.19	82.55	63.77
经济发展一体化	42.00	44.68	48.27	53.57	58.77	63.84	68.11	60.03
经济发展	36.70	46.75	57.55	68.16	78.39	89.72	96.54	71.27
产业协调	42.72	40.15	42.05	44.89	47.57	51.23	55.13	57.45
要素配置	46.60	47.14	45.22	47.65	50.36	50.57	52.67	51.36
社会发展一体化	45.86	58.28	65.95	65.64	67.31	73.55	76.94	53.13
教育均衡发展	23.45	35.77	46.11	39.08	46.12	45.37	53.68	41.94
卫生均衡发展	87.19	92.96	99.75	99.79	100	94.26	87.69	23.44
文化均衡发展	55.25	61.10	66.95	68.95	69.05	77.31	84.30	73.23
社会保障均衡发展	17.57	43.28	51.00	54.75	54.05	77.28	82.10	73.92
生活水平一体化	51.35	60.53	67.25	71.16	79.04	81.76	90.17	66.07
收入消费水平	43.45	57.56	65.20	66.44	77.40	81.56	83.32	72.96
居住卫生条件	59.24	63.50	69.30	75.88	80.68	81.96	97.02	59.19
生态环境一体化	68.16	72.26	78.37	84.33	91.19	93.60	94.99	75.86
水资源利用	98.29	100	100	100	100	100	100	50.43
污染物排放	61.97	64.58	73.50	81.94	88.12	92.94	100	100
环境卫生治理	44.21	52.21	61.62	71.05	85.46	87.84	84.96	77.17

（三）2016年城乡发展一体化实现程度进展略微加快

2016 年，山东城乡发展一体化总水平实现程度比上年提高 4.36 个百分点，进展比上年快 0.25 个百分点。

经济发展一体化、社会发展一体化和生态环境一体化实现程度进展减缓，特别是社会发展一体化实现程度进展较大幅度减缓，但是，生活水平一体化实现程度大幅提高，进展比上年大幅提高 8.41 个百分点，由此抵消了其他三个一体化实现程度进展减缓给总水平实现程度进展带来的不利影响（见表 21-2）。

表 21-2　山东城乡发展一体化实现程度进展

单位：个百分点

项目	2011 年	2012 年	2013 年	2014 年	2015 年	2016 年	2010～2016 年年均提高	
							山东	全国
总指数	7.10	6.02	3.71	5.41	4.11	4.36	5.12	6.71
经济发展一体化	2.68	3.59	5.29	5.21	5.07	4.27	4.35	6.46
经济发展	10.05	10.80	10.61	10.24	11.33	6.81	9.97	7.89
产业协调	-2.57	1.90	2.84	2.68	3.66	3.90	2.07	6.78
要素配置	0.54	-1.92	2.43	2.71	0.21	2.10	1.01	4.70
社会发展一体化	12.41	7.68	-0.31	1.67	6.25	3.39	5.18	5.22
教育均衡发展	12.33	10.34	-7.04	7.05	-0.76	8.32	5.04	3.93
卫生均衡发展	5.77	6.79	0.04	0.21	-5.74	-6.57	0.08	3.67
文化均衡发展	5.85	5.85	2.00	0.11	8.26	6.99	4.84	6.31
社会保障均衡发展	25.71	7.73	3.74	-0.70	23.23	4.82	10.76	6.99
生活水平一体化	9.19	6.71	3.91	7.88	2.72	8.41	6.47	7.15
收入消费水平	14.11	7.64	1.24	10.97	4.15	1.77	6.64	8.59
居住卫生条件	4.27	5.79	6.58	4.80	1.28	15.06	6.30	5.72
生态环境一体化	4.10	6.11	5.96	6.87	2.40	1.39	4.47	8.00
水资源利用	1.71	0	0	0	0	0	0.28	5.98
污染物排放	2.61	8.92	8.44	6.18	4.83	7.06	6.34	8.76
环境卫生治理	8.00	9.40	9.43	14.42	2.38	-2.88	6.79	9.25

（四）2010～2016年城乡发展一体化实现程度保持了一定的提升速度

2010～2016 年，山东城乡发展一体化总水平实现程度年均提高 5.12 个百分点，虽然低于全国平均水平，但是在高起点上的提高，保持这一进展水平可保证城乡发展一体化总水平能够如期实现目标。但是，卫生均衡发展、产业协调和要素配置实现程度进展较为缓慢，将严重影响到经济发展一体化和社会发展一体化如期实现目标（见表 21-2）。

二　城乡发展一体化实现程度排序与变化

（一）2016年：整体排序居前且较为均衡

2016 年，山东城乡发展一体化总水平实现程度处于全国第 6 位，与上年相比排序没有发生变化。

四个一体化实现程度排序均较为靠前，而且比较均衡，均处于前 10 位。其中生态环境一体化和社会发展一体化实现程度排序均进入前 5 位。

12 个二级指标中，9 个指标排序都处于前 10 位，其中水资源利用和污染物排放的实现程度并列全国第一。教育均衡发展和收入消费水平实现程度排序相对靠后，均处于第 13 位（见表 21－3）。

表 21－3　山东城乡发展一体化实现程度排序

项目	2010 年	2011 年	2012 年	2013 年	2014 年	2015 年	2016 年
总指数	6	6	6	6	6	6	6
经济发展一体化	9	10	11	11	10	10	8
经济发展	12	11	10	10	10	10	10
产业协调	8	11	10	10	10	9	9
要素配置	8	9	10	10	10	10	11
社会发展一体化	7	6	5	6	6	5	5
教育均衡发展	21	16	16	17	15	16	13
卫生均衡发展	5	5	4	4	1	5	7
文化均衡发展	7	7	7	8	8	8	8
社会保障均衡发展	24	18	20	21	24	9	8
生活水平一体化	7	7	7	8	7	8	7
收入消费水平	9	8	8	13	13	12	13
居住卫生条件	9	9	9	8	8	8	5
生态环境一体化	6	6	6	6	5	5	5
水资源利用	5	1	1	1	1	1	1
污染物排放	8	8	8	8	8	8	1
环境卫生治理	7	7	7	6	5	5	7

（二）2010～2016年变化：整体排序非常稳定

2010～2016 年，山东城乡发展一体化总水平实现程度始终排在全国第 6 位。

四个一体化中，生活水平一体化实现程度排序未变，社会发展一体化上升 2 位，经济发展一体化和生态环境一体化实现程度排序均小幅上升 1 位。

12 个二级指标中，多数指标实现程度排序变化较小，但社会保障均衡发展和教育均衡发展实现程度排序上升幅度较大，分别上升了 16 位和 8 位（见表 21－3）。

三　简要评价

山东城乡发展一体化水平起点较高，也保持了一定的进展速度，按 2010～2016 年平均进展，到 2020 年，城乡发展一体化总水平将如期实现目标；生活水平一体化和生态环境一体化也可以如期实现目标；社会发展一体化实现程度将达到 97.7%，非常接近实现目标；但经济发展一体化实现程度只能达到 85.5%，距实现目标还有一定距离，影响经济发展一体化如期实现目标的主要因素是产业协调和要素配置实现程度进展缓慢。

（一）大力改善城乡二元经济结构，促进产业协调发展

山东农业劳动生产率水平远高于全国平均水平，2016 年已实现目标，但是，农业比较劳动生产率却远远低于非农产业比较劳动生产率，城乡二元经济结构问题十分严重，2016 年城乡二元经济实现程度仅达到 10%，距实现目标差距巨大，严重制约了产业协调和经济发展一体化实现程度的提高。

（二）加大信贷资金对农业的支持，提高城镇化土地利用效率

山东信贷资金对农业的支持明显不足，且近几年来相对支持力度大幅下降，农业贷款相对强度从 2010 年时接近实现目标到 2016 年时距离 2007 年全国平均水平还有一定差距。

2016 年，山东城镇化土地利用效率依然较低，不仅远低于其他东部发

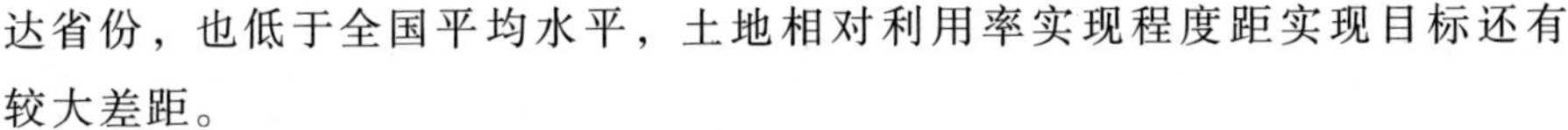

达省份，也低于全国平均水平，土地相对利用率实现程度距实现目标还有较大差距。

（三）进一步提升农村义务教育师资水平，继续缩小城乡差距

近几年来，山东农村义务教育教师平均受教育年限不断提高，义务教育教师平均受教育年限的城乡差距也在不断缩小；但是，农村义务教育教师平均受教育年限低于全国平均水平，义务教育教师平均受教育年限的城乡差距大于全国平均水平；两者距实现目标还有较大差距。

（四）进一步提高农村人力资本水平，缩小城乡差距

虽然山东农村人口平均受教育年限高于全国平均水平，人口平均受教育年限的城乡差距小于全国平均水平，但农村人口平均受教育年限依然较低，城乡差距依然较大，2016 年两者实现程度均未达到 50%，距实现目标还有较大差距。

第二十二章
河南城乡发展一体化

一　城乡发展一体化实现程度与进展

（一）城乡发展一体化实现程度较低

2016 年，河南城乡发展一体化总水平实现程度为 60.43%，比全国平均水平低 3.34 个百分点。

四个一体化发展不均衡，生态环境一体化实现程度高，达 88.25%，远高于全国平均水平；生活水平一体化实现程度略高于全国平均水平；但是，经济发展一体化和社会发展一体化实现程度较低，均低于全国平均水平，特别是经济发展一体化实现程度比全国平均水平低 25.44 个百分点。可以说，河南城乡发展一体化总水平实现程度能够达到 60%，主要还是生态环境一体化实现程度较高所拉动。

12 个二级指标中，水资源利用和污染物排放已提前实现目标；教育均衡发展和收入消费水平等实现程度较高，均远高于全国平均水平；经济发展、产业协调、要素配置和卫生均衡发展实现程度低，均远低于全国平均水平，特别是卫生均衡发展实现程度，仅为 0.37%，发展严重滞后（见表 22－1）。

（二）2016年城乡发展一体化实现程度继续全面提升

2016 年，河南城乡发展一体化总水平实现程度比上年提高 6.08 个百分点，延续了逐年持续提高的态势，四个一体化实现程度均比上年提高（见表 22 -2）。

表 22 -1　河南城乡发展一体化实现程度

单位：%

项目	2010 年	2011 年	2012 年	2013 年	2014 年	2015 年	2016 年	2016 年全国
总指数	27.63	38.52	38.86	45.23	50.40	54.35	60.43	63.77
经济发展一体化	8.59	30.76	21.41	27.80	30.54	33.09	34.59	60.03
经济发展	-24.66	-13.36	-3.16	5.28	14.02	23.58	33.28	71.27
产业协调	36.06	65.59	37.69	40.54	36.67	33.79	31.13	57.45
要素配置	14.36	40.05	29.71	37.59	40.93	41.91	39.34	51.36
社会发展一体化	32.84	41.70	42.34	45.67	45.77	49.26	51.75	53.13
教育均衡发展	43.92	49.83	55.28	56.98	59.81	63.54	61.92	41.94
卫生均衡发展	-2.54	11.85	6.30	10.62	7.11	4.36	0.37	23.44
文化均衡发展	50.07	53.65	57.22	59.80	60.59	66.53	70.80	73.23
社会保障均衡发展	39.91	51.47	50.57	55.30	55.55	62.59	73.90	73.92
生活水平一体化	27.78	33.61	36.14	47.05	57.89	61.30	67.13	66.07
收入消费水平	30.82	38.62	45.89	60.37	75.12	79.34	83.98	72.96
居住卫生条件	24.74	28.59	26.39	33.72	40.65	43.25	50.29	59.19
生态环境一体化	41.31	48.03	55.56	60.38	67.41	73.77	88.25	75.86
水资源利用	71.79	79.49	87.18	88.89	98.29	100	100	50.43
污染物排放	36.60	47.21	59.50	67.56	75.50	82.18	100	100
环境卫生治理	15.55	17.40	19.99	24.71	28.44	39.12	64.75	77.17

表 22 -2　河南城乡发展一体化实现程度进展（环比提高）

单位：个百分点

项目	2011 年	2012 年	2013 年	2014 年	2015 年	2016 年	2010 ~2016 年年均提高	
							河南	全国
总指数	10.89	0.34	6.36	5.17	3.95	6.08	5.47	6.71
经济发展一体化	22.17	-9.35	6.39	2.73	2.55	1.49	4.33	6.46
经济发展	11.30	10.20	8.44	8.74	9.56	9.70	9.66	7.89
产业协调	29.54	-27.90	2.85	-3.87	-2.88	-2.66	-0.82	6.78
要素配置	25.69	-10.33	7.88	3.34	0.98	-2.56	4.16	4.70

续表

项目	2011 年	2012 年	2013 年	2014 年	2015 年	2016 年	2010～2016 年年均提高	
							河南	全国
社会发展一体化	8.86	0.64	3.33	0.09	3.49	2.49	3.15	5.22
教育均衡发展	5.91	5.45	1.70	2.82	3.74	-1.62	3.00	3.93
卫生均衡发展	14.39	-5.55	4.33	-3.51	-2.75	-3.99	0.49	3.67
文化均衡发展	3.58	3.58	2.57	0.80	5.93	4.27	3.45	6.31
社会保障均衡发展	11.56	-0.91	4.73	0.25	7.04	11.31	5.67	6.99
生活水平一体化	5.82	2.53	10.91	10.84	3.41	5.84	6.56	7.15
收入消费水平	7.80	7.27	14.48	14.75	4.22	4.64	8.86	8.59
居住卫生条件	3.85	-2.20	7.33	6.93	2.60	7.03	4.26	5.72
生态环境一体化	6.72	7.53	4.83	7.03	6.35	14.49	7.82	8.00
水资源利用	7.69	7.69	1.71	9.40	1.71	0	4.70	5.98
污染物排放	10.62	12.29	8.06	7.94	6.68	17.82	10.57	8.76
环境卫生治理	1.85	2.60	4.71	3.73	10.68	25.64	8.20	9.25

（三）2016年城乡发展一体化实现程度进展加快

2016 年，虽然产业协调、要素配置、教育均衡发展以及卫生均衡发展等实现程度出现下降，但经济发展、社会保障均衡发展、污染物排放以及环境卫生治理等实现程度大幅提高，进展明显加快，导致城乡发展一体化总水平实现程度不仅提高，而且进展明显加快，总水平实现程度提高幅度比上年高 2.49 个百分点（见表 22－2）。

（四）2010～2016年城乡发展一体化实现程度进展较为缓慢

2010～2016 年，河南城乡发展一体化总水平年均提高 5.47 个百分点，比全国同期平均水平低 1.24 个百分点，进展较为缓慢。

四个一体化实现程度进展也均低于全国平均水平；12 个二级指标中，仅经济发展、收入消费水平和污染物排放实现程度进展快于全国平均进展，产业协调实现程度甚至出现下降（见表 22－2）。

二　城乡发展一体化实现程度排序与变化

（一）2016年：总水平实现程度位居全国中上游

2016 年，河南城乡发展一体化总水平实现程度处于全国第 14 位，位于中上游水平，比上年下降 2 位。

四个一体化实现程度排序不均衡，生态环境一体化实现程度排序最高，位居全国第 7 位，而经济发展一体化和社会发展一体化实现程度排序靠后，分别位于第 22 位和第 23 位。

12 个二级指标中，水资源利用和污染物排放已提前实现目标，并列全国第一，教育均衡发展实现程度排序进入前 10 行列；卫生均衡发展和经济发展实现程度排序靠后，分别位列第 27 位和第 24 位（见表 22－3）。

表 22－3　河南城乡发展一体化实现程度排序

项目	2010 年	2011 年	2012 年	2013 年	2014 年	2015 年	2016 年
总指数	12	12	12	12	12	12	14
经济发展一体化	21	13	17	17	21	21	22
经济发展	27	26	26	26	25	25	24
产业协调	13	2	12	11	15	14	17
要素配置	18	11	16	14	14	15	17
社会发展一体化	18	17	21	22	21	22	23
教育均衡发展	10	9	9	8	9	9	10
卫生均衡发展	22	22	23	23	22	24	27
文化均衡发展	11	10	9	12	12	14	13
社会保障均衡发展	15	14	21	18	23	20	18
生活水平一体化	12	14	16	16	14	15	13
收入消费水平	15	18	16	18	15	14	12
居住卫生条件	12	14	18	15	15	15	15
生态环境一体化	9	8	8	8	8	8	7
水资源利用	6	6	6	6	6	1	1
污染物排放	11	12	12	13	12	13	1
环境卫生治理	16	20	21	23	23	22	16

（二）2010～2016年变化：整体排序较为稳定

2010～2016 年，河南城乡发展一体化总水平实现程度稳定地位于第 12 位，仅在 2016 年下降 2 位，排在第 14 位。

四个一体化中，除社会发展一体化实现程度排序下降 5 位，变动较大外，其他三个一体化实现程度排序上升和下降的幅度较小，其中生态环境一体化实现程度排序上升 2 位，经济发展一体化和生活水平一体化实现程度排序均下降 1 位（见表 22－3）。

三　简要评价

河南城乡发展一体化水平起点不高，且进展速度较为缓慢，目前实现程度不高，因此，2020 年实现目标的任务较为艰巨。按 2010～2016 年平均进展，到 2020 年，虽然生态环境一体化可以如期实现目标，生活水平一体化实现程度将达到 93.4%，接近实现目标。但是，社会发展一体化实现程度只能达到 64.4%，经济发展一体化实现程度只能达到 51.9%，拖累城乡发展一体化整体水平的提升，总水平实现程度仅能达到 82.3%，距目标还有较大差距。

（一）加快经济发展，提高人口城镇化水平

2016 年，河南人口城镇化率仅为 48.5%，比当年全国平均水平低 8.85 个百分点，实现程度不到 20%，距实现目标还有巨大差距，城镇化进程严重滞后。另一方面，河南经济发展水平也较低，人均 GDP 低于全国平均水平。

（二）提高农业劳动生产率，大力改善城乡二元经济结构，遏止城乡二元经济结构恶化趋势

河南不仅农业劳动生产率低，而且农业劳动力比重偏高，农业容留了过多的劳动力，农业比较劳动生产率远低于非农产业比较劳动生产率，城乡二元经济结构问题十分严重。同时，近几年来，城乡二元经济结构呈持续恶化趋势。2016 年，非农产业劳动力比重、城乡二元经济等尚不及 2007 年全国平均水平，距离实现目标差距巨大。

（三）提高城镇化土地利用效率

2016 年，河南城镇化土地利用效率依然较低，低于全国平均水平，土地相对利用率实现程度距实现目标还有较大差距。

（四）进一步提高农村人力资本水平

虽然河南农村人口平均受教育水平略高于全国平均水平，但农村人口平均受教育水平依然较低，2016 年农村人口平均受教育水平实现程度未达到 50%，距实现目标还有较大差距。

（五）增加农村医疗卫生服务人力资源配置，遏止医疗卫生服务人力资源配置的城乡差距日益扩大的趋势

总体来看，河南农村医疗卫生服务人员数量近年来呈不断增加趋势，但是农村医疗卫生服务人员配置数量依然较少，远低于全国平均水平；同时，医疗卫生服务人员数量的城乡差距较大，且呈不断扩大趋势，城乡医疗卫生服务人力资源配置不均衡没有得到有效改善，城乡差距远大于 2007 年全国平均水平，极大地制约了卫生均衡发展实现程度的提高。

（六）改善农村居住卫生条件和环境卫生状况

总体上看，河南农村居住卫生条件较差，主要体现在安全饮用水上，村庄集中供水普及率低于全国平均水平；另外，农村生活环境卫生状况较差，对生活垃圾进行处理的行政村比例和对生活污水进行处理的行政村的比例均低于全国平均水平。

第二十三章
湖北城乡发展一体化

一　城乡发展一体化实现程度与进展

（一）城乡发展一体化实现程度较低

2016 年，湖北城乡发展一体化实现程度为 61.43%，低于全国平均水平 2.34 个百分点。

四个一体化实现程度均未超过 70%，社会发展一体化和生活水平一体化实现程度高于全国平均水平，经济发展一体化和生态环境一体化实现程度均低于全国平均水平约 10 个百分点，经济发展一体化实现程度最低，只有 50.27%。

12 个二级指标中，污染物排放提前实现目标，收入消费水平实现程度达到 90.44%，接近实现目标。卫生均衡发展实现程度优势明显，比全国平均水平高 63.8 个百分点。产业协调、要素配置、教育均衡发展、居住卫生条件和水资源利用等实现程度较低，特别是水资源利用的实现程度仅为 18.80%，距离 2020 年目标差距相当大（见表 23－1）。

（二）2016年城乡发展一体化水平全面提升

2016 年，湖北城乡发展一体化总水平实现程度比上年提高 7.67 个百分点，延续了逐年提升的态势；四个一体化以及 12 个二级指标实现程度均有不同程度的提高（见表 23－2）。

表 23－1　湖北城乡发展一体化实现程度

单位：%

项目	2010 年	2011 年	2012 年	2013 年	2014 年	2015 年	2016 年	2016 年全国
总指数	18.38	27.71	32.68	41.83	48.21	53.76	61.43	63.77
经济发展一体化	-4.41	12.03	18.11	24.70	32.95	41.93	50.27	60.03
经济发展	19.45	31.93	42.39	50.48	59.40	68.16	77.11	71.27
产业协调	-12.74	4.46	6.62	13.23	23.65	33.28	42.26	57.45
要素配置	-19.94	-0.29	5.31	10.39	15.80	24.35	31.44	51.36
社会发展一体化	38.42	43.30	42.01	51.26	55.45	56.46	60.19	53.13
教育均衡发展	27.41	25.33	26.77	24.87	25.68	25.70	25.98	41.94
卫生均衡发展	63.28	62.58	50.50	77.94	86.12	82.44	87.24	23.44
文化均衡发展	34.82	43.47	48.47	49.52	48.26	47.74	52.34	73.23
社会保障均衡发展	28.15	41.81	42.33	52.70	61.74	69.95	75.18	73.92
生活水平一体化	26.08	35.30	40.52	52.34	59.56	63.28	69.60	66.07
收入消费水平	39.06	48.74	54.43	75.59	86.52	89.11	90.44	72.96
居住卫生条件	13.10	21.86	26.61	29.08	32.61	37.44	48.76	59.19
生态环境一体化	13.42	20.19	30.07	39.05	44.90	53.37	65.67	75.86
水资源利用	-6.84	-1.71	3.42	5.98	9.40	14.53	18.80	50.43
污染物排放	46.06	56.63	67.34	75.67	82.50	89.45	100	100
环境卫生治理	1.04	5.66	19.44	35.48	42.79	56.12	78.20	77.17

表 23－2　湖北城乡发展一体化实现程度进展（环比提高）

单位：个百分点

项目	2011 年	2012 年	2013 年	2014 年	2015 年	2016 年	2010～2016 年年均提高	
							湖北	全国
总指数	9.33	4.97	9.16	6.38	5.54	7.67	7.18	6.71
经济发展一体化	16.44	6.08	6.59	8.25	8.98	8.34	9.11	6.46
经济发展	12.47	10.47	8.09	8.92	8.76	8.95	9.61	7.89
产业协调	17.20	2.16	6.61	10.41	9.63	8.98	9.17	6.78
要素配置	19.65	5.60	5.08	5.41	8.55	7.10	8.56	4.70
社会发展一体化	4.88	-1.29	9.24	4.19	1.01	3.73	3.63	5.22
教育均衡发展	-2.07	1.43	-1.89	0.81	0.02	0.28	-0.24	3.93
卫生均衡发展	-0.70	-12.08	27.44	8.18	-3.67	4.80	3.99	3.67
文化均衡发展	8.65	4.99	1.05	-1.26	-0.52	4.60	2.92	6.31
社会保障均衡发展	13.66	0.51	10.37	9.04	8.21	5.22	7.84	6.99

续表

项目	2011 年	2012 年	2013 年	2014 年	2015 年	2016 年	2010～2016 年年均提高	
							湖北	全国
生活水平一体化	9.22	5.22	11.81	7.23	3.71	6.32	7.25	7.15
收入消费水平	9.68	5.69	21.16	10.93	2.59	1.32	8.56	8.59
居住卫生条件	8.76	4.75	2.47	3.53	4.84	11.32	5.94	5.72
生态环境一体化	6.77	9.87	8.98	5.85	8.47	12.30	8.70	8.00
水资源利用	5.13	5.13	2.56	3.42	5.13	4.27	4.27	5.98
污染物排放	10.57	10.71	8.33	6.83	6.95	10.55	8.99	8.76
环境卫生治理	4.62	13.78	16.04	7.31	13.33	22.08	12.86	9.25

（三）2016年城乡发展一体化实现程度进展明显加快

2016 年，湖北城乡发展一体化总水平实现程度进展明显加快，进展比上年快 2.13 个百分点。

四个一体化中，除经济发展一体化实现程度提高幅度略低于上年外，其他三个一体化实现程度进展均明显快于上年，其中生态环境一体化实现程度在上年大幅提升的基础继续大幅提升了 12.3 个百分点，进展比上年快 3.83 个百分点（见表 23－2）。

（四）2010～2016年城乡发展一体化实现程度进展较快

2010～2016 年，湖北城乡发展一体化总水平实现程度年均提高 7.18 个百分点，比全国平均水平快 0.47 个百分点。

四个一体化中，除社会发展一体化实现程度进展低于全国平均进展外，其他三个一体化实现程度进展较快，均快于同期全国平均进展，特别是经济发展一体化实现程度进展，比全国平均进展快 2.65 个百分点。

12 个二级指标大部分进展较快，其中经济发展、产业协调和环境卫生治理等实现程度年均进展速度都超过 9 个百分点，特别是环境卫生治理实现程度年均进展达 12.86 个百分点；但文化均衡发展、教育均衡发展和水资源利用等实现程度进展缓慢，尤其是教育均衡发展实现程度出现下降（见表 23－2）。

二　城乡发展一体化实现程度排序与变化

（一）2016年：整体水平处于全国中上游

2016 年，湖北城乡发展一体化总水平实现程度处于全国第 13 位，比上年提升 1 位。

四个一体化实现程度排序比较均衡，基本处于中上游，其中生活水平一体化实现程度排序最高，位于全国第 11 位。

12 个二级指标中，污染物排放提前实现目标，并列全国第一；卫生均衡发展和收入消费水平实现程度排序进入前 10 位；教育均衡发展、文化均衡发展和水资源利用实现程度排序靠后，处于全国后 10 位（见表 23－3）。

表 23－3　湖北城乡发展一体化实现程度排序

项目	2010 年	2011 年	2012 年	2013 年	2014 年	2015 年	2016 年
总指数	18	17	18	16	14	14	13
经济发展一体化	25	21	21	21	18	15	14
经济发展	14	14	14	14	14	13	12
产业协调	27	20	20	19	18	15	11
要素配置	26	22	22	23	23	21	19
社会发展一体化	16	15	22	11	12	12	12
教育均衡发展	19	21	20	20	23	23	23
卫生均衡发展	9	9	12	7	8	7	8
文化均衡发展	19	20	18	20	22	25	26
社会保障均衡发展	20	21	29	23	17	16	16
生活水平一体化	13	11	12	11	12	13	11
收入消费水平	13	13	13	11	5	5	7
居住卫生条件	18	18	17	18	19	18	17
生态环境一体化	17	17	15	16	15	16	16
水资源利用	18	20	20	20	20	21	21
污染物排放	9	9	9	9	9	9	1
环境卫生治理	26	27	24	17	17	14	11

（二）2010～2016年变化：整体排序上升明显

2016 年相比 2010 年，湖北城乡发展一体化总水平实现程度排序上升 5 位（见表 23－3）。

四个一体化中，生态环境一体化和生活水平一体化实现程度排序略微上升，经济发展一体化和社会发展一体化实现程度大幅上升，特别是经济发展一体化实现程度，排序从第 25 位上升到第 14 位，大幅上升了 11 位（见表 2 3－3）。

三　简要评价

虽然湖北城乡发展一体化水平提升较快，进展速度居全国前列，但由于起点低，目前实现程度依然较低，而且近几年进展低于前期，如期实现目标还需进一步加快发展。按 2010～2016 年平均进展，到 2020 年，生态环境一体化可以如期实现目标，生活水平一体化实现程度将达到 98. 6%，非常接近实现目标，总水平实现程度达到 90. 1%，接近实现目标。但是，社会发展一体化实现程度只能达到 74. 7%，距实现目标还有较大差距；经济发展一体化实现程度也只能达到 86. 7%，距实现目标也有一定差距。

（一）继续较快提高农业比较劳动生产率，进一步改善城乡二元经济结构

近几年来，湖北城乡发展一体化的一个突出特点是农业劳动生产率水平大幅提高，提高幅度远高于全国平均水平，同时，农业比较劳动生产率提高速度快于非农产业比较劳动生产率，城乡二元经济结构逐年持续较大幅度的改善，为产业协调和经济发展一体化实现程度的较快提高做出了重要贡献，产业协调和经济发展一体化实现程度的提升速度均为全国最快。但是，由于湖北过去城乡二元经济结构问题十分严重，2010 年实现程度低于绝大多数省份，远低于全国平均水平，因此，即使近几年来城乡二元经济有了较大的改善，但问题依然严重，距实现目标还有巨大差距。2016 年产业协调实现程度仅为 42%，距实现目标还有较大差距。

（二）加大信贷资金对农业的支持，加快农业劳动力转移，提高城镇化土地利用效率

湖北信贷资金对农业的支持明显不足，农业贷款相对强度低，2016 年，农业贷款相对强度的实现程度距离 2007 年全国平均水平还有一定差距。

农业劳动力比重偏高，高于全国平均水平。2016 年，非农产业劳动力比重的实现程度仅为 26.6%，距实现目标还有较大差距。

城镇化土地利用率远低于全国平均水平，2016 年，土地相对利用率实现程度仅为 29%，仅及当年全国平均水平的一半。

上述三个方面的问题导致要素配置实现程度处于较低水平，2016 年仅达到 31.44%，距实现目标还有较大差距，严重制约了经济发展一体化实现程度的提高。

（三）提升农村义务教育师资水平，缩小城乡差距

2016 年，湖北农村义务教育教师平均受教育年限低于全国平均水平，同时，义务教育教师平均受教育年限的城乡差距大于全国平均水平。

（四）遏制人力资本水平城乡差距扩大趋势，努力缩小城乡差距

湖北农村人口平均受教育水平与全国平均水平相当，水平较低，2016 年实现程度距目标还有较大差距；同时，城乡人口平均受教育年限差距较大，而且呈不断扩大趋势，城乡差距大于 2007 年全国平均水平。

（五）改善农村居住卫生条件

湖北农村居住卫生条件较差，主要是农村安全饮用水普及率较低。2016 年，村庄集中供水普及率与全国平均水平相差 10 个百分点，实现程度仅为 24%，距实现目标还有巨大差距。

（六）提高农业用水利用效率

湖北农业用水效率较低，2016 年，农田灌溉水有效利用系数远低于全国平均水平，实现程度不到 20%，距实现目标还有巨大差距。

第二十四章
湖南城乡发展一体化

一　城乡发展一体化实现程度与进展

（一）城乡发展一体化实现程度低

2016 年，湖南城乡发展一体化总水平实现程度仅为 49.65%，低于全国平均水平 14.12 个百分点，实现程度低。

四个一体化中，社会发展一体化实现程度最高，达 60.96%，高于全国平均水平实现程度；其他三个一体化实现程度均低于全国平均水平，且差距较大，特别是经济发展一体化实现程度仅为 31.78%，比全国平均水平低 28.25 个百分点。

12 个二级指标中，污染物排放已提前实现目标，教育均衡发展、社会保障均衡发展和收入消费水平等实现程度高于全国平均水平，特别是教育均衡发展实现程度高出全国平均水平 37.63 个百分点，优势突出；其他 8 个指标实现程度均低于全国平均水平，其中产业协调、要素配置、居住卫生条件和水资源利用等实现程度与全国平均水平差距较大（见表 24 - 1）。

（二）2016年城乡发展一体化水平全面提升

2016 年，湖南城乡发展一体化总水平实现程度比上年提高 5.84 个百分点，延续了逐年持续提升的态势；四个一体化实现程度也全部有不同程度提升，同样延续了逐年提升的态势；12 个二级指标中仅要素配置实现程度下降，其余 11 个指标实现程度均提升（见表 24－2）。

表 24－1　湖南城乡发展一体化实现程度

单位：%

项目	2010 年	2011 年	2012 年	2013 年	2014 年	2015 年	2016 年	2016 年全国
总指数	9.41	21.29	26.95	33.35	38.41	43.81	49.65	63.77
经济发展一体化	－2.96	8.55	14.61	19.35	24.21	28.21	31.78	60.03
经济发展	－7.83	2.56	11.89	20.27	28.80	38.23	48.65	71.27
产业协调	1.37	12.51	13.75	13.28	14.58	16.40	17.84	57.45
要素配置	－2.42	10.59	18.18	24.50	29.25	30.00	28.83	51.36
社会发展一体化	22.28	41.41	45.41	48.43	49.85	55.69	60.96	53.13
教育均衡发展	55.66	64.08	67.86	67.66	73.52	74.95	79.57	41.94
卫生均衡发展	－15.08	6.94	9.51	13.44	4.73	16.84	19.38	23.44
文化均衡发展	14.79	38.98	43.91	50.73	53.46	58.45	70.31	73.23
社会保障均衡发展	33.74	55.64	60.33	61.89	67.68	72.51	74.59	73.92
生活水平一体化	10.80	17.16	20.86	31.68	39.25	43.57	46.30	66.07
收入消费水平	36.53	45.14	50.83	65.42	77.00	80.34	82.44	72.96
居住卫生条件	－14.94	－10.82	－9.10	－2.07	1.49	6.79	10.17	59.19
生态环境一体化	7.53	18.02	26.93	33.95	40.33	47.76	59.57	75.86
水资源利用	－16.24	－12.82	－9.40	－2.56	3.42	11.11	18.80	50.43
污染物排放	27.17	46.22	58.86	66.73	74.13	80.64	100	100
环境卫生治理	11.67	20.65	31.34	37.67	43.44	51.54	59.90	77.17

表 24－2　湖南城乡发展一体化实现程度进展（环比提高）

单位：个百分点

项目	2011 年	2012 年	2013 年	2014 年	2015 年	2016 年	2010～2016 年年均提高	
							湖南	全国
总指数	11.87	5.67	6.40	5.06	5.40	5.84	6.71	6.71
经济发展一体化	11.51	6.05	4.74	4.86	4.00	3.57	5.79	6.46
经济发展	10.39	9.34	8.38	8.53	9.43	10.42	9.41	7.89
产业协调	11.14	1.24	－0.46	1.30	1.82	1.44	2.75	6.78
要素配置	13.01	7.59	6.32	4.76	0.75	－1.17	5.21	4.70

续表

项目	2011年	2012年	2013年	2014年	2015年	2016年	2010～2016年年均提高	
							湖南	全国
社会发展一体化	19.13	4.00	3.03	1.42	5.84	5.27	6.45	5.22
教育均衡发展	8.41	3.79	-0.20	5.86	1.43	4.61	3.98	3.93
卫生均衡发展	22.02	2.57	-8.71	-8.71	12.11	2.54	5.74	3.67
文化均衡发展	24.18	4.94	6.82	2.73	4.99	11.86	9.25	6.31
社会保障均衡发展	21.90	4.69	3.93	5.79	4.83	2.08	6.81	6.99
生活水平一体化	6.37	3.70	10.81	7.57	4.32	2.74	5.92	7.15
收入消费水平	8.62	5.69	1.55	11.58	3.34	2.09	7.65	8.59
居住卫生条件	4.12	1.71	14.59	3.56	5.30	3.38	4.18	5.72
生态环境一体化	10.48	8.92	7.01	6.39	7.43	11.80	8.67	8.00
水资源利用	3.42	3.42	11.17	5.98	7.69	7.69	5.84	5.98
污染物排放	19.05	12.64	6.84	7.41	6.51	19.36	12.14	8.76
环境卫生治理	8.98	10.69	7.87	5.77	8.10	8.36	8.04	9.25

（三）2016年城乡发展一体化实现程度略微加快

2016年，湖南城乡发展一体化总水平实现程度进展比上年快0.44个百分点；四个一体化中，虽然经济发展一体化、社会发展一体化和生活水平一体化实现程度进展均低于上年，但生态环境一体化实现程度大幅提升了11.8个百分点，进展比上年快4.37个百分点，拉动了总水平实现程度进展略快于上年（见表24－2）。

（四）2010～2016年城乡发展一体化实现程度进展与全国平均水平持平

2010～2016年，湖南城乡发展一体化实现程度年均提高6.71个百分点，与全国平均水平持平。

四个一体化中，经济发展一体化和生活水平一体化实现程度进展较慢，低于全国平均水平，社会发展一体化和生态环境一体化实现程度年均进展高于全国平均进展（见表24－2）。

12个二级指标中，经济发展、文化均衡发展和污染物排放等实现程度进展迅速，年均增长幅度超过9个百分点，特别是污染物排放年均提高12.14个

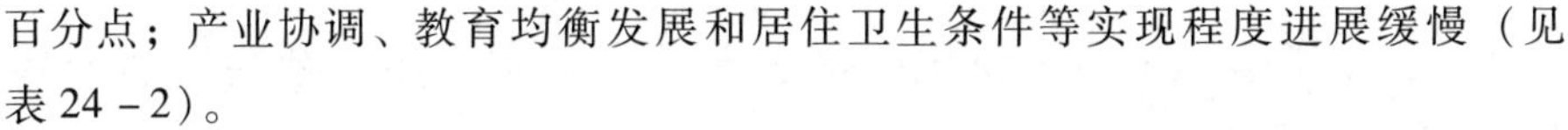

百分点；产业协调、教育均衡发展和居住卫生条件等实现程度进展缓慢（见表 24－2）。

二　城乡发展一体化实现程度排序与变化

（一）2016年：整体排序靠后

2016 年，湖南城乡发展一体化总水平实现程度位于全国第 24 位，比上年下降 2 位。

四个一体化中，社会发展一体化实现程度排序相对较高，位于第 11 位；经济发展一体化和生活水平一体化实现程度排序靠后，分别位于第 24 和第 23 位。

12 个二级指标中，污染物排放已提前实现目标，并列全国第一，教育均衡发展实现程度排序高，位于第 3 位；经济发展等 6 个指标实现程度排序靠后，特别是居住卫生条件处于全国倒数第 4 位（见表 24－3）。

表 24－3　湖南城乡发展一体化实现程度排序

项目	2010 年	2011 年	2012 年	2013 年	2014 年	2015 年	2016 年
总指数	22	21	22	22	22	22	24
经济发展一体化	24	23	23	23	23	23	24
经济发展	21	21	21	21	21	20	20
产业协调	20	18	18	18	20	19	20
要素配置	21	19	19	19	19	19	20
社会发展一体化	22	18	17	14	16	13	11
教育均衡发展	6	5	6	6	4	4	3
卫生均衡发展	25	24	22	22	23	19	20
文化均衡发展	24	21	21	18	19	18	14
社会保障均衡发展	17	13	14	14	14	11	17
生活水平一体化	22	22	24	23	22	22	23
收入消费水平	14	14	14	15	14	13	15
居住卫生条件	24	25	27	27	27	27	27
生态环境一体化	19	18	18	18	17	18	18
水资源利用	22	21	21	21	21	22	21
污染物排放	15	14	13	14	14	14	1
环境卫生治理	19	16	14	16	16	16	19

（二）2010 ~2016年变化：总水平排序基本稳定，社会发展一体化实现程度排序大幅提升

2010 ~2016 年，湖南城乡发展一体化总水平排序基本处于第 22 位，仅在 2011 年短暂上升 1 位，2016 年下降 2 位。

四个一体化中，社会发展一体化实现程度排序上升幅度较大，从第 22 位上升到第 11 位，其他三个一体化实现程度排序较为稳定，变化不大（见表 24 -3）。

三 简要评价

湖南虽然城乡发展一体化实现程度进展与全国平均水平相当，但由于起点低，目前实现程度依然很低，如期实现目标任务艰巨。按 2011 ~2016 年平均进展，到 2020 年，城乡发展一体化总水平实现程度仅能达到 76.5%，距实现目标还有较大差距；四个一体化中，仅生态环境一体化将接近实现目标，其他三个一体化实现程度距目标还有较大差距，特别是经济发展一体化实现程度只有 55%，距实现目标路途遥远。

（一）加快经济发展，提高人口城镇化水平

2016 年，湖南人均 GDP 和人口城镇化率均低于全国平均水平，实现程度均只有 49%，距实现目标还有较大差距。

（二）提高农业劳动生产率，大力改善城乡二元经济结构，遏止城乡二元经济结构恶化趋势

湖南不仅农业劳动生产率低，而且农业劳动力比重偏高；同时，农业比较劳动生产率远低于非农产业比较劳动生产率，城乡二元经济结构问题十分严重，且近几年来城乡二元经济结构呈持续恶化趋势。2016 年，二元经济对比系数尚不及 2007 年全国平均水平，产业发展不协调，实现程度仅为 17.84%，距实现目标还有巨大差距，严重拖累了经济发展一体化实现程度的提高。

（三）加快农业劳动力转移，加大信贷资金对农业的支持，提高城镇化土地利用效率

湖南农业劳动力比重偏高。2016 年，非农产业劳动力比重的实现程度仅及 2007 年全国平均水平，距实现目标差距巨大。

信贷资金对农业的支持明显不足，农业贷款相对强度低，2016 年，农业贷款相对强度仅及 2007 年全国平均水平。

城镇化土地利用率远低于全国平均水平，2016 年，土地相对利用率实现程度仅为 32.3%，距实现目标还有较大差距。

上述三个方面的问题导致要素配置实现程度处于较低水平，2016 年仅达到 28.8%，距实现目标还有较大差距，严重制约了经济发展一体化实现程度的提高。

（四）缩小医疗卫生服务人力资源配置的城乡差距

2016 年，湖南农村医疗卫生服务人员数量略低于全国平均水平，但是医疗卫生服务人员数量的城乡差距较大，城乡差距远大于 2007 年全国平均水平，极大地制约了卫生均衡发展实现程度的提高。

（五）提高农民收入水平，缩小城乡居民收入差距

2016 年，湖南农村居民人均可支配收入低于全国平均水平，虽然城乡居民收入差距小于全国平均水平，但依然较大，实现程度仅为 53.2%，距实现目标还有较大差距。

（六）改善农村居住卫生条件和环境卫生状况

湖南农村居住卫生条件和环境卫生治理水平较差，2016 年，村庄集中供水普及率尚不及 2007 年全国平均水平；农村无害化卫生厕所普及率、农村生活垃圾处理率和农村生活污水处理率均远低于全国平均水平，距实现目标差距较大。

第二十五章
广东城乡发展一体化

一　城乡发展一体化实现程度与进展

（一）城乡发展一体化实现程度高于全国平均水平

2016 年，广东城乡发展一体化总水平实现程度为 68.47%，高于全国平均水平 4.7 个百分点，但是低于大多数沿海发达省份，实现程度与其发达的经济水平不相适应。

四个一体化中，生活水平一体化实现程度最高，达 78.55%；经济发展一体化和社会发展一体化实现程度也高于全国平均水平；但生态环境一体化实现程度较低，比全国平均水平低 10.58 个百分点。

12 个二级指标实现程度的差距较大，经济发展、文化均衡发展和污染物排放已提前实现目标，但卫生均衡发展和水资源利用等实现程度分别只有 5.01% 和 3.42%，产业协调实现程度仅为 16.33%，距实现目标差距巨大，是制约广东城乡发展一体化程度提高的主要因素（见表 25 - 1）。

（二）2016年城乡发展一体化水平全面提升

2016 年，广东城乡发展一体化总水平实现程度比上年提高 4.21 个百分点，延续逐年持续提升的态势；四个一体化实现程度均比上年提升；12 个二级指标中，仅教育均衡发展实现程度比上年略微下降（见表 25 - 2）。

表 25-1　广东城乡发展一体化实现程度

单位：%

项目	2010 年	2011 年	2012 年	2013 年	2014 年	2015 年	2016 年	2016 年全国
总指数	39.24	46.19	50.15	54.32	60.38	64.26	68.47	63.77
经济发展一体化	40.80	46.70	49.87	54.02	58.45	60.21	62.73	60.03
经济发展	77.48	82.95	87.62	93.12	98.31	100	100	71.27
产业协调	-1.78	4.10	5.89	7.67	9.93	12.36	16.33	57.45
要素配置	46.72	53.06	56.09	61.29	67.10	68.28	71.86	51.36
社会发展一体化	44.71	51.43	54.11	46.00	57.32	61.85	67.30	53.13
教育均衡发展	47.80	60.49	64.05	59.37	65.47	74.48	74.43	41.94
卫生均衡发展	-10.38	-13.34	-14.43	-47.56	-13.64	-5.59	5.01	23.44
文化均衡发展	80.66	84.85	89.04	94.62	100	100	100	73.23
社会保障均衡发展	60.75	73.71	77.80	77.56	77.43	78.51	89.75	73.92
生活水平一体化	45.60	54.19	56.73	70.16	74.51	77.35	78.55	66.07
收入消费水平	22.84	40.45	43.67	66.03	73.15	77.64	78.80	72.96
居住卫生条件	68.36	67.92	69.79	74.29	75.87	77.05	78.30	59.19
生态环境一体化	25.84	32.46	39.90	47.09	51.26	57.63	65.28	75.86
水资源利用	-33.33	-26.50	-19.66	-14.53	-6.84	-1.71	3.42	50.43
污染物排放	83.80	89.92	93.47	96.56	99.11	100	100	100
环境卫生治理	27.05	33.96	45.90	59.23	61.52	74.60	92.43	77.17

表 25-2　广东城乡发展一体化实现程度进展（环比提高）

单位：个百分点

项目	2011 年	2012 年	2013 年	2014 年	2015 年	2016 年	2010~2016 年年均提高	
							广东	全国
总指数	6.96	3.96	4.16	6.07	3.88	4.21	4.87	6.71
经济发展一体化	5.90	3.16	4.16	4.42	1.77	2.52	3.65	6.46
经济发展	5.47	4.67	5.49	5.19	1.69	0	3.75	7.89
产业协调	5.88	1.79	1.78	2.27	2.43	3.97	3.02	6.78
要素配置	6.34	3.03	5.20	5.81	1.19	3.58	4.19	4.70
社会发展一体化	6.72	2.69	-8.12	11.32	4.53	5.45	3.76	5.22
教育均衡发展	12.68	3.56	-4.68	6.10	9.01	-0.05	4.44	3.93
卫生均衡发展	-2.96	-1.10	-33.13	33.93	8.05	10.60	2.56	3.67
文化均衡发展	4.19	4.19	5.58	5.38	0	0	3.22	6.31
社会保障均衡发展	12.96	4.09	-0.23	-0.13	1.08	11.24	4.83	6.99

续表

项目	2011 年	2012 年	2013 年	2014 年	2015 年	2016 年	2010～2016 年年均提高	
							广东	全国
生活水平一体化	8.59	2.54	13.43	4.35	2.84	1.20	5.49	7.15
收入消费水平	17.61	3.21	22.37	7.12	4.49	1.16	9.33	8.59
居住卫生条件	-0.44	1.87	4.50	1.58	1.18	1.25	1.66	5.72
生态环境一体化	6.62	7.44	7.18	4.18	6.37	7.65	6.57	8.00
水资源利用	6.84	6.84	5.13	7.69	5.13	5.13	6.13	5.98
污染物排放	6.12	3.55	3.08	2.55	0.89	0	2.70	8.76
环境卫生治理	6.91	11.94	13.33	2.29	13.08	17.83	10.90	9.25

（三）2016年城乡发展一体化总水平实现程度进展略快于上年

2016 年，广东城乡发展一体化总水平实现程度进展仅比上年快 0.33 个百分点；四个一体化中，除生活水平一体化实现程度进展低于上年，其他三个一体化实现程度进展虽均快于上年，但幅度较小。

（四）2010～2016年城乡发展一体化实现程度进展缓慢

2010～2016 年，广东城乡发展一体化总水平实现程度年均提高 4.87 个百分点，比全国平均水平低 1.84 个百分点，进展缓慢。

四个一体化实现程度进展均低于全国平均水平。

12 个二级指标中，教育均衡发展、收入消费水平、水资源利用和环境卫生治理等实现程度进展高于全国平均水平，其中收入消费水平和环境卫生治理实现程度进展快，超过 9 个百分点；其他 8 个指标实现程度进展均低于全国平均水平，特别是产业协调和居住卫生条件等实现程度进展严重滞后，与全国平均水平差距较大（见表 25－2）。

二　城乡发展一体化实现程度排序与变化

（一）2016年：整体排序处于上游，但在东部地区排序靠后

2016 年，广东城乡发展一体化总水平实现程度处于全国第 9 位，比上年

下降1位；总水平实现程度在东部地区10个省份中排序靠后，处于第9位，仅高于海南的排序。

四个一体化中，社会发展一体化和生活水平一体化实现程度均处于全国第9位，分别处于东部地区第8位和第9位；经济发展一体化实现程度位于第11位；生态环境一体化实现程度排序较为靠后，处于全国中下游。

12个二级指标实现程度排序差异较大，经济发展、文化均衡发展和污染物排放已提前实现目标，均并列全国第一；要素配置、教育均衡发展、社会保障均衡发展、居住卫生条件和环境卫生治理等实现程度处于前10行列；而产业协调、卫生均衡发展和水资源利用实现程度排序严重滞后，均处于全国后10位，收入消费水平实现程度排序也较靠后（见表25－3）。

表25－3　广东城乡发展一体化实现程度排序

项目	2010年	2011年	2012年	2013年	2014年	2015年	2016年
总指数	8	8	8	8	8	8	9
经济发展一体化	10	9	10	10	11	11	11
经济发展	6	6	7	8	6	1	1
产业协调	22	21	22	22	22	22	21
要素配置	7	7	7	8	7	7	7
社会发展一体化	8	8	9	21	11	10	9
教育均衡发展	8	7	7	7	7	5	6
卫生均衡发展	23	27	25	29	26	26	25
文化均衡发展	3	3	4	3	1	1	1
社会保障均衡发展	3	2	2	5	8	8	3
生活水平一体化	9	9	9	9	9	9	9
收入消费水平	21	15	18	14	16	16	19
居住卫生条件	8	8	8	9	9	9	9
生态环境一体化	13	13	13	13	13	14	17
水资源利用	24	24	24	24	23	25	25
污染物排放	6	6	6	6	6	1	1
环境卫生治理	11	10	8	8	9	8	6

（二）2010～2016年变化：整体排序较为稳定

2010～2016 年，广东城乡发展一体化总水平除 2016 年略微下降外，其余年份均稳定地位于第 8 位。

四个一体化中，除生态环境一体化实现程度排序下降 4 位外，其他三个一体化实现程度排序变化很小，仅社会发展一体化实现程度排序在个别年份波动较大（见表 25－3）。

三 简要评价

2010 年，广东城乡发展一体化总水平实现程度为 39.24%，虽然高于当年全国平均水平，但在东部地区仅高于河北和海南，远低于东部地区其他省份。同时，城乡发展一体化实现程度进展缓慢，远低于全国平均水平。按 2010～2016 年平均进展，到 2020 年，生活水平一体化将如期实现目标，生态环境一体化接近实现目标，但经济发展一体化和社会发展一体化实现程度均只能达到 80% 左右，距实现目标还有较大差距；城乡发展一体化总水平实现程度也只能达到 88%，距实现目标还有一定差距。

（一）大力改善城乡二元经济结构

广东虽然农业劳动生产率高于全国平均水平，但农业比较劳动生产率远低于非农产业比较劳动生产率，城乡二元经济结构较为严重，且近几年来没有改善。二元对比系数低于 2007 年全国平均水平，产业发展很不协调，2016 年产业协调实现程度仅为 16.3%，极大地制约了经济发展一体化实现程度的提高。

（二）加大信贷资金对农业的支持

广东信贷资金对农业的支持明显不足，农业贷款相对强度低，2016 年，农业贷款相对强度距 2007 年全国平均水平还有较大差距。

（三）增加农村医疗卫生服务人力资源配置，缩小城乡差距

总体来看，广东农村医疗卫生服务人员配置数量依然较少，远低于全国平

均水平；同时，虽然近几年来医疗卫生服务人员数量的城乡差距有所缩小，但依然较大，距2007年全国平均水平还有巨大差距。

（四）提高农业用水利用效率

广东农业用水效率较低，2016年，农田灌溉水有效利用系数远低于全国平均水平，实现程度仅及2007年全国平均水平，距实现目标还有巨大差距。

第二十六章
广西城乡发展一体化

一　城乡发展一体化实现程度与进展

（一）城乡发展一体化整体实现程度低

2016 年，广西城乡发展一体化总水平实现程度为 50.15%，低于全国平均水平 13.62 个百分点。

四个一体化中，社会发展一体化和生活水平一体化实现程度略高于全国平均水平，生活水平一体化实现程度最高也未超过 70%；生态环境一体化和经济发展一体化实现程度均大幅低于全国平均水平，特别是经济发展一体化，实现程度与全国平均水平相差 43.04 个百分点。

12 个二级指标中，污染物排放已实现目标，其余 11 个二级指标实现程度普遍不高，最高的收入消费水平，实现程度也只有 73.58%，距实现目标还有较大差距；而经济发展、产业协调、要素配置等实现程度严重滞后，水资源利用甚至尚未达到 2007 年全国平均水平（见表 26－1）。

（二）2016年城乡发展一体化水平全面提升

2016 年，广西城乡发展一体化总水平实现程度比上年提高 8.74 个百分点，延续逐年持续提升的态势；四个一体化以及 12 个二级指标实现程度全部提升（见表 26－2）。

表 26－1　广西城乡发展一体化实现程度

单位：%

项目	2010 年	2011 年	2012 年	2013 年	2014 年	2015 年	2016 年	2016 年全国
总指数	2.93	13.35	20.36	28.85	35.69	41.41	50.15	63.77
经济发展一体化	－17.09	－11.99	－7.80	－2.10	2.67	9.36	16.99	60.03
经济发展	－24.40	－14.82	－5.52	2.19	9.28	15.89	22.22	71.27
产业协调	－8.49	－7.02	－7.73	－0.87	1.62	5.16	12.06	57.45
要素配置	－18.38	－14.12	－10.13	－7.62	－2.90	7.04	16.70	51.36
社会发展一体化	29.21	37.39	42.55	47.98	51.48	50.43	59.54	53.13
教育均衡发展	20.55	28.06	31.57	32.27	34.49	33.17	40.15	41.94
卫生均衡发展	36.45	46.59	50.73	53.34	62.23	47.87	71.84	23.44
文化均衡发展	28.42	36.20	44.37	49.34	51.99	58.40	62.83	73.23
社会保障均衡发展	31.44	38.70	43.52	56.97	57.20	62.26	63.35	73.92
生活水平一体化	15.21	24.37	35.31	48.12	59.76	64.17	67.94	66.07
收入消费水平	－1.44	11.75	20.31	40.30	61.38	67.58	73.58	72.96
居住卫生条件	31.86	36.99	50.30	55.93	58.15	60.76	62.31	59.19
生态环境一体化	－15.64	3.62	11.36	21.42	28.87	41.67	56.12	75.86
水资源利用	－56.41	－50.43	－44.44	－38.46	－31.62	－15.38	－5.13	50.43
污染物排放	－11.23	36.01	48.37	59.94	67.20	76.65	99.94	100
环境卫生治理	20.74	25.28	30.17	42.78	51.04	63.73	73.54	77.17

表 26－2　广西城乡发展一体化实现程度进展（环比提高）

单位：个百分点

项目	2011 年	2012 年	2013	2014 年	2015 年	2016 年	2010～2016 年年均提高	
							广西	全国
总指数	10.42	7.01	8.50	6.84	5.71	8.74	7.87	6.71
经济发展一体化	5.10	4.19	5.70	4.77	6.69	7.63	5.68	6.46
经济发展	9.57	9.30	7.71	7.09	6.61	6.34	7.77	7.89
产业协调	1.47	－0.71	6.86	2.49	3.53	6.90	3.42	6.78
要素配置	4.26	3.99	2.52	4.71	9.94	9.66	5.85	4.70
社会发展一体化	8.17	5.16	5.43	3.50	－1.05	9.12	5.05	5.22
教育均衡发展	7.51	3.51	0.70	2.22	－1.32	6.98	3.27	3.93
卫生均衡发展	10.14	4.14	2.61	8.89	－14.36	23.97	5.90	3.67
文化均衡发展	7.78	8.17	4.97	2.65	6.41	4.43	5.74	6.31
社会保障均衡发展	7.26	4.82	13.45	0.23	5.06	1.09	5.32	6.99

续表

项目	2011 年	2012 年	2013	2014 年	2015 年	2016 年	2010～2016 年年均提高	
							广西	全国
生活水平一体化	9.16	10.94	12.81	11.65	4.41	3.77	8.79	7.15
收入消费水平	13.19	8.56	19.99	21.08	6.21	6.00	12.50	8.59
居住卫生条件	5.13	13.31	5.63	2.22	2.61	1.54	5.07	5.72
生态环境一体化	19.26	7.74	10.05	7.45	12.80	14.45	11.96	8.00
水资源利用	5.98	5.98	5.98	6.84	16.24	10.26	8.55	5.98
污染物排放	47.24	12.36	11.57	7.26	9.45	23.28	18.53	8.76
环境卫生治理	4.54	4.89	12.61	8.26	12.70	9.80	8.80	9.25

（三）2016年城乡发展一体化实现程度进展大幅加快

2016 年，广西城乡发展一体化总水平实现程度进展大幅加快，扭转了前几年进展下降的趋势，进展比上年加快 3.03 个百分点。

四个一体化中，除生活水平一体化实现程度进展略低于上年外，其他三个一体化实现程度进展均快于上年，特别是生态环境一体化实现程度比上年大幅提高 14.45 个百分点（见表 26－2）。

（四）2010～2016年城乡发展一体化实现程度进展快

2010～2016 年，广西城乡发展一体化总水平实现程度年均提高 7.87 个百分点，高于全国平均水平 1.16 个百分点，进展仅慢于贵州和新疆。

四个一体化中，虽然经济发展一体化和社会发展一体化实现程度进展低于全国平均水平，但生活水平一体化和生态环境一体化实现程度进展快，特别是生态环境一体化实现程度年均提高 11.96 个百分点，比全国年均进展快 3.96 个百分点，由此拉动总水平实现程度快速提高（见表 26－2）。

二　城乡发展一体化实现程度排序与变化

（一）2016年：整体水平处于全国下游

2016 年，广西城乡发展一体化总水平实现程度处于全国第 22 位，比上年

提升 1 位。

四个一体化中，社会发展一体化和生活水平一体化实现程度处于中上游，分别位居第 13 位和第 12 位；经济发展一体化和生态环境一体化实现程度排序靠后，分别位于倒数第 4 位和第 23 位。

大多数二级指标实现程度排序靠后，特别是经济发展、要素配置和水资源利用等实现程度，均排在全国后 5 位。比较而言，卫生均衡发展、居住卫生条件和环境卫生治理等实现程度排序比较靠前（见表 26－3）。

表 26－3　广西城乡发展一体化实现程度排序

项目	2010 年	2011 年	2012 年	2013 年	2014 年	2015 年	2016 年
总指数	24	24	23	23	23	23	22
经济发展一体化	27	27	27	27	27	27	27
经济发展	26	27	27	27	27	27	27
产业协调	23	23	25	24	24	24	23
要素配置	25	25	25	27	27	26	26
社会发展一体化	19	21	20	17	13	21	13
教育均衡发展	23	20	18	19	20	22	18
卫生均衡发展	12	11	11	11	11	14	11
文化均衡发展	20	22	20	21	20	19	19
社会保障均衡发展	19	25	27	17	19	21	26
生活水平一体化	18	17	17	15	11	11	12
收入消费水平	26	26	25	26	24	23	21
居住卫生条件	11	10	10	10	10	12	11
生态环境一体化	25	23	24	23	23	23	23
水资源利用	27	27	27	30	27	27	27
污染物排放	22	17	18	18	16	16	19
环境卫生治理	14	14	15	13	11	11	13

（二）2010～2016年变化：整体排序有所上升

2010～2016 年，广西城乡发展一体化总水平实现程度呈小幅上升趋势，排序上升 2 位。

四个一体化中，经济发展一体化实现程度排序始终处于倒数第 4 位；生态环境一体化实现程度排序小幅上升 2 位；社会发展一体化和生活水平一体化实现程度排序均大幅上升 6 位（见表 26 - 3）。

三　简要评价

广西城乡发展一体化水平虽然进展较快，进展速度居全国前列，但由于起点低，目前实现程度依然较低，如期实现目标还需进一步加快发展。按2010 ~ 2016 年平均进展，到 2020 年，虽然生活水平一体化和生态环境一体化可以如期实现目标，但经济发展一体化和社会发展一体化实现程度低，特别是经济发展一体化实现程度仅能达到 39.3%，极大地制约了城乡发展一体化总水平实现程度的提高，到 2020 年，总水平实现程度只能达到 81.6%，距实现目标还有较大差距。

（一）加快经济发展，提高人口城镇化水平

2016 年，广西人均 GDP 仅为全国平均水平的 73.8%，实现程度仅为 28.9%；同时，人口城镇化率低，比全国平均水平低 9.3 个百分点，实现程度仅为 15.5%；城乡发展一体化的基础极为薄弱。

（二）提高农业劳动生产率，大力改善城乡二元经济结构

广西不仅农业劳动生产率低，2016 年仅为全国平均水平的 86.6%；同时，农业比较劳动生产率远低于非农产业比较劳动生产率，城乡二元经济结构问题较为严重，且近几年来城乡二元经济结构有所恶化。2016 年，二元经济对比系数尚不及 2007 年全国平均水平，产业发展不协调，实现程度仅为 12.1%，距实现目标还有巨大差距，严重制约了经济发展一体化实现程度的提高。

（三）加快农业劳动力转移，加大信贷资金对农业的支持，提高城镇化土地利用效率

广西农业劳动力比重严重偏高。2016 年，非农产业劳动力比重甚至远未达到 2007 年全国平均水平。

信贷资金对农业的支持不足，农业贷款相对强度低，2016 年，农业贷

款相对强度虽然高于全国平均水平但依然较低，实现程度距目标还有巨大差距。

城镇化土地利用率远低于全国平均水平，2016 年，土地相对利用率仅及全国平均水平的 84%，实现程度仅为 28.4%，距实现目标还有较大差距。

上述三个方面的问题导致要素配置实现程度处于非常低的水平，2016 年仅达到 16.7%，距实现目标还有较大差距，严重制约了经济发展一体化实现程度的提高。

（四）提升农村义务教育师资水平，缩小城乡差距

2016 年，广西农村义务教育教师平均受教育年限低于全国平均水平，实现程度只有 47.9%；同时，义务教育教师平均受教育年限的城乡差距大于全国平均水平，实现程度仅为 35.4%。

（五）提高农村人力资本水平，努力缩小城乡差距

虽然广西农村人口平均受教育年限略高于全国平均水平，但依然较低，2016 年实现程度也只达到 46.3%，距实现目标还有较大差距；同时，虽然城乡人口平均受教育年限差距小于全国平均水平，但城乡差距依然较大，2016 年实现程度仅为 31%。

（六）缩小城乡居民最低生活保障差距

2016 年，广西城乡居民最低生活保障差距大于全国平均水平，实现程度尚未过半，制约了社会保障均衡发展实现程度的提高。

（七）提高农民收入水平，缩小城乡居民收入差距

2016 年，广西农村居民人均可支配收入仅为全国平均水平的 83.5%，虽然近几年来城乡居民收入差距不断缩小，但仍略高于全国平均水平，依然较大，实现程度仅为 44.8%，距实现目标还有较大差距。

（八）继续改善农村居住卫生条件和环境卫生状况

虽然广西农村居住卫生条件和环境卫生治理的实现程度高于全国平均

水平，但村庄集中供水普及率和生活污水处理率远低于全国平均水平，2016年，两者实现程度分别只有24.6%和39.9%，均距实现目标还有较大差距。

（九）提高农业用水利用效率

广西农业用水效率较低，2016年，农田灌溉水有效利用系数尚不及2007年全国平均水平。

第二十七章
海南城乡发展一体化

一 城乡发展一体化实现程度与进展

（一）城乡发展一体化总水平实现程度距实现目标还有约1/3的路程

2016 年，海南城乡发展一体化总水平实现程度首次突破 60%，达到 66.12%，比全国平均水平高 2.35 个百分点，距实现目标还有约 1/3 的路程（见表 27－1）。

（二）生活水平一体化实现程度较高，经济发展一体化实现程度低

2016 年，四个一体化中，生活水平一体化实现程度为 88.6%，比全国平均水平高出 22.53 个百分点，其中居住卫生条件已非常接近实现目标。但是，经济发展一体化实现程度低，比全国平均水平低 24.5 个百分点，距实现目标还有较大距离。其中要素配置实现程度尚不及 2007 年全国平均水平。生态环境一体化实现程度较高，超过 80%，其中污染物排放已提前实现目标。社会发展一体化中的卫生均衡发展实现程度低，仅及 2007 年全国平均水平（见表27－1）。

表 27－1　海南城乡发展一体化实现程度

单位：%

项目	2010 年	2011 年	2012 年	2013 年	2014 年	2015 年	2016 年	2016 年全国
总指数	33.72	40.86	45.92	52.73	57.63	59.99	66.12	63.77
经济发展一体化	11.24	14.49	18.89	25.04	28.72	30.35	35.53	60.03
经济发展	14.42	20.31	27.05	34.34	41.27	48.92	58.14	71.27
产业协调	61.09	63.10	66.81	69.15	71.01	67.66	66.95	57.45
要素配置	-41.79	-39.94	-37.19	-28.38	-26.13	-25.53	-18.50	51.36
社会发展一体化	41.15	44.83	52.18	56.09	64.17	55.40	55.77	53.13
教育均衡发展	35.21	37.91	46.22	47.43	51.11	54.49	51.07	41.94
卫生均衡发展	33.93	21.63	28.56	33.60	60.09	10.38	3.79	23.44
文化均衡发展	38.19	48.74	56.41	65.42	67.38	76.03	88.03	73.23
社会保障均衡发展	57.27	71.03	77.55	77.91	78.09	80.70	80.18	73.92
生活水平一体化	49.28	59.60	61.19	73.26	77.89	83.89	88.60	66.07
收入消费水平	21.22	30.37	33.49	54.92	63.95	75.26	81.46	72.96
居住卫生条件	77.33	88.83	88.88	91.60	91.83	92.52	95.74	59.19
生态环境一体化	33.22	44.52	51.43	56.55	59.76	70.30	84.57	75.86
水资源利用	53.85	55.56	57.26	59.83	64.10	68.38	70.09	50.43
污染物排放	39.20	49.37	56.13	62.83	66.92	72.86	100	100
环境卫生治理	6.60	28.64	40.89	46.98	48.25	69.68	83.62	77.17

（三）2016年城乡发展一体化实现程度全面提升

2016 年，海南城乡发展一体化总水平实现程度比上年提高了 6.13 个百分点；四个一体化实现程度全面提升，其中生态环境一体化大幅提升 14.27 个百分点；但社会发展一体化实现程度提升幅度较小，仅提高 0.37 个百分点。

污染物排放、环境卫生治理、文化均衡发展、经济发展等实现程度继续大幅提升；虽然社会发展一体化实现程度小幅提升，但教育均衡发展、卫生均衡发展和社会保障均衡发展实现程度出现下降，产业协调实现程度也发生下降（见表 27－2）。

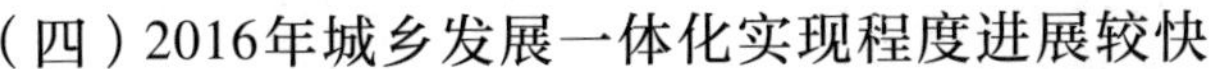

（四）2016年城乡发展一体化实现程度进展较快

2016 年，海南城乡发展一体化总水平实现程度进展较快，比 2010～2016 年平均进展快 0.73 个百分点，进展较快主要得益于生态环境一体化实现程度的大幅提升，进展大幅快于 2010～2016 年平均进展；2016 年，经济发展一体化实现程度进展也较快，但社会发展一体化实现程度进展较慢；由于生活水平一体化实现程度较高，进展有所减缓（见表 27－2）。

表 27－2　海南城乡发展一体化实现程度进展（环比提高）

单位：个百分点

项目	2011 年	2012 年	2013 年	2014 年	2015 年	2016 年	2010～2016 年年均提高	
							海南	全国
总指数	7.14	5.06	6.81	4.90	2.35	6.13	5.40	6.71
经济发展一体化	3.25	4.40	6.15	3.68	1.63	5.18	4.05	6.46
经济发展	5.90	6.73	7.29	6.94	7.64	9.23	7.29	7.89
产业协调	2.02	3.70	2.35	1.86	－3.35	－0.71	0.98	6.78
要素配置	1.85	2.76	8.80	2.25	0.59	7.03	3.88	4.70
社会发展一体化	3.68	7.35	3.90	8.08	－8.77	0.37	2.44	5.22
教育均衡发展	2.70	8.30	1.21	3.68	3.39	－3.43	2.64	3.93
卫生均衡发展	－12.30	6.93	5.04	26.50	－49.71	－6.59	－5.02	3.67
文化均衡发展	10.55	7.67	9.01	1.97	8.64	12.00	8.31	6.31
社会保障均衡发展	13.76	6.52	0.35	0.19	2.61	－0.52	3.82	6.99
生活水平一体化	10.32	1.59	12.07	4.63	6.00	4.71	6.55	7.15
收入消费水平	9.15	3.12	21.42	9.03	11.31	6.20	10.04	8.59
居住卫生条件	11.50	0.06	2.71	0.23	0.69	3.22	3.07	5.72
生态环境一体化	11.31	6.91	5.12	3.21	10.55	14.27	8.56	8.00
水资源利用	1.71	1.71	2.56	4.27	4.27	1.71	2.71	5.98
污染物排放	10.17	6.76	6.70	4.09	5.94	27.14	10.13	8.76
环境卫生治理	22.04	12.25	6.09	1.27	21.43	13.94	12.84	9.25

（五）2010～2016年城乡发展一体化进展较为缓慢，且基本呈逐年减缓态势

2010～2016 年，海南城乡发展一体化总水平实现程度年均进展为 5.4 个百分点，比同期全国平均进展慢 1.31 个百分点。四个一体化中，生态环境一

体化进展较快，年均进展 8.56 个百分点，比全国平均进展高 0.56 个百分点；其他三个一体化实现程度进展均慢于全国平均进展，特别是经济发展一体化，实现程度进展远低于全国平均水平，致使实现程度不仅远低于全国平均水平，且差距不断扩大；社会发展一体化实现程度进展也远低于全国平均水平。

另外，虽然 2016 年城乡发展一体化总水平实现程度进展大幅提升，但总体上基本呈逐年减缓态势（见表 27－2）。

二　城乡发展一体化实现程度排序与变化

（一）2016年：城乡发展一体化总水平实现程度排序略升，位居全国第10位

2016 年，海南城乡发展一体化总水平实现程度排序上升 1 位，位列全国第 10（见表 27－3），但位居东部地区 10 个省份中末端。

四个一体化排序差异较大，生活水平一体化和生态环境一体化排序相对靠前，均位列全国第 8，但前者排序较上年下降，后者排序上升；经济发展一体化和社会发展一体化均居全国中下游，分别位列第 21 位和 19 位，前者排序略升，后者排序大幅下降 5 位（见表 27－3）。

12 个二级指标中，污染物排放、产业协调实现程度排序居前，其中污染物排放实现程度与 17 个省份一样提前实现目标，产业协调实现程度排序位居第 3，文化均衡发展、社会保障均衡发展、居住卫生条件和环境卫生治理等实现程度也位居全国前 10 位；要素配置实现程度位列全国末位，卫生均衡发展实现程度排序居后（见表 27－3）。

表 27－3　海南城乡发展一体化实现程度排序

项目	2010 年	2011 年	2012 年	2013 年	2014 年	2015 年	2016 年
总指数	10	10	10	10	9	11	10
经济发展一体化	17	19	20	20	22	22	21
经济发展	15	17	18	18	18	18	17
产业协调	4	5	2	3	2	3	3
要素配置	30	29	30	29	29	30	30

续表

项目	2010 年	2011 年	2012 年	2013 年	2014 年	2015 年	2016 年
社会发展一体化	12	14	10	9	8	14	19
教育均衡发展	14	15	15	14	14	14	14
卫生均衡发展	15	21	18	17	12	23	26
文化均衡发展	17	15	10	9	10	9	7
社会保障均衡发展	7	4	3	3	7	5	10
生活水平一体化	8	8	8	7	8	7	8
收入消费水平	22	23	24	22	21	18	17
居住卫生条件	7	5	5	5	5	5	6
生态环境一体化	11	10	10	11	11	11	8
水资源利用	11	11	11	11	11	11	12
污染物排放	10	11	15	15	18	18	1
环境卫生治理	22	12	11	10	13	10	8

（二）2010～2016年变化：城乡发展一体化实现程度排序稳定，经济发展一体化和社会发展一体化排序大幅下降

2010～2016 年，海南城乡发展一体化总水平实现程度排序未发生变化，多数年份处于第 10 位。

四个一体化中，生活水平一体化实现程度排序较为稳定，基本未发生变化；经济发展一体化实现程度排序下降 4 位；由于卫生均衡发展实现程度大幅下降，导致排序大幅下降了 11 位，致使社会发展一体化实现程度排序大幅下降 7 位，但文化均衡发展实现程度排序大幅上升了 10 位。由于污染物排放和环境卫生治理实现程度的快速上升，生态环境一体化实现程度排序上升 3 位（见表 27－3）。

三　简要评价

近年来，海南农村生活垃圾无害化处理率和农村生活废水处理率等得到有效提升，进而生态环境一体化实现程度快速提升。但是，经济发展一体化和社会发展一体化实现程度较低，且进展缓慢，远低于全国平均进展。虽然2016年城乡发展一体化总水平实现程度进展加快，但总体较为缓慢，且基本呈减缓态势，城乡发展一体化短板突出。如按2010～2016年平均进展，到2020年，城乡发展一体化总水平实现程度只能达到87.7%，距实现目标还有一定差距；如按2016年较快进展，到2020年，总水平实现程度也只能达到90.6%。

（一）加快经济发展

海南虽然地处东部地区，但经济发展水平相对较低。2016年，海南人均GDP（2010年不变价）远低于全国平均水平，在30个省份中仅位列第23位。经济发展水平是城乡发展一体化的基础，经济发展水平将制约城乡发展一体化的提升。

（二）提高农业机械化和农业现代化水平，加大财政和金融资金对农业的支持力度

过剩的农业农村劳动力、较低的机械化水平和匮乏的资金支持不利于海南农业产出和效率的提升。第一，第一产业容纳了过多的劳动力。2016年，海南农业劳动力比重为41.41%，仍未达到2007年全国平均水平。第二，农业机械化水平不高。2016年，海南农业综合机械化率仅为34.68%，也未达到2007年全国平均水平。第三，资金对农业支持力度较低。2016年，海南农业贷款相对强度和财政支农相对程度均位列全国末位，均距2007年全国平均水平还有较大差距。

（三）提高城镇化土地利用效率

2016年，海南城镇化土地利用率水平较低，土地相对利用率实现程度距离2007年全国平均水平还有一定差距。

（四）提升农村义务教育师资水平，缩小城乡差距

2016年，海南农村义务教育教师平均受教育年限位居全国末位，低于全国平均水平；同时，义务教育教师平均受教育年限城乡差距大于全国平均水平，位列全国倒数第二。

（五）遏制城乡医疗卫生服务人力资源配置差距扩大的趋势

2016 年与 2010 年相比，尽管海南农村医疗卫生服务人员数量有所增加，农村医疗卫生服务人力资源数量水平与全国平均水平相当；但是，城乡医疗卫生服务人员数量差距呈大幅扩大趋势，城乡医疗卫生服务人力资源配置不均衡没有得到有效改善。2016 年，城乡医疗卫生服务人员数量差距远远大于 2007 年全国平均水平，导致卫生均衡发展实现程度大幅下降。

第二十八章
重庆城乡发展一体化

一　城乡发展一体化实现程度与进展

（一）城乡发展一体化整体水平较低

2016 年，重庆城乡发展一体化总水平实现程度达到 57.65%，虽然在西部地区 11 个省份中实现程度仅低于陕西，但比全国平均水平低 6.12 个百分点，整体水平较低。

四个一体化中，经济发展一体化和生态环境一体化实现程度均与全国平均水平有较大差距；社会发展一体化实现程度相对较高，比全国平均水平高 5 个百分点；生活水平一体化实现程度与全国平均水平相当。

12 个二级指标中，污染物排放已提前实现目标；经济发展和社会保障均衡发展实现程度较高，均达到 80% 以上；产业协调、水资源利用和教育均衡发展实现程度低，均未达到 10%，距实现目标差距巨大（见表 28 - 1）。

（二）2016年城乡发展一体化水平全面提升

2016 年，重庆城乡发展一体化实现程度比 2015 年大幅提高了 7.12 个百分点；四个一体化实现程度也全部较大幅度提升；12 个二级指标中，除卫生均衡发展实现程度有所下降，其他 11 个指标实现程度都有不同程度的提升（见表 28 - 2）。

表 28－1 重庆城乡发展一体化实现程度

单位：%

项目	2010 年	2011 年	2012 年	2013 年	2014 年	2015 年	2016 年	2016 年全国
总指数	14.76	24.07	30.11	38.43	44.78	50.53	57.65	63.77
经济发展一体化	15.34	14.53	21.16	26.27	35.70	41.49	49.26	60.03
经济发展	30.71	43.25	55.49	65.69	75.53	82.73	88.85	71.27
产业协调	－9.52	－18.96	－16.84	－18.41	－6.76	－1.35	7.51	57.45
要素配置	24.84	19.30	24.82	31.52	38.34	43.07	51.42	51.36
社会发展一体化	22.55	36.87	45.24	48.41	48.18	52.99	58.19	53.13
教育均衡发展	－11.44	－8.86	－7.31	－6.76	－7.71	1.57	8.47	41.94
卫生均衡发展	35.06	50.43	61.97	69.27	65.63	76.56	73.50	23.44
文化均衡发展	27.18	43.91	51.31	53.61	55.34	57.84	66.13	73.23
社会保障均衡发展	39.39	62.00	74.99	77.53	79.44	76.02	84.66	73.92
生活水平一体化	7.60	21.44	26.10	44.44	55.09	60.94	66.47	66.07
收入消费水平	－2.35	15.93	19.31	50.90	66.49	72.89	79.11	72.96
居住卫生条件	17.54	26.96	32.90	37.98	43.69	48.99	53.84	59.19
生态环境一体化	13.55	23.44	27.96	34.61	40.16	46.68	56.67	75.86
水资源利用	－11.11	－14.53	－17.95	－11.11	－6.84	－2.56	0.85	50.43
污染物排放	17.31	46.96	60.64	71.02	79.20	87.13	100	100
环境卫生治理	34.45	37.89	41.18	43.93	48.11	55.49	69.16	77.17

表 28－2 重庆城乡发展一体化实现程度进展（环比提高）

单位：个百分点

项目	2011 年	2012 年	2013 年	2014 年	2015 年	2016 年	2010～2016 年年均提高	
							重庆	全国
总指数	9.31	6.04	8.32	6.35	5.74	7.12	7.15	6.71
经济发展一体化	－0.82	6.63	5.11	9.44	5.78	7.77	5.65	6.46
经济发展	12.53	12.24	10.20	9.84	7.20	6.12	9.69	7.89
产业协调	－9.44	2.13	－1.58	11.65	5.42	8.86	2.84	6.78
要素配置	－5.55	5.53	6.70	6.82	4.73	8.35	4.43	4.70

续表

项目	2011 年	2012 年	2013 年	2014 年	2015 年	2016 年	2010～2016 年年均提高	
							重庆	全国
社会发展一体化	14.32	8.37	3.17	-0.24	4.82	5.20	5.94	5.22
教育均衡发展	2.58	1.55	0.55	-0.95	9.28	6.91	3.32	3.93
卫生均衡发展	15.36	11.55	7.30	-3.64	10.93	-3.05	6.41	3.67
文化均衡发展	16.73	7.40	2.31	1.73	2.50	8.29	6.49	6.31
社会保障均衡发展	22.60	12.99	2.54	1.91	-3.43	8.64	7.54	6.99
生活水平一体化	13.85	4.66	18.34	10.65	5.85	5.53	9.81	7.15
收入消费水平	18.28	3.37	31.59	15.60	6.40	6.21	13.58	8.59
居住卫生条件	9.41	5.94	5.09	5.70	5.30	4.85	6.05	5.72
生态环境一体化	9.89	4.52	6.65	5.55	6.53	9.99	7.19	8.00
水资源利用	-3.42	-3.42	6.84	4.27	4.27	3.42	1.99	5.98
污染物排放	29.65	13.68	10.38	8.18	7.93	12.87	13.78	8.76
环境卫生治理	3.44	3.30	2.75	4.18	7.38	13.67	5.79	9.25

（三）城乡发展一体化总水平实现程度进展全面加快

2016 年，重庆城乡发展一体化总水平实现程度进展加快，比 2015 年进展快 1.38 个百分点，扭转了前两年进展持续下滑的趋势。总水平进展加快主要源于经济发展一体化、社会发展一体化以及生态环境一体化进展的加快，特别是生态环境一体化实现程度进展大幅加快，比上年进展快 3.46 个百分点（见表 28－2）。

（四）2010～2016年城乡发展一体化整体进展较快，生活水平一体化实现程度进展速度位居全国首位

2010～2016 年，重庆城乡发展一体化总水平实现程度年均提高 7.15 个百分点，比全国平均进展高 0.44 个百分点。

四个一体化中，社会发展一体化和生活水平一体化实现程度进展快于全国平均进展，特别是生活水平一体化实现程度年均进展达到 9.81 个百分点，进展速度位居全国首位，比同期全国年均进展快 2.66 个百分点；经济发展一体化和生态环境一体化进展相对较慢，均低于全国平均进展（见表 28－2）。

二　城乡发展一体化实现程度排序与变化

（一）2016年：城乡发展一体化总水平实现程度排序上升，位居中游

2016 年，重庆城乡发展一体化总水平实现程度排序提升 2 位，位列全国第 16 位。

四个一体化中，社会发展一体化和生活水平一体化排序分别上升 3 位和 2 位，位列全国第 15 位和第 14 位；经济发展一体化实现程度排序未发生变化，依然排在第 16 位；生态环境一体化实现程度排序下降 3 位，位居第 22 位，排序靠后。

12 个二级指标中，污染物排放实现程度与许多省份一样已提前实现目标；卫生均衡发展和社会保障均衡发展实现程度排序相对靠前，均进入全国前 10 行列。产业协调、教育均衡发展和水资源利用等实现程度排序均位居全国后 5 位（见表 28 - 3）。

表 28 - 3　重庆城乡发展一体化实现程度排序

项目	2010 年	2011 年	2012 年	2013 年	2014 年	2015 年	2016 年
总指数	20	19	19	18	18	18	16
经济发展一体化	14	18	18	18	15	16	16
经济发展	13	12	11	11	11	11	11
产业协调	24	27	27	27	27	27	26
要素配置	12	18	18	17	15	14	12
社会发展一体化	21	22	18	15	18	18	15
教育均衡发展	26	26	26	26	27	27	26
卫生均衡发展	13	10	9	9	10	9	9
文化均衡发展	21	18	16	16	15	20	18
社会保障均衡发展	16	8	4	6	6	10	6
生活水平一体化	23	19	19	17	17	16	14
收入消费水平	27	25	26	24	20	20	18
居住卫生条件	16	16	14	14	14	14	14

续表

项目	2010年	2011年	2012年	2013年	2014年	2015年	2016年
生态环境一体化	16	16	17	17	18	19	22
水资源利用	21	22	23	23	23	26	26
污染物排放	20	13	11	10	10	10	1
环境卫生治理	8	9	10	12	14	15	15

（二）2010～2016年变化：城乡发展一体化总水平实现程度排序上升

2010～2016年，重庆城乡发展一体化总水平实现程度上升4位，这主要得益于社会发展一体化和生活水平一体化实现程度排序的大幅上升，分别上升了6位和9位。但是，经济发展一体化实现程度排序下降2位；虽然污染物排放已提前实现目标，但由于水资源利用和环境卫生治理进展缓慢，排序大幅下降，导致生态环境一体化排序大幅下降6位（见表28－3）。

三 简要评价

虽然重庆城乡发展一体化总水平进展相对较快，但由于起点较低，实现程度依然较低。即使按2010～2016年年均进展，到2020年，城乡发展一体化总水平实现程度也只能达到86.24%，距实现目标还有一定差距，还需进一步加快发展。

（一）大力提高农业劳动生产率和比较劳动生产率，加快改善城乡二元经济

重庆农业劳动生产率虽然不断提高，但依然低于全国平均水平；近几年来，在农业劳动生产率不断提高的同时，农业比较劳动生产率也在不断提高，且略快于非农产业比较劳动生产率提高速度，城乡二元经济有所改善；但农业比较劳动生产率依然较低，城乡二元经济问题依然十分突出，产业发展不协调。2016年，城乡二元经济实现程度尚不及2007年全国平均水平，产业协调实现程度仅及2007年全国平均水平。

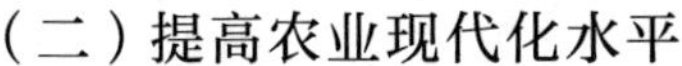

（二）提高农业现代化水平

第一，重庆地处山区，农业机械化水平不高，2016 年，农业综合机械化率仅达到 2007 年全国平均水平，位居全国第 26 位；第二，农业用水效率低下，2016 年，农田灌溉水有效利用系数也是首次达到 2007 年全国平均水平，位居全国第 26 位；第三，第一产业劳动生产率也相对较低，仅为 1. 8 万元/人（2010 年价格），位居全国第 18 位。

（三）加大信贷资金对农业的支持

重庆信贷资金对农业的支持明显不足，农业贷款相对强度逐年下降，实现程度低且呈逐年下降趋势，2016 年，农业贷款相对强度的实现程度距离 2007 年全国平均水平还有较大差距。

（四）大力提高农村人力资源水平，缩小城乡差距

近几年来，虽然重庆农村人口平均受教育年限有所提高，且城乡差距呈缩小趋势，但是，农村人口平均受教育水平依然较低，城乡差距依然较大。2016 年，农村人口受教育年限实现程度只有 20%，居全国第 22 位，而城乡人口平均受教育差距实现程度距 2007 年全国平均水平还有巨大差距，位居全国第 26 位。

（五）进一步改善农村居住卫生条件和环境

2016 年，重庆村庄集中供水普及率和农村生活垃圾处理率分别为 50. 85% 和 47%，均低于当年全国平均水平；实现程度分别为 13. 65% 和 45. 08%，距实现目标还有较大差距。

第二十九章
四川城乡发展一体化

一　城乡发展一体化实现程度与进展

（一）城乡发展一体化实现程度仍未过半，经济发展一体化严重滞后

2016 年，四川城乡发展一体化总水平实现程度为 47.25%，比全国平均水平低 16.52 个百分点。

四个一体化中，除社会发展一体化实现程度略高于全国平均水平以外，其他三个一体化实现程度均低于全国平均水平，其中，经济发展一体化严重滞后，实现程度仅为 21.84%，比全国平均水平低 38.19 个百分点，距实现目标还有约 4/5 的路程；生态环境一体化实现程度虽然超过 50%，但与全国平均水平差距较大，比全国平均水平低 21.88 个百分点。

12 个二级指标中，除污染物排放提前实现目标，收入消费水平和环境卫生治理实现程度相对较高，不仅高于全国平均水平，而且超过 80%；卫生均衡发展实现程度相对较高，比全国平均水平高出 48.52 个百分点。产业协调、教育均衡发展和水资源利用等实现程度低，均未超过 10%，其中水资源利用实现程度尚不及 2007 年全国平均水平（见表 29－1）。

（二）2016年城乡发展一体化水平全面提升

2016 年，四川城乡发展一体化总水平比上年提升 8.55 个百分点；四个

一体化实现程度也全部提高；12个二级指标实现程度均不同程度提高（见表29－2）。

表29－1　四川城乡发展一体化实现程度

单位：%

项目	2010年	2011年	2012年	2013年	2014年	2015年	2016年	2016年全国
总指数	0.84	11.14	17.64	25.08	32.81	38.70	47.25	63.77
经济发展一体化	-15.23	-6.57	0.71	6.60	12.33	16.78	21.84	60.03
经济发展	-22.93	-12.88	-2.87	5.52	13.72	21.71	30.38	71.27
产业协调	-11.47	-12.25	-9.86	-4.85	-0.11	3.80	7.80	57.45
要素配置	-11.28	5.42	14.88	19.13	23.39	24.85	27.36	51.36
社会发展一体化	16.83	28.03	31.47	31.31	34.91	41.32	55.12	53.13
教育均衡发展	12.60	18.92	12.93	-2.56	-0.43	2.05	2.42	41.94
卫生均衡发展	34.84	44.61	46.36	49.44	54.61	59.79	71.96	23.44
文化均衡发展	5.03	12.86	21.65	29.57	34.04	48.96	69.37	73.23
社会保障均衡发展	14.83	35.72	44.96	48.80	51.44	54.48	76.72	73.92
生活水平一体化	6.98	15.94	23.41	38.19	46.81	53.22	58.03	66.07
收入消费水平	21.08	31.61	38.38	62.05	72.12	76.88	81.51	72.96
居住卫生条件	-7.13	0.28	8.45	14.33	21.51	29.55	34.56	59.19
生态环境一体化	-5.22	7.16	14.95	24.20	37.16	43.46	53.98	75.86
水资源利用	-60.68	-52.99	-45.30	-37.61	-31.62	-24.79	-18.80	50.43
污染物排放	18.65	44.91	57.90	67.98	74.53	82.28	100	100
环境卫生治理	26.38	29.57	32.24	42.24	68.57	72.88	80.75	77.17

表29－2　四川城乡发展一体化实现程度进展（环比提高）

单位：个百分点

项目	2011年	2012年	2013年	2014年	2015年	2016年	2010～2016年年均提高	
							四川	全国
总指数	10.30	6.50	7.44	7.73	5.89	8.55	7.73	6.71
经济发展一体化	8.66	7.28	5.88	5.73	4.45	5.06	6.18	6.46
经济发展	10.05	10.01	8.39	8.21	7.98	8.67	8.88	7.89
产业协调	-0.78	2.38	5.02	4.74	3.90	4.00	3.21	6.78
要素配置	16.70	9.46	4.25	4.26	1.46	2.52	6.44	4.70

续表

项目	2011 年	2012 年	2013 年	2014 年	2015 年	2016 年	2010～2016 年年均提高	
							四川	全国
社会发展一体化	11.20	3.45	-0.16	3.60	6.41	13.80	6.38	5.22
教育均衡发展	6.32	-5.99	-15.49	2.13	2.48	0.37	-1.70	3.93
卫生均衡发展	9.76	1.75	3.08	5.17	5.18	12.17	6.19	3.67
文化均衡发展	7.83	8.79	7.92	4.47	14.92	20.41	10.72	6.31
社会保障均衡发展	20.89	9.24	3.84	2.64	3.05	22.23	10.31	6.99
生活水平一体化	8.97	7.47	14.78	8.62	6.40	4.82	8.51	7.15
收入消费水平	10.53	6.76	23.67	10.08	4.76	4.62	10.07	8.59
居住卫生条件	7.41	8.17	5.88	7.17	8.05	5.01	6.95	5.72
生态环境一体化	12.38	7.78	9.26	12.96	6.30	10.52	9.87	8.00
水资源利用	7.69	7.69	7.69	5.98	6.84	5.98	6.98	5.98
污染物排放	26.25	12.99	10.08	6.56	7.75	17.72	13.56	8.76
环境卫生治理	3.18	2.67	10.00	26.33	4.31	7.87	9.06	9.25

（三）2016年城乡发展一体化实现程度进展大幅、全面提速

2016 年，四川城乡发展一体化总水平实现程度进展大幅加快，进展速度比上年提高 2.66 个百分点。

四个一体化中，除生活水平一体化以外，其他三个一体化进展均快于 2015 年水平，其中社会发展一体化和生态环境一体化实现程度进展大幅加快，分别比上年提高 13.8 个和 10.52 个百分点。

12 个二级指标中，卫生均衡发展、文化均衡发展、社会保障均衡发展和污染物排放实现程度大幅提升，均超过 10 个百分点，其中，文化均衡发展和社会保障均衡发展实现程度进展超过 20 个百分点（见表 29－2）。

（四）2010～2016年城乡发展一体化实现程度进展较快

2010～2016 年，四川城乡发展一体化总水平实现程度年均提高 7.73 个百分点，比全国平均进展快 1.02 个百分点，进展速度居全国第 4 位。

四个一体化中，除经济发展一体化实现程度进展略慢于全国平均水平外，其他三个一体化实现程度进展均较为明显地快于全国平均进展。

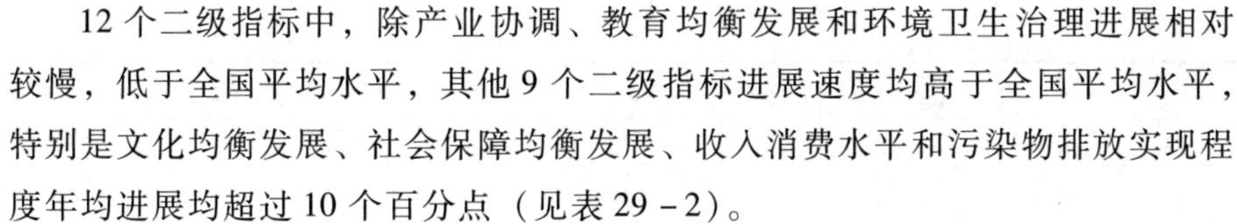

12 个二级指标中，除产业协调、教育均衡发展和环境卫生治理进展相对较慢，低于全国平均水平，其他 9 个二级指标进展速度均高于全国平均水平，特别是文化均衡发展、社会保障均衡发展、收入消费水平和污染物排放实现程度年均进展均超过 10 个百分点（见表 29－2）。

二　城乡发展一体化实现程度排序与变化

（一）2016年：城乡发展一体化整体排序居后

2016 年，四川城乡发展一体化总水平实现程度排序未发生变动，依然位列全国第 25 位。

四个一体化中，生活水平一体化实现程度排序相对靠前，比总水平实现程度排序高 8 位；其他 3 个一体化排序均位列全国后 10 位。

12 个二级指标中，污染物排放与许多省份一样已提前实现目标，卫生均衡发展和环境卫生治理等实现程度排序靠前，进入前 10 位；经济发展、产业协调、教育均衡发展和水资源利用等排序靠后（见表 29－3）。

表 29－3　四川城乡发展一体化实现程度排序

项目	2010 年	2011 年	2012 年	2013 年	2014 年	2015 年	2016 年
总指数	25	25	24	25	25	25	25
经济发展一体化	26	26	26	26	26	26	26
经济发展	25	25	25	25	26	26	26
产业协调	26	26	26	26	26	25	25
要素配置	23	21	20	20	20	20	21
社会发展一体化	24	24	24	25	24	24	21
教育均衡发展	24	23	23	25	25	26	27
卫生均衡发展	14	14	15	15	13	12	10
文化均衡发展	26	27	26	27	27	23	16
社会保障均衡发展	27	27	24	28	25	26	13
生活水平一体化	24	24	22	19	19	19	17
收入消费水平	23	22	21	17	17	17	16
居住卫生条件	22	22	21	21	21	21	21

续表

项目	2010年	2011年	2012年	2013年	2014年	2015年	2016年
生态环境一体化	22	22	22	22	20	22	25
水资源利用	28	28	28	29	27	28	28
污染物排放	19	15	14	12	13	12	1
环境卫生治理	12	11	13	14	8	9	10

（二）2010～2016年变化：城乡发展一体化整体水平排序较为稳定，生活水平一体化排序大幅提升

2010～2016年，四川城乡发展一体化总水平实现程度排序较为稳定，除2012年短暂小幅上升1位外，其他年份均位居全国第25位。

四个一体化中，经济发展一体化排序非常稳定，始终位列第26位；社会发展一体化实现程度排序也较为稳定，基本位于第24位，2016年得益于文化均衡发展和社会保障均衡发展的快速提升，社会发展一体化实现程度排序上升3位；得益于收入消费水平快速提升，生活水平一体化实现程度排序大幅上升7位；生态环境一体化排序因水资源利用进展缓慢而下降3位（见表29－3）。

三　简要评价

虽然四川城乡发展一体化总水平进展加快，但由于起点较低，目前依然处于较低水平。按2010～2016年平均进展，到2020年，总水平实现程度也仅能达到78.18%，距实现目标还有较大差距，还需进一步加快发展。

（一）加快提高经济发展水平

2016年，四川人均GDP仅为全国平均水平的80%，人口城镇化率也远低于全国平均水平，城乡发展一体化基础薄弱。经济发展实现程度比全国平均水平低40.89个百分点，距实现目标差距巨大。必须进一步加快经济发展，提高人口城镇化率。

（二）提高农业劳动生产率和农业现代化水平

四川虽是农业大省，但是农业比较劳动生产率和农业现代化水平却低于全

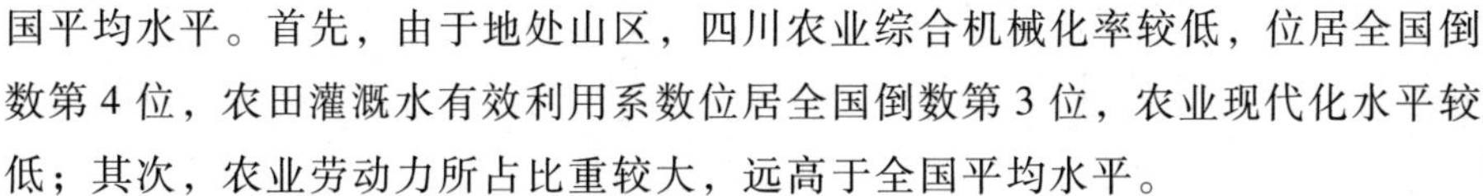
国平均水平。首先，由于地处山区，四川农业综合机械化率较低，位居全国倒数第 4 位，农田灌溉水有效利用系数位居全国倒数第 3 位，农业现代化水平较低；其次，农业劳动力所占比重较大，远高于全国平均水平。

（三）加大信贷资金对农业的支持

四川信贷资金对农业的支持明显不足，农业贷款相对强度始终处于较低水平，2016 年，农业贷款相对强度实现程度距离 2007 年全国平均水平还有一定差距。

（四）提高城镇化土地利用效率

2016 年，四川城镇化土地利用效率依然较低，土地相对利用率实现程度距实现目标还有巨大差距。

（五）大力提高农村人力资源水平，遏止城乡差距扩大趋势

近几年来，四川农村人口平均受教育水平没有提高，但城乡人口平均受教育水平差距却呈逐步扩大趋势，农村人口平均受教育水平较低，城乡差距较大。2016 年，农村人口受教育年限实现程度尚不及 2007 年全国平均水平，而城乡人口平均受教育水平差距实现程度距 2007 年全国平均水平还有巨大差距。农村人口受教育水平低以及城乡人口受教育差距大严重制约了教育均衡发展实现程度的提高，成为社会发展一体化实现程度提高的主要阻碍因素。

（六）提高农村居民用水安全性

2016 年，四川村庄集中供水普及率仅为 39.29%，实现程度尚不及 2007 年全国平均水平，位居全国末位，农村居民用水安全性亟待提高。

第三十章
贵州城乡发展一体化

一 城乡发展一体化实现程度与进展

（一）城乡发展一体化整体水平低，经济发展一体化依然未达到2007年全国平均水平

2016 年，贵州城乡发展一体化总水平实现程度为 11.84%，比全国平均水平低 51.93 个百分点，距实现目标差距巨大。

四个一体化实现程度均远低于全国平均水平，其中，经济发展一体化严重滞后，实现程度距 2007 年全国平均水平还有一定差距。实现程度最高的生活水平一体化，实现程度也仅达到 32.27%。

12 个二级指标的实现程度均远低于全国平均水平，其中，经济发展、产业协调、要素配置、教育均衡发展、卫生均衡发展以及水资源利用等实现程度尚未达到 2007 年全国平均水平（见表 30－1）。

（二）2016年城乡发展一体化实现程度继续全面提升

2016 年，贵州城乡发展一体化水平在上年全面提升的基础上继续全面提升。总水平实现程度比上年提高 7.78 个百分点，四个一体化实现程度也全部提高，12 个二级指标中，除卫生均衡发展实现程度下降外，其余 11 个指标实现程度有不同程度的提高（见表 30－2）。

表 30－1　贵州城乡发展一体化实现程度

单位：%

项目	2010 年	2011 年	2012 年	2013 年	2014 年	2015 年	2016 年	2016 年全国
总指数	－37. 71	－30. 18	－20. 49	－7. 10	－4. 18	4. 07	11. 84	63. 77
经济发展一体化	－40. 42	－53. 84	－49. 11	－44. 08	－37. 81	－31. 14	－24. 35	60. 03
经济发展	－56. 37	－49. 55	－41. 83	－34. 01	－23. 51	－13. 62	－2. 96	71. 27
产业协调	－48. 85	－71. 90	－68. 70	－66. 23	－63. 40	－57. 95	－54. 24	57. 45
要素配置	－16. 04	－40. 09	－36. 79	－31. 99	－26. 51	－21. 84	－15. 87	51. 36
社会发展一体化	－38. 38	－21. 08	－8. 59	12. 65	－1. 05	7. 65	11. 95	53. 13
教育均衡发展	－41. 55	－45. 82	－37. 67	－30. 84	－31. 35	－15. 62	－1. 56	41. 94
卫生均衡发展	－139. 97	－83. 42	－55. 70	7. 17	－62. 02	－53. 37	－64. 96	23. 44
文化均衡发展	－16. 22	2. 40	12. 36	26. 97	39. 30	41. 50	51. 24	73. 23
社会保障均衡发展	44. 20	42. 53	46. 64	47. 28	49. 86	58. 10	63. 07	73. 92
生活水平一体化	－17. 34	－6. 92	－0. 95	14. 23	22. 74	29. 49	32. 27	66. 07
收入消费水平	－17. 66	－6. 38	－2. 02	22. 61	35. 46	38. 54	40. 60	72. 96
居住卫生条件	－17. 02	－7. 45	0. 12	5. 85	10. 02	20. 43	23. 95	59. 19
生态环境一体化	－54. 70	－38. 88	－23. 33	－11. 20	－0. 62	10. 27	27. 51	75. 86
水资源利用	－52. 14	－47. 01	－41. 88	－35. 90	－31. 62	－27. 35	－21. 37	50. 43
污染物排放	－133. 60	－90. 15	－52. 89	－24. 42	－1. 74	19. 86	55. 37	100
环境卫生治理	21. 63	20. 51	24. 77	26. 74	31. 52	38. 31	48. 53	77. 17

表 30－2　贵州城乡发展一体化实现程度进展（环比提高）

单位：个百分点

项目	2011 年	2012 年	2013 年	2014 年	2015 年	2016 年	2010～2016 年年均提高	
							贵州	全国
总指数	7. 53	9. 69	13. 39	2. 92	8. 25	7. 78	8. 26	6. 71
经济发展一体化	－13. 43	4. 74	5. 03	6. 27	6. 67	6. 78	2. 68	6. 46
经济发展	6. 82	7. 72	7. 82	10. 50	9. 89	10. 67	8. 90	7. 89
产业协调	－23. 05	3. 20	2. 47	2. 83	5. 45	3. 71	－0. 90	6. 78
要素配置	－24. 05	3. 30	4. 80	5. 48	4. 67	5. 97	0. 03	4. 70
社会发展一体化	17. 31	12. 49	21. 24	－13. 70	8. 70	4. 30	8. 39	5. 22
教育均衡发展	－4. 27	8. 15	6. 83	－0. 52	15. 73	14. 06	6. 66	3. 93
卫生均衡发展	56. 54	27. 72	62. 88	－69. 19	8. 64	－11. 59	12. 50	3. 67
文化均衡发展	18. 62	9. 96	14. 61	12. 33	2. 20	9. 74	11. 24	6. 31
社会保障均衡发展	－1. 67	4. 11	0. 64	2. 58	8. 24	4. 97	3. 15	6. 99

续表

项目	2011 年	2012 年	2013 年	2014 年	2015 年	2016 年	2010～2016 年年均提高	
							贵州	全国
生活水平一体化	10.42	5.97	15.17	8.51	6.74	2.79	8.27	7.15
收入消费水平	11.28	4.36	24.62	12.85	3.08	2.06	9.71	8.59
居住卫生条件	9.56	7.57	5.73	4.17	10.41	3.52	6.83	5.72
生态环境一体化	15.82	15.55	12.14	10.58	10.89	17.24	13.70	8.00
水资源利用	5.13	5.13	5.98	4.27	4.27	5.98	5.13	5.98
污染物排放	43.45	37.26	28.46	22.68	21.60	35.52	31.49	8.76
环境卫生治理	-1.12	4.26	1.96	4.78	6.79	10.22	4.48	9.25

（三）城乡发展一体化水平进展有所减缓，但生态环境一体化实现程度进展大幅加快

2016 年，贵州城乡发展一体化总水平比上年提高 7.78 个百分点，进展比上年有所减缓。

四个一体化中，经济发展一体化实现程度与上年基本持平，社会发展一体化和生活水平一体化实现程度进展大幅低于上年，但生态环境一体化实现程度进展大幅加快，比上年提高了 17.24 个百分点（见表 30－2）。

（四）2010～2016年城乡发展一体化实现程度进展快，但经济发展一体化进展极为缓慢

2010～2016 年，贵州城乡发展一体化总水平实现程度年均提高 8.26 个百分点，比全国平均进展快 1.55 个百分点，进展速度位列全国首位。

四个一体化中，社会发展一体化、生活水平一体化和生态环境一体化等实现程度进展分别比全国平均进展快 3.17 个、1.12 个和 5.7 个百分点，其中社会发展一体化和生态环境一体化实现程度进展速度均位居全国第一。但是，经济发展一体化实现程度进展极为缓慢，甚至低于许多发达省份。虽然经济发展实现程度进展加快，但产业协调和要素配置实现程度基本处于停滞不前的状况，严重制约了经济发展一体化实现程度的提高（见表 30－2）。

二　城乡发展一体化实现程度排序与变化

（一）2016年：城乡发展一体化总水平实现程度继续位居全国末位

2016 年，贵州城乡发展一体化总水平实现程度排序未发生变化，继续位居全国末位。

四个一体化中，经济发展一体化和生态环境一体化实现程度处于全国末位，社会发展一体化和生活水平一体化实现程度处于全国倒数第 2 位。

12 个二级指标中，除环境卫生治理和居住卫生条件实现程度分别位于第 24 位和第 25 位外，其余 10 个指标实现程度均处于后 5 位，其中经济发展、产业协调和水资源利用等实现程度位居全国末位（见表 30－3）。

表 30－3　贵州城乡发展一体化实现程度排序

项目	2010 年	2011 年	2012 年	2013 年	2014 年	2015 年	2016 年
总指数	30	30	30	30	30	30	30
经济发展一体化	29	30	30	30	30	30	30
经济发展	30	30	30	30	30	30	30
产业协调	29	30	30	30	30	30	30
要素配置	24	30	29	30	30	29	29
社会发展一体化	29	29	29	28	29	29	29
教育均衡发展	29	29	29	29	29	28	28
卫生均衡发展	29	29	29	25	29	29	29
文化均衡发展	30	28	28	28	25	27	28
社会保障均衡发展	12	20	23	29	27	24	27
生活水平一体化	30	30	30	30	29	29	29
收入消费水平	30	30	30	29	28	29	29
居住卫生条件	25	24	24	23	23	22	25
生态环境一体化	30	29	29	29	29	29	30
水资源利用	26	26	26	27	27	29	30
污染物排放	30	29	29	28	28	28	29
环境卫生治理	13	17	17	22	22	23	24

（二）2010～2016年变化：城乡发展一体化总水平实现程度始终位居全国末位

2010～2016 年，虽然贵州城乡发展一体化实现程度进展远快于全国平均进展，位居全国第一，但由于起点低、与其他省份差距较大，实现程度排序并未发生变化，总水平和生态环境一体化实现程度依然处于末位，经济发展一体化实现程度排序下降到末位，社会发展一体化实现程度依然处于倒数第 2 位，仅生活水平一体化实现程度排序略升，由末位上升至倒数第 2 位（见表 30－3）。

三　简要评价

虽然贵州城乡一体化总水平进展较快，但是，由于起点太低，即使按 2010～2016 年平均进展水平，到 2020 年，城乡发展一体化总水平实现程度依然无法达到 50%。特别是经济发展一体化，按近几年平均进展，到 2020 年依然无法达到 2007 年全国平均水平，即使按进展最快的 2016 年水平，到 2020 年，实现程度也只能达到 2007 年全国平均水平。但是，按 2010～2016 年平均进展，到 2020 年，生态环境一体化实现程度将超过 80%，其中污染物排放实现程度将提前实现目标。

贵州城乡发展一体化落后状况是全方位的，因此，必须全方位加快城乡发展一体化建设，大力实施乡村振兴战略，加快农业和农村现代化发展。

第三十一章 云南城乡发展一体化

一　城乡发展一体化实现程度与进展

（一）城乡发展一体化整体水平落后

2016 年，云南城乡发展一体化总水平实现程度为 23.18%，远低于全国平均水平，距实现目标还有 3/4 以上的路程。

四个一体化实现程度均远低于全国平均水平，实现程度最高、差距最小的生活水平一体化也仅为 41.95%，比全国平均水平低 24.12 个百分点。经济发展一体化实现程度仍未达到 2007 年全国平均水平，与全国平均水平的差距也最大，2016 年相差 69.76 个百分点。

12 个二级指标中，污染物排放实现程度最高，达到 81.07%；产业协调、卫生均衡发展和水资源利用等实现程度距离 2007 年全国平均水平还有较大差距（见表 31－1）。

（二）城乡发展一体化实现程度继续全面提升

2016 年，云南城乡发展一体化总水平实现程度比上年提高 6.94 个百分点，延续了逐年不断提升的态势；四个一体化实现程度均有不同程度提升；12 个二级指标中，除卫生均衡发展实现程度下降，其他 11 个指标实现程度有不同程度的提高（见表 31－2）。

表 31－1　云南城乡发展一体化实现程度

单位：%

项目	2010 年	2011 年	2012 年	2013 年	2014 年	2015 年	2016 年	2016 年全国
总指数	－17.83	－11.86	－6.41	4.06	10.10	16.24	23.18	63.77
经济发展一体化	－41.42	－37.27	－30.80	－25.26	－20.00	－15.12	－9.73	60.03
经济发展	－49.90	－39.77	－27.99	－20.78	－14.15	－5.91	2.84	71.27
产业协调	－50.84	－51.40	－47.81	－44.62	－40.38	－36.74	－33.37	57.45
要素配置	－23.53	－20.64	－16.59	－10.38	－5.46	－2.70	1.35	51.36
社会发展一体化	－19.31	－3.49	－1.04	11.86	12.61	19.14	23.62	53.13
教育均衡发展	－19.38	－18.09	－19.73	－10.45	－3.02	7.58	15.92	41.94
卫生均衡发展	－65.70	－53.63	－48.36	－25.73	－26.68	－17.63	－32.72	23.44
文化均衡发展	9.03	18.59	20.35	31.42	28.73	33.10	54.58	73.23
社会保障均衡发展	－1.18	39.15	43.60	52.20	51.38	53.53	56.71	73.92
生活水平一体化	－0.75	6.91	10.33	19.21	29.85	36.36	41.95	66.07
收入消费水平	－7.10	3.69	6.90	17.55	35.35	41.97	45.96	72.96
居住卫生条件	5.60	10.13	13.76	20.88	24.34	30.75	37.95	59.19
生态环境一体化	－9.84	－13.57	－4.15	10.41	17.93	24.59	36.86	75.86
水资源利用	－64.96	－63.25	－61.54	－36.75	－32.48	－27.35	－19.66	50.43
污染物排放	14.89	11.41	28.14	40.77	50.94	63.05	81.07	100
环境卫生治理	20.55	11.12	20.94	27.21	35.34	38.07	49.17	77.17

表 31－2　云南城乡发展一体化实现程度进展（环比提高）

单位：个百分点

项目	2011 年	2012 年	2013 年	2014 年	2015 年	2016 年	2010～2016 年年均提高	
							云南	全国
总指数	5.97	5.44	10.47	6.04	6.15	6.94	6.83	6.71
经济发展一体化	4.15	6.47	5.53	5.26	4.88	5.39	5.28	6.46
经济发展	10.13	11.78	7.21	6.63	8.24	8.75	8.79	7.89
产业协调	－0.56	3.60	3.18	4.24	3.64	3.37	2.91	6.78
要素配置	2.90	4.04	6.21	4.92	2.76	4.05	4.15	4.70
社会发展一体化	15.81	2.46	12.90	0.75	6.54	4.48	7.15	5.22
教育均衡发展	1.29	－1.64	9.28	7.43	10.59	8.34	5.88	3.93
卫生均衡发展	12.07	5.26	22.63	－0.95	9.05	－15.09	5.50	3.67
文化均衡发展	9.55	1.76	11.07	－2.69	4.36	21.48	7.59	6.31
社会保障均衡发展	40.33	4.45	8.60	－0.82	2.14	3.18	9.65	6.99

续表

项目	2011 年	2012 年	2013 年	2014 年	2015 年	2016 年	2010～2016 年年均提高	
							云南	全国
生活水平一体化	7.66	3.42	8.88	10.64	6.51	5.59	7.12	7.15
收入消费水平	10.79	3.21	10.65	17.81	6.62	3.98	8.84	8.59
居住卫生条件	4.53	3.63	7.11	3.47	6.41	7.20	5.39	5.72
生态环境一体化	-3.73	9.42	14.56	7.53	6.66	12.27	7.78	8.00
水资源利用	1.71	1.71	24.79	4.27	5.13	7.69	7.55	5.98
污染物排放	-3.48	16.73	12.62	10.17	12.11	18.02	11.03	8.76
环境卫生治理	-9.42	9.82	6.27	8.13	2.73	11.09	4.77	9.25

（三）城乡发展一体化实现程度进展有所加快

2016 年，云南城乡发展一体化总水平实现程度进展快于上年，已经连续第 3 年进展加快，也快于 2010～2016 年平均进展。

四个一体化中，经济发展一体化和生态环境一体化实现程度进展快于上年，特别是生态环境一体化实现程度大幅提高，提高了 12.27 个百分点，是城乡发展一体化总水平实现程度进展快于上年的主要因素。但社会发展一体化和生活水平一体化进展有所下降（见表 31－2）。

（四）2010～2016年城乡发展一体化进展基本与全国平均水平同步

2010～2016 年，云南城乡发展一体化总水平实现程度年均提高 6.83 个百分点，基本与同期全国平均水平同步，比全国平均水平快 0.12 个百分点。社会发展一体化实现程度进展相对较快，比全国平均水平快 1.93 个百分点，进展速度位居全国第三；其他三个一体化进展均低于全国平均进展（见表 31－2）。

二　城乡发展一体化实现程度排序与变化

（一）2016年：城乡发展一体化总水平实现程度继续位列倒数第3位

2016 年，云南城乡发展一体化总水平实现程度排序未发生变化，依然位居倒数第 3 位。

四个一体化中，经济发展一体化和社会发展一体化实现程度排序未发生变化，依旧分别位于倒数第2位和倒数第3位；生活水平一体化实现程度排序上升1位，列第25位；生态环境一体化实现程度排序下降2位，位于倒数第2位。

12个二级指标中，大多数排序靠后，其中有7个指标排序位于后5位，但比上年减少1个；居住卫生条件实现程度排序最高，也仅排在第20位（见表31－3）。

表31－3　云南城乡发展一体化实现程度排序

项目	2010年	2011年	2012年	2013年	2014年	2015年	2016年
总指数	28	29	29	28	28	28	28
经济发展一体化	30	29	29	29	29	29	29
经济发展	29	29	28	28	29	29	28
产业协调	30	29	29	29	29	29	29
要素配置	28	28	28	28	28	28	28
社会发展一体化	28	28	27	29	28	28	28
教育均衡发展	27	27	28	27	26	25	25
卫生均衡发展	28	28	28	28	28	28	28
文化均衡发展	25	26	27	26	28	28	25
社会保障均衡发展	30	23	26	24	26	28	30
生活水平一体化	27	27	28	28	27	26	25
收入消费水平	28	28	28	30	29	28	28
居住卫生条件	19	20	20	20	20	20	20
生态环境一体化	24	27	27	25	26	27	29
水资源利用	29	29	30	28	30	29	29
污染物排放	21	22	22	22	22	22	25
环境卫生治理	15	24	19	21	19	24	23

（二）2010～2016年变化：城乡发展一体化总水平实现程度始终排序靠后，生态环境一体化排序大幅下降

2010～2016年，云南城乡发展一体化总水平实现程度排序没有变化，大多数年份处于倒数第3位。

四个一体化中，经济发展一体化和生活水平一体化实现程度排序分别

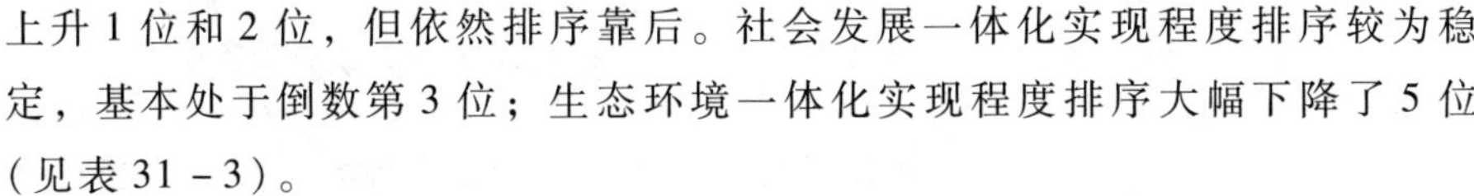

上升 1 位和 2 位，但依然排序靠后。社会发展一体化实现程度排序较为稳定，基本处于倒数第 3 位；生态环境一体化实现程度排序大幅下降了 5 位（见表 31 - 3）。

三　简要评价

云南城乡发展一体化整体水平起点低，进展也不快。按 2010 ~ 2016 年平均进展，到 2020 年，城乡发展一体化总水平实现程度也仅能达到 50%，距实现目标还有一半的路程，还需进一步加快发展。

（一）加快经济发展，大力提高城镇化水平

2016 年，云南人均 GDP 仅为全国平均水平的 60%（2010 年不变价），人口城镇化率也远低于全国平均水平，城乡发展一体化基础薄弱。经济发展实现程度仅及 2007 年全国平均水平，比全国平均水平低 68.43 个百分点，距实现目标差距巨大。必须进一步加快经济发展，提高人口城镇化水平。

（二）提高农业劳动生产率和农业现代化水平，进一步改善城乡二元经济结构

2010 年以来，云南农业比较劳动生产率提高速度略快于非农产业比较劳动生产率提高速度，城乡二元经济结构有所改善，但城乡二元经济问题依然严重，2016 年城乡二元经济实现程度尚未达到 2007 年全国平均水平。主要问题在于，农业劳动生产率低下，农业现代化水平低。2016 年，云南农业劳动生产率水平处于全国倒数第二，尚不及 2007 年全国平均水平；农业综合机械化率远低于 2007 年全国平均水平；农业劳动力所占比重较大，远高于全国平均水平；农业用水效率也不及 2007 年全国平均水平。

（三）加大信贷资金对农业的支持，提高城镇化土地利用效率

云南信贷资金对农业的支持明显不足，农业贷款相对强度始终处于较低水平，2016 年，农业贷款相对强度实现程度距离 2007 年全国平均水平还有一定差距。

2016 年，云南城镇化土地利用效率依然较低，远低于全国平均水平，土地相对利用率实现程度距实现目标还有巨大差距。

（四）大力提高农村人力资源水平，大力缩小城乡差距

近几年来，云南农村人口平均受教育水平持续提高，城乡人口平均受教育水平差距也呈缩小趋势。但是，农村人口受教育水平提高缓慢，水平依然很低，2016 年仍低于 2007 年全国平均水平；同时，人口平均受教育水平城乡差距依然较大，远大于 2007 年全国平均水平。

（五）遏止城乡医疗卫生服务人力资源配置差距日益扩大的趋势

2016 年与 2010 年相比，云南农村医疗卫生服务人员数量大幅增加，但城乡医疗卫生服务人员数量差距却呈不断扩大趋势，城乡医疗卫生服务人力资源配置不均衡没有得到有效改善。2016 年，城乡医疗卫生服务人员数量差距远大于 2007 年全国平均水平，影响卫生均衡发展实现程度的提高，2016 年，云南卫生均衡发展实现程度距 2007 年全国平均水平尚有较大差距。

（六）提高农村居民收入水平，缩小城乡差距

云南农村居民收入水平较低，2016 年农民人均可支配收入（2010 年不变价）仅相当于全国平均水平的 73%；城乡居民收入差距虽不断缩小，但依然较大，2016 年城乡居民收入差距远大于全国平均水平，实现程度距目标还有巨大差距。

（七）改善农村居住卫生条件和环境卫生状况

云南农村居住卫生条件和环境卫生治理水平相对较差，农村无害化卫生厕所普及率、农村生活垃圾处理率和农村生活污水处理率均远远低于全国平均水平，距离实现目标还有较大差距。

第三十二章 陕西城乡发展一体化

一 城乡发展一体化实现程度与进展

（一）城乡发展一体化实现程度接近全国平均水平，社会发展一体化实现程度相对较高

2016 年，陕西城乡发展一体化总水平实现程度为 61.6%，比全国平均水平低 2.17 个百分点。

四个一体化中，社会发展一体化实现程度较高，达到 74.94%，比全国平均水平高 21.81 个百分点；生态环境一体化与全国平均水平接近；经济发展一体化和生活水平一体化实现程度均远低于全国平均水平，分别低 18.92 个和 11.95 个百分点。

12 个二级指标中，污染物排放已提前实现目标，卫生均衡发展实现程度距目标仅相差 1.27 个百分点（见表 32－1）。

（二）2016年城乡发展一体化实现程度全面提升

2016 年，陕西城乡发展一体化总水平实现程度比上年提高 7.6 个百分点，延续了逐步提高的态势；四个一体化实现程度均有不同程度提升；12 个二级指标中，除产业协调实现程度下降，其他 11 个指标实现程度有不同程度的提高（见表 32－2）。

表 32－1　陕西城乡发展一体化实现程度

单位：%

项目	2010 年	2011 年	2012 年	2013 年	2014 年	2015 年	2016 年	2016 年全国
总指数	22.68	30.31	36.19	43.78	49.32	54.00	61.60	63.77
经济发展一体化	9.68	17.63	23.85	28.70	33.82	37.63	41.11	60.03
经济发展	4.44	14.89	29.61	39.14	48.43	57.30	66.54	71.27
产业协调	2.14	9.13	11.68	12.03	14.70	16.00	14.86	57.45
要素配置	22.46	28.87	30.26	34.94	38.32	39.59	41.94	51.36
社会发展一体化	38.73	48.83	54.36	60.78	64.82	67.03	74.94	53.13
教育均衡发展	42.34	49.10	51.46	54.57	63.98	63.61	65.16	41.94
卫生均衡发展	65.55	73.71	82.17	93.30	92.53	91.73	98.73	23.44
文化均衡发展	24.61	26.18	32.37	40.32	45.55	57.41	69.60	73.23
社会保障均衡发展	22.43	46.33	51.42	54.91	57.24	55.37	66.25	73.92
生活水平一体化	12.55	19.75	24.76	35.80	44.48	48.68	54.12	66.07
收入消费水平	2.64	10.09	14.86	33.54	49.43	54.74	59.25	72.96
居住卫生条件	22.46	29.40	34.67	38.05	39.54	42.62	49.00	59.19
生态环境一体化	29.76	35.03	41.79	49.83	54.15	62.66	76.22	75.86
水资源利用	47.86	50.43	52.99	56.41	58.97	62.39	65.81	50.43
污染物排放	26.77	31.07	49.25	61.11	69.93	77.86	100	100
环境卫生治理	14.64	23.60	23.12	31.97	33.55	47.74	62.86	77.17

表 32－2　陕西城乡发展一体化实现程度进展（环比提高）

单位：个百分点

项目	2011 年	2012 年	2013 年	2014 年	2015 年	2016 年	2010～2016 年年均提高	
							陕西	全国
总指数	7.63	5.88	7.59	5.54	4.68	7.60	6.49	6.71
经济发展一体化	7.95	6.22	4.85	5.12	3.81	3.48	5.24	6.46
经济发展	10.45	14.72	9.52	9.30	8.86	9.24	10.35	7.89
产业协调	6.99	2.55	0.35	2.67	1.30	－1.14	2.12	6.78
要素配置	6.41	1.39	4.68	3.38	1.27	2.35	3.25	4.70
社会发展一体化	10.10	5.52	6.42	4.05	2.20	7.91	6.03	5.22
教育均衡发展	6.76	2.36	3.11	9.41	－0.37	1.56	3.80	3.93
卫生均衡发展	8.17	8.45	11.13	－0.77	－0.79	6.99	5.53	3.67
文化均衡发展	1.57	6.19	7.95	5.23	11.86	12.20	7.50	6.31
社会保障均衡发展	23.90	5.09	3.49	2.33	－1.87	10.88	7.30	6.99

续表

项目	2011 年	2012 年	2013 年	2014 年	2015 年	2016 年	2010～2016 年年均提高	
							陕西	全国
生活水平一体化	7.20	5.02	11.04	8.69	4.20	5.44	6.93	7.15
收入消费水平	7.46	4.77	18.69	15.89	5.30	4.52	9.44	8.59
居住卫生条件	6.94	5.27	3.38	1.49	3.09	6.37	4.42	5.72
生态环境一体化	5.27	6.76	8.04	4.32	8.51	13.56	7.74	8.00
水资源利用	2.56	2.56	3.42	2.56	3.42	3.42	2.99	5.98
污染物排放	4.30	18.18	11.86	8.81	7.94	22.14	12.20	8.76
环境卫生治理	8.96	-0.48	8.85	1.59	14.19	15.12	8.04	9.25

（三）2016年城乡发展一体化进展加速

2016 年，陕西城乡发展一体化总水平实现程度比上年提高 7.6 个百分点，比上年上升了 2.92 个百分点，进展明显加快，也快于 2010～2016 年平均进展。

四个一体化中，除经济发展一体化实现程度进展小幅减缓外，其他三个一体化进展均快于上年，其中社会发展一体化和生态环境一体化实现程度进展大幅加快，分别比上年快 5.71 个和 5.05 个百分点（见表 32－2）。

（四）2010～2016年城乡发展一体化进展较为缓慢

2010～2016 年，陕西城乡发展一体化总水平实现程度年均提高 6.49 个百分点，低于全国平均进展 0.22 个百分点。四个一体化中，除社会发展一体化实现程度进展略高于全国平均进展外，其他三个一体化实现程度进展均低于全国平均进展。

2010～2016 年，陕西城乡发展一体化总水平实现程度进展基本呈减缓趋势，但 2016 年这一趋势得到初步遏制（见表 32－2）。

二　城乡发展一体化实现程度排序与变化

（一）2016年：城乡发展一体化总水平实现程度上升并位居全国中上游，社会发展一体化实现程度排序较高

2016 年，陕西城乡发展一体化总水平实现程度排序上升 1 位，位居全国

第 12 位。

四个一体化中，经济发展一体化实现程度排序下降 1 位；社会发展一体化实现程度排序上升 2 位，位居全国第六；生活水平一体化和生态环境一体化实现程度排序未发生变化，生活水平一体化实现程度排序较低，位居第 20 位，比总水平实现程度排序低 8 位，生态环境一体化实现程度处于中上游（见表 32－3）。

表 32－3 陕西城乡发展一体化实现程度排序

项目	2010 年	2011 年	2012 年	2013 年	2014 年	2015 年	2016 年
总指数	15	15	15	13	13	13	12
经济发展一体化	20	17	16	16	16	17	18
经济发展	18	18	16	15	15	15	15
产业协调	19	19	19	21	19	20	22
要素配置	13	14	14	15	16	16	15
社会发展一体化	15	9	8	7	7	8	6
教育均衡发展	12	10	11	9	8	8	8
卫生均衡发展	8	7	7	6	6	6	5
文化均衡发展	22	24	24	24	23	21	15
社会保障均衡发展	23	17	19	19	18	25	24
生活水平一体化	20	21	20	20	20	20	20
收入消费水平	25	27	27	27	27	26	25
居住卫生条件	13	13	13	13	16	16	16
生态环境一体化	12	12	12	12	12	12	12
水资源利用	12	12	12	13	13	13	13
污染物排放	16	21	17	16	15	15	1
环境卫生治理	17	15	18	19	21	18	17

（二）2010～2016年变化：城乡发展一体化总水平实现程度排序上升，社会发展一体化实现程度排序大幅提高

与 2010 年相比，2016 年陕西城乡发展一体化总水平实现程度排序上升 3 位，主要是由社会发展一体化实现程度排序大幅上升拉动。

四个一体化中，生活水平一体化和生态环境一体化实现程度排序非常稳

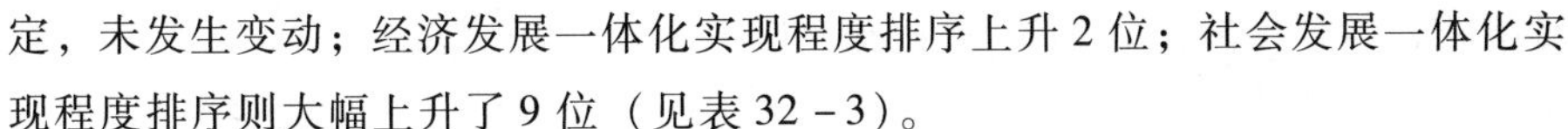
定，未发生变动；经济发展一体化实现程度排序上升2位；社会发展一体化实现程度排序则大幅上升了9位（见表32－3）。

三　简要评价

2016年，陕西城乡发展一体化实现程度与全国平均水平基本同步，但进展较为缓慢。如按2010～2016年平均进展，到2020年，社会发展一体化和生态环境一体化将实现目标，但是，由于经济发展一体化实现程度较低且进展缓慢，仅能达到62%，严重拖累总水平实现程度提高，按目前进展，到2020年，总水平实现程度只能达到87.55%，距实现目标还有一定距离。

（一）提高农业劳动生产率和农业现代化水平，遏止城乡二元经济结构恶化趋势

陕西农业劳动生产率和农业现代化水平较低，两者均低于全国平均水平。同时，农业比较劳动生产率也较低，且农业比较劳动生产率提高速度不及非农产业比较劳动生产率，导致城乡二元经济问题呈逐年恶化趋势，产业发展不协调，2016年产业协调实现程度仅14.86%，距实现目标还有巨大差距。

（二）加大信贷资金对农业的支持，加快农业劳动力转移，提高城镇化土地利用效率

陕西信贷资金对农业的支持明显不足，农业贷款相对强度逐年下降，实现程度低且呈逐年下降趋势。

农业依然容留了较多的劳动力，农业产业劳动力比重大于全国平均水平，非农产业劳动力比重的实现程度距实现目标还有巨大差距。

城镇化土地利用率低于全国平均水平，2016年，土地相对利用率实现程度尚未过半。

（三）提高农民收入水平，缩小城乡居民收入差距

2016年，陕西农村居民人均纯收入仅相当于全国平均水平的76%，农村居民收入水平依然较低，实现程度尚未过半；虽然城乡居民收入差距逐

年缩小，但依然较大，远大于全国平均水平，实现程度距目标尚有较大差距。

（四）进一步改善农村居住卫生条件和环境卫生状况

陕西农村居住卫生条件和环境卫生治理水平相对较差，农村无害化卫生厕所普及率、农村生活垃圾处理率和农村生活污水处理率均低于全国平均水平，实现程度均尚未过半，还需大力改进。

第三十三章
甘肃城乡发展一体化

一　城乡发展一体化实现程度与进展

（一）城乡发展一体化整体水平低，经济发展一体化实现程度仍未达到2007年全国平均水平

2016 年，甘肃城乡发展一体化总水平实现程度仅为 29.61%，比全国平均水平低 34.16 个百分点，距实现目标还有较大差距。

四个一体化实现程度均远低于全国平均水平，生态环境一体化实现程度最高，也仅为 54.49%，比全国平均水平低 21.37 个百分点；社会发展一体化实现程度与全国平均水平的差距最小，相差 15.31 个百分点；经济发展一体化实现程度尚未达到 2007 年全国平均水平，与全国平均水平相差 63.81 个百分点。

12 个二级指标中，除卫生均衡发展和水资源利用外，其他指标实现程度均低于全国平均水平；污染物排放实现程度最高，达到 85.71%；产业协调和教育均衡发展实现程度尚未达到 2007 年全国平均水平（见表 33 - 1）。

（二）2016年城乡发展一体化总水平实现程度总体提升

2016 年，甘肃城乡发展一体化总水平实现程度比上年提高 11.34 个百分点，延续了逐年提升的态势；四个一体化实现程度均有不同程度的提升，12

个二级指标中，除教育均衡发展、卫生均衡发展和收入消费水平等实现程度下降，其他9个指标实现程度都有不同程度的提高（见表32－2）。

表33－1　甘肃城乡发展一体化实现程度

单位：%

项目	2010年	2011年	2012年	2013年	2014年	2015年	2016年	2016年全国
总指数	－16.06	－8.22	－0.44	7.24	13.73	18.27	29.61	63.77
经济发展一体化	－37.41	－29.90	－23.86	－18.89	－13.40	－8.75	－3.78	60.03
经济发展	－44.30	－38.13	－29.50	－21.75	－13.71	－5.87	1.89	71.27
产业协调	－39.32	－35.16	－31.94	－28.71	－24.40	－20.17	－15.30	57.45
要素配置	－28.62	－16.40	－10.14	－6.20	－2.08	－0.20	2.06	51.36
社会发展一体化	2.17	6.69	19.22	24.38	27.78	29.31	37.82	53.13
教育均衡发展	－34.80	－38.06	－13.78	－14.63	－10.82	－29.00	－36.92	41.94
卫生均衡发展	21.63	28.30	38.69	49.93	46.45	66.64	58.14	23.44
文化均衡发展	－5.18	－5.04	－5.67	1.19	5.15	13.90	60.72	73.23
社会保障均衡发展	27.02	41.57	57.65	61.02	70.32	65.69	69.35	73.92
生活水平一体化	－9.77	3.70	3.70	15.45	21.08	25.78	29.92	66.07
收入消费水平	－8.32	3.09	3.65	24.81	31.04	34.82	33.93	72.96
居住卫生条件	－11.22	4.31	3.75	6.08	11.12	16.74	25.92	59.19
生态环境一体化	－19.23	－13.39	－0.81	8.02	19.44	26.72	54.49	75.86
水资源利用	25.64	29.91	34.19	41.03	46.15	49.57	54.70	50.43
污染物排放	－55.39	－45.53	－15.70	2.18	12.18	23.08	85.71	100
环境卫生治理	－27.93	－24.54	－20.91	－19.15	－0.01	7.51	23.05	77.17

表33－2　甘肃城乡发展一体化实现程度进展（环比提高）

单位：个百分点

项目	2011年	2012年	2013年	2014年	2015年	2016年	2010～2016年年均提高	
							甘肃	全国
总指数	7.84	7.79	7.68	6.49	4.54	11.34	7.61	6.71
经济发展一体化	7.51	6.04	4.97	5.49	4.65	4.96	5.60	6.46
经济发展	6.17	8.63	7.75	8.04	7.84	7.76	7.70	7.89
产业协调	4.15	3.23	3.23	4.31	4.23	4.87	4.00	6.78
要素配置	12.22	6.26	3.94	4.11	1.89	2.25	5.11	4.70

续表

项目	2011 年	2012 年	2013 年	2014 年	2015 年	2016 年	2010～2016 年年均提高	
							甘肃	全国
社会发展一体化	4.53	12.53	5.16	3.40	1.53	8.51	5.94	5.22
教育均衡发展	-3.26	24.28	-0.85	3.82	-18.19	-7.92	-0.35	3.93
卫生均衡发展	6.68	10.39	11.24	-3.48	20.19	-8.50	6.09	3.67
文化均衡发展	0.14	-0.63	6.87	3.96	8.74	46.82	10.98	6.31
社会保障均衡发展	14.54	16.08	3.37	9.31	-4.63	3.65	7.05	6.99
生活水平一体化	13.46	0	11.74	5.63	4.70	4.14	6.61	7.15
收入消费水平	11.40	0.57	21.16	6.23	3.78	-0.89	7.04	8.59
居住卫生条件	15.53	-0.56	2.33	5.04	5.62	9.17	6.19	5.72
生态环境一体化	5.84	12.58	8.83	11.42	7.28	27.77	12.29	8.00
水资源利用	4.27	4.27	6.84	5.13	3.42	5.13	4.84	5.98
污染物排放	9.86	29.83	17.88	10.00	10.90	62.62	23.52	8.76
环境卫生治理	3.38	3.64	1.76	19.13	7.52	15.54	8.50	9.25

（三）2016年城乡发展一体化进程全面加速，遏止了总水平实现程度进展逐年下降的趋势

2016 年，甘肃城乡发展一体化总水平实现程度大幅提高了 11.34 个百分点，比上年进展快 6.8 个百分点，是城乡发展一体化总水平实现程度提升速度最快的一年，提升速度全国最快。

四个一体化中，除生活水平一体化实现程度进展略慢于上年外，其他三个一体化实现程度进展速度均高于上年；特别是由于污染物排放实现程度的大幅提高，而拉动了生态环境一体化实现程度大幅提高了 27.77 个百分点；虽然教育均衡发展和卫生均衡发展实现程度下降，但由于文化均衡发展实现程度的大幅提高，拉动了社会发展一体化实现程度的提升（见表 33－2）。

（四）2010～2016年城乡发展一体化进展较快，但基本呈逐年减缓趋势

2010～2016 年，甘肃城乡发展一体化总水平实现程度年均提高 7.61 个百分点，比全国平均水平高 0.9 个百分点，仅慢于贵州、宁夏、广西和

四川，进展较快。但是，进展呈逐年减缓趋势，2016 年才遏制住了这一势头。

四个一体化中，生态环境一体化进展快，进展速度仅次于宁夏，比全国平均水平快 4.29 个百分点；经济发展一体化和生活水平一体化进展缓慢，均低于全国平均进展（见表 33－2）。

二　城乡发展一体化实现程度排序与变化

（一）2016年：城乡发展一体化整体排序居后

2016 年，甘肃城乡发展一体化总水平实现程度排序依然靠后，位居第 27 位。

四个一体化中，经济发展一体化、社会发展一体化和生活水平一体化实现程度排序均未发生变化，依然靠后，其中生活水平一体化实现程度位居末端；虽然生态环境一体化实现程度排序上升 1 位，但仍然靠后。

12 个二级指标中，大多数指标实现程度排序靠后，但卫生均衡发展和水资源利用等实现程度排序相对较高，均位列第 14 位，比总水平实现程度排序高 13 位（见表 33－3）。

表 33－3　甘肃城乡发展一体化实现程度排序

项目	2010 年	2011 年	2012 年	2013 年	2014 年	2015 年	2016 年
总指数	27	28	27	27	27	27	27
经济发展一体化	28	28	28	28	28	28	28
经济发展	28	28	29	29	28	28	29
产业协调	28	28	28	28	28	28	28
要素配置	29	26	26	25	26	27	27
社会发展一体化	26	27	25	27	27	27	27
教育均衡发展	28	28	27	28	28	29	29
卫生均衡发展	19	18	16	13	15	11	14
文化均衡发展	27	30	30	30	30	30	21
社会保障均衡发展	21	22	15	15	11	19	22

续表

项目	2010 年	2011 年	2012 年	2013 年	2014 年	2015 年	2016 年
生活水平一体化	29	29	29	29	30	30	30
收入消费水平	29	29	29	28	30	30	30
居住卫生条件	23	21	23	22	22	23	23
生态环境一体化	26	26	25	26	25	25	24
水资源利用	14	14	14	14	14	14	14
污染物排放	27	27	27	27	27	27	24
环境卫生治理	30	30	29	30	29	30	29

（二）2010～2016年变化：城乡发展一体化整体排序稳定，始终居后

2010～2016 年，甘肃城乡发展一体化总水平实现程度排序非常稳定，除 2011 年短暂下降 1 位外，其余年份均位列全国第 27 位。

四个一体化排序变化也很小，经济发展一体化实现程度始终位列全国倒数第 3 位；社会发展一体化和生活水平一体化等实现程度排序下降 1 位；生态环境一体化排序上升 2 位（见表 33－3）。

三　简要评价

虽然甘肃城乡发展一体化总水平实现程度进展较快，但起点过低。按 2010～2016 年平均进展，到 2020 年，虽然生态环境一体化能够如期实现目标，但由于其他三个一体化（特别是经济发展一体化）不仅实现程度低，而且进展较为缓慢，极大制约了总水平实现程度的提高，到期仅能达到 60.06%，距实现目标还有较大差距。

（一）加快经济发展，大力提高城镇化水平

2016 年，甘肃人均 GDP 仅为全国平均水平的 60%（2010 年不变价），人口城镇化率比全国平均水平低 12.68 个百分点，城乡发展一体化基础薄弱。经济发展实现程度仅及 2007 年全国平均水平，与全国平均水平相差 69.38 个百分点，距实现目标差距巨大。必须进一步加快经济发展，提高人口城镇化水平。

（二）提高农业劳动生产率和农业现代化水平，加大改善城乡二元经济结构力度

2010 年以来，虽然甘肃农业比较劳动生产率提高速度略快于非农产业比较劳动生产率提高速度，城乡二元经济结构有所改善，但城乡二元经济问题依然严重，2016 年城乡二元经济实现程度距离 2007 年全国平均水平还有较大差距。主要问题在于，农业劳动生产率低下，农业现代化水平低。2016 年，甘肃农业劳动生产率水平全国最低，仅相当于同年全国平均水平的 54%，尚不及 2007 年全国平均水平；农业综合机械化率远低于全国平均水平；农业劳动力所占比重较大，远高于全国平均水平，与 2007 年全国平均水平还有较大差距。

（三）提高城镇化土地利用效率

2016 年，甘肃城镇化土地利用率不仅低于同年全国平均水平，而且与 2007 年全国平均水平还有一定差距。

（四）大力提高农村人力资源水平，缩小城乡差距

甘肃农村义务教育教师平均受教育年限较低，2016 年仅高于海南，且城乡差距全国最大。

近几年来，虽然甘肃农村人口平均受教育年限不断提高，但水平依然较低，仅相当于 2007 年全国平均水平；且城乡差距较大，远大于全国平均水平。

（五）提高农民收入水平，缩小城乡居民收入差距

甘肃不仅农村居民收入水平低，而且城乡居民收入差距大。2016 年，甘肃农民人均可支配收入仅相当于全国平均水平的 60%，实现程度不到 25%；虽然城乡居民收入差距逐年缩小，但依然较大，远大于全国平均水平，实现程度尚不及 2007 年全国平均水平。

（六）大力改善农村居住卫生条件和环境卫生状况

甘肃农村居住卫生条件和环境卫生治理水平相对较差，农村无害化卫生厕所普及率、农村生活垃圾处理率和农村生活污水处理率均远低于全国平均水平，距实现目标差距巨大。

第三十四章
青海城乡发展一体化

一　城乡发展一体化实现程度与进展

（一）城乡发展一体化距实现目标还有巨大差距

2016 年，青海城乡发展一体化总水平实现程度仅为 19.63%，比全国平均水平低 44.14 个百分点，距实现目标还有 4/5 以上的距离。

四个一体化实现程度均未超过 50%，且远不及全国平均水平，其中，社会发展一体化实现程度与 2007 年全国平均水平还有较大差距，与 2016 年全国平均水平相差 84.46 个百分点。生活水平一体化实现程度与全国平均水平差距最小，但也高达 26.57 个百分点（见表 34 - 1）。

（二）2016年城乡发展一体化实现程度全面提升

2016 年，青海城乡发展一体化总水平实现程度比上年提高 9.67 个百分点，四个一体化实现程度均不同程度提升，12 个二级指标中，除卫生均衡发展实现程度下降外，其他 11 个指标实现程度有不同程度的提高（见表 34 - 2）。

（三）2016年城乡发展一体化实现程度全面、大幅加速

2016 年，青海城乡发展一体化总水平实现程度进展比上年快 6.71 个百分点，也明显快于 2010 ~ 2016 年平均进展，进展大幅提速。

四个一体化实现程度进展均超过上年水平，其中社会发展一体化和生活水平一体化实现程度进展分别比上年加快9.78个和11.83个百分点，后者进展全国最快；生态环境一体化实现程度进展在前两年大幅提高的基础上进一步加快（见表34－2）。

表34－1 青海城乡发展一体化实现程度

单位：%

项目	2010年	2011年	2012年	2013年	2014年	2015年	2016年	2016年全国
总指数	－19.06	－8.16	5.50	3.20	7.00	9.96	19.63	63.77
经济发展一体化	－2.25	4.89	10.60	15.91	20.30	23.32	28.55	60.03
经济发展	－3.23	5.60	14.42	22.04	30.03	35.47	43.69	71.27
产业协调	－1.37	2.50	6.60	12.38	14.10	15.61	19.47	57.45
要素配置	－2.15	6.58	10.78	13.32	16.77	18.89	22.49	51.36
社会发展一体化	－56.43	－37.57	－5.06	－31.05	－36.88	－39.00	－31.33	53.13
教育均衡发展	－57.76	－66.75	－66.34	－63.54	－59.87	－65.25	－47.68	41.94
卫生均衡发展	－157.65	－139.10	－32.06	－145.59	－164.84	－189.09	－191.14	23.44
文化均衡发展	－9.76	24.48	28.12	33.07	39.09	45.33	51.59	73.23
社会保障均衡发展	－0.55	31.11	50.02	51.86	38.08	53.01	61.92	73.92
生活水平一体化	13.02	16.07	23.39	26.94	31.52	29.60	39.50	66.07
收入消费水平	24.88	34.64	42.00	51.23	56.71	53.62	54.72	72.96
居住卫生条件	1.17	－2.50	4.79	2.65	6.34	5.58	24.27	59.19
生态环境一体化	－30.57	－16.02	－6.92	0.99	13.08	25.93	41.82	75.86
水资源利用	－74.36	－63.25	－52.14	－29.91	－11.11	5.13	7.69	50.43
污染物排放	－15.61	－3.47	13.00	24.04	33.92	43.31	74.50	100
环境卫生治理	－1.75	18.65	18.39	8.83	16.43	29.35	43.26	77.17

表34－2 青海城乡发展一体化实现程度进展（环比提高）

单位：个百分点

项目	2011年	2012年	2013年	2014年	2015年	2016年	2010～2016年年均提高	
							青海	全国
总指数	10.90	13.66	－2.31	3.81	2.96	9.67	6.45	6.71
经济发展一体化	7.14	5.71	5.31	4.39	3.02	5.23	5.13	6.46
经济发展	8.83	8.82	7.62	7.99	5.43	8.23	7.82	7.89
产业协调	3.87	4.10	5.78	1.73	1.51	3.85	3.47	6.78
要素配置	8.73	4.20	2.53	3.45	2.12	3.60	4.11	4.70

续表

项目	2011 年	2012 年	2013 年	2014 年	2015 年	2016 年	2010～2016 年年均提高	
							青海	全国
社会发展一体化	18.87	32.50	-25.99	-5.83	-2.11	7.67	4.18	5.22
教育均衡发展	-8.99	0.40	2.80	3.68	-5.38	17.57	1.68	3.93
卫生均衡发展	18.55	107.05	-113.53	-19.26	-24.24	-2.05	-5.58	3.67
文化均衡发展	34.24	3.64	4.95	6.02	6.24	6.26	10.23	6.31
社会保障均衡发展	31.66	18.92	1.84	-13.78	14.93	8.91	10.41	6.99
生活水平一体化	3.05	7.32	3.55	4.58	-1.93	9.90	4.41	7.15
收入消费水平	9.76	7.36	9.23	5.48	-3.09	1.11	4.97	8.59
居住卫生条件	-3.66	7.28	-2.14	3.69	-0.76	18.69	3.85	5.72
生态环境一体化	14.55	9.11	7.90	12.09	12.85	15.89	12.07	8.00
水资源利用	11.11	11.11	22.22	18.80	16.24	2.56	13.68	5.98
污染物排放	12.14	16.46	11.04	9.88	9.39	31.19	15.02	8.76
环境卫生治理	20.40	-0.25	-9.56	7.60	12.92	13.91	7.50	9.25

（四）2010～2016年城乡发展一体化整体进展缓慢

2010～2016 年，青海城乡发展一体化总水平实现程度年均提高 6.45 个百分点，比全国平均进展慢 0.26 个百分点，特别是 2013～2015 年进展大幅减缓。

四个一体化中，经济发展一体化、社会发展一体化和生活水平一体化实现程度进展均慢于全国平均进展，但生态环境一体化实现程度进展快，进展速度全国第四，比同期全国平均进展快 4.07 个百分点（见表 34－2）。

二　城乡发展一体化实现程度排序与变化

（一）2016年：城乡发展一体化总水平实现程度全国倒数第二

2016 年，青海城乡发展一体化总水平实现程度排序未发生变化，依然位居倒数全国第 2 位。

四个一体化实现程度排序均处于全国下游，除经济发展一体化实现程度位居第25位外，其他三个一体化均位于后5位，其中，社会发展一体化位列全国末位。

12个二级指标中，有7个指标排序处于全国后5位，其中教育均衡发展和卫生均衡发展实现程度均位列全国末位；排序最高的产业协调，也仅位居第19位（见表34－3）。

表34－3 青海城乡发展一体化实现程度排序

项目	2010年	2011年	2012年	2013年	2014年	2015年	2016年
总指数	29	27	26	29	29	29	29
经济发展一体化	23	24	24	24	24	25	25
经济发展	20	20	20	20	20	21	21
产业协调	21	22	21	20	21	21	19
要素配置	20	20	21	21	21	23	24
社会发展一体化	30	30	28	30	30	30	30
教育均衡发展	30	30	30	30	30	30	30
卫生均衡发展	30	30	26	30	30	30	30
文化均衡发展	29	25	25	25	26	26	27
社会保障均衡发展	29	29	22	25	30	29	29
生活水平一体化	19	23	23	25	26	28	27
收入消费水平	19	20	19	23	26	27	27
居住卫生条件	21	23	22	25	25	28	24
生态环境一体化	28	28	28	28	27	26	27
水资源利用	30	29	29	26	26	24	24
污染物排放	23	23	23	23	24	24	28
环境卫生治理	27	18	25	27	27	26	26

（二）2010～2016年变化：城乡发展一体化总水平实现程度排序总体下滑

2016年与2010年相比，青海城乡发展一体化总水平排序未发生变化，依然位居倒数第2位，仅在2011年和2012年发生短暂的上升。

四个一体化中，生态环境一体化实现程度排序上升1位，社会发展一体化实现程度除2012年短暂上升2位外，其余年份均处于全国末位；生活水平一体化实现程度排序大幅下降8位，经济发展一体化实现程度排序下降2位。因

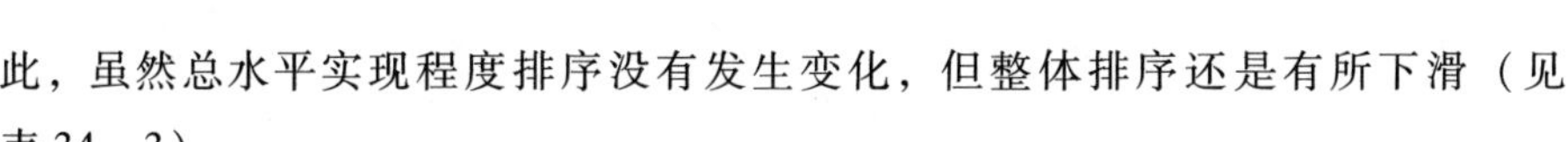

此，虽然总水平实现程度排序没有发生变化，但整体排序还是有所下滑（见表 34 - 3）。

三　简要评价

青海城乡发展一体化不仅整体水平起点低，而且在 2013 ~ 2015 年期间进展非常缓慢。按 2011 ~ 2016 年平均进展，到 2020 年，虽然生态环境一体化实现程度达到 90%，接近实现目标，但城乡发展一体化总水平实现程度依然不能达到 50%，距实现目标还有较大差距，社会发展一体化实现程度甚至依然达不到 2007 年全国平均水平。

青海城乡发展一体化落后是全方位的。2016 年，在衡量城乡发展一体化的具体指标中，仅有 5 个指标超过全国平均水平，有 7 个指标尚未达到 2007 年全国平均水平。

青海城乡发展一体化落后突出表现在：经济发展和城镇化水平低，农业劳动力比重过大，农业比较劳动生产率低，城乡二元经济结构问题严重，信贷资金对农业支持严重不足，城镇化土地利用效率低，农村人口平均受教育水平低且城乡人口受教育水平差距较大，农村妇女健康和保健水平较低，城乡医疗卫生人力资源差距较大，农村居民收入水平低且城乡居民收入差距较大，农村居住卫生条件和环境较差，等等。

第三十五章
宁夏城乡发展一体化

一 城乡发展一体化实现程度与进展

（一）城乡发展一体化整体水平低于全国平均水平

2016 年，宁夏城乡发展一体化总水平实现程度为 44.84%，比全国平均水平低 18.93 个百分点，距实现目标还有 1/2 以上的路程。

四个一体化实现程度均低于全国平均水平。其中，经济发展一体化和生态环境一体化实现程度与全国平均水平差距较大，分别比全国平均水平低 27.73 个和 35.01 个百分点；生活水平一体化实现程度最高，与全国平均水平的差距最小，仅相差 3.54 个百分点。

12 个二级指标中，仅社会保障均衡发展实现程度高于全国平均水平，其余 11 个指标实现程度均低于全国平均水平（见表 35－1）。

（二）2016年城乡发展一体化整体实现程度提高

2016 年，宁夏城乡发展一体化总水平实现程度比上年提高 11.02 个百分点；四个一体化中，除生活水平一体化实现程度比上年下降 1.57 个百分点外，其他三个一体化实现程度均有不同程度提高；12 个二级指标中，除居住卫生条件实现程度下降外，其余 11 个指标实现程度有不同程度的上升（见表35－2）。

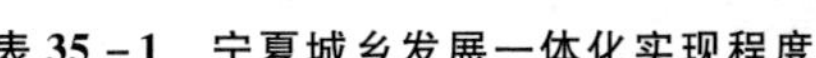

表 35－1　宁夏城乡发展一体化实现程度

单位：%

项目	2010 年	2011 年	2012 年	2013 年	2014 年	2015 年	2016 年	2016 年全国
总指数	－3.67	－0.98	－2.09	17.97	25.54	33.82	44.84	63.77
经济发展一体化	10.79	3.31	7.20	11.62	18.39	25.62	32.30	60.03
经济发展	11.37	22.02	29.31	37.71	46.59	55.82	63.35	71.27
产业协调	9.71	－8.65	－5.34	－3.85	1.08	6.03	9.35	57.45
要素配置	11.30	－3.44	－2.37	0.99	7.49	15.00	24.20	51.36
社会发展一体化	3.60	20.08	－13.77	30.73	34.72	37.67	43.68	53.13
教育均衡发展	－7.97	2.44	7.71	3.26	17.21	15.98	20.42	41.94
卫生均衡发展	－27.65	－0.52	－176.34	－10.39	－10.05	2.81	15.13	23.44
文化均衡发展	49.22	50.08	50.93	53.00	51.59	53.13	55.81	73.23
社会保障均衡发展	0.78	28.32	62.63	77.07	80.14	78.76	83.37	73.92
生活水平一体化	20.30	29.65	38.47	48.21	56.81	64.09	62.53	66.07
收入消费水平	24.32	29.50	35.62	47.66	62.24	63.76	66.52	72.96
居住卫生条件	16.28	29.80	41.31	48.75	51.39	64.43	58.54	59.19
生态环境一体化	－49.39	－56.98	－40.26	－18.70	－7.76	7.88	40.85	75.86
水资源利用	－45.30	－36.75	－28.21	－16.24	－6.84	15.38	23.93	50.43
污染物排放	－132.50	－145.22	－112.37	－81.83	－60.69	－37.34	35.94	100
环境卫生治理	29.64	11.03	19.81	41.99	44.26	45.60	62.68	77.17

表 35－2　宁夏城乡发展一体化实现程度进展（环比提高）

单位：个百分点

项目	2011 年	2012 年	2013 年	2014 年	2015 年	2016 年	2010～2016 年年均提高	
							宁夏	全国
总指数	2.69	－1.10	20.05	7.58	8.27	11.02	8.09	6.71
经济发展一体化	－7.48	3.89	4.42	6.77	7.23	6.69	3.58	6.46
经济发展	10.65	7.29	8.40	8.88	9.22	7.54	8.66	7.89
产业协调	－18.36	3.31	1.49	4.94	4.95	3.32	－0.06	6.78
要素配置	－14.74	1.07	3.36	6.50	7.51	9.20	2.15	4.70
社会发展一体化	16.48	－33.85	44.50	3.99	2.95	6.02	6.68	5.22
教育均衡发展	10.41	5.27	－4.46	13.95	－1.23	4.45	4.73	3.93
卫生均衡发展	27.13	－175.82	165.95	0.34	12.86	12.32	7.13	3.67
文化均衡发展	0.85	0.85	2.07	－1.41	1.53	2.69	1.10	6.31
社会保障均衡发展	27.54	34.31	14.44	3.07	－1.38	4.61	13.76	6.99

续表

项目	2011 年	2012 年	2013 年	2014 年	2015 年	2016 年	2010～2016 年年均提高	
							宁夏	全国
生活水平一体化	9.35	8.82	9.74	8.61	7.28	-1.57	7.04	7.15
收入消费水平	5.18	6.12	12.04	14.58	1.52	2.76	7.03	8.59
居住卫生条件	13.52	11.52	7.44	2.64	13.04	-5.89	7.04	5.72
生态环境一体化	-7.59	16.72	21.56	10.94	15.64	32.97	15.04	8.00
水资源利用	8.55	8.55	11.97	9.40	22.22	8.55	11.54	5.98
污染物排放	-12.72	32.84	30.54	21.14	23.35	73.28	28.07	8.76
环境卫生治理	-18.62	8.78	22.18	2.27	1.34	17.08	5.51	9.25

（三）2016年城乡发展一体化总水平实现程度进展连续第二年提速

2016 年，宁夏城乡发展一体化总水平实现程度进展比上年大幅上升 2.75 个百分点，连续第二年提速。

四个一体化中，虽然经济发展一体化实现程度进展慢于上年，生活水平一体化实现程度下降，但生态环境一体化实现程度在前几年持续大幅提高的基础上继续大幅提升，比上年提高了 32.97 个百分点，进展比上年快 17.33 个百分点，进展速度全国最快，由此拉动总水平实现程度的大幅提升（见表 35-2）。

（四）2010～2016年城乡发展一体化总水平实现程度进展快，居全国第二位

2010～2016 年，宁夏城乡发展一体化总水平实现程度年均提高 8.09 个百分点，高于全国平均进展 1.38 个百分点，进展速度居全国第二。

四个一体化中，经济发展一体化和生活水平一体化实现程度进展低于全国平均水平，特别是前者进展非常缓慢；但是，生态环境一体化实现程度进展快，进展速度位居全国首位，比同期全国平均进展快 7.04 个百分点，由此拉动总水平实现程度大幅较快提升（见表 35 2）。

二　城乡发展一体化实现程度排序与变化

（一）2016年：城乡发展一体化整体排序靠后

2016 年，宁夏城乡发展一体化总水平实现程度排序靠后的状况未发生改变，依然位居第 26 位。

四个一体化中，生活水平一体化实现程度排序下降了 4 位，但依然相对较高，位居全国第 16 位，比总水平实现程度排序高 10 位；经济发展一体化和生态环境一体化实现程度排序上升，但依然排序靠后，其中生态环境一体化实现程度位居倒数第三；社会发展一体化实现程度排序也非常靠后，居于后 5 位。

宁夏社会保障均衡发展水平较高，2016 年实现程度超过 80%；但多数二级指标实现程度排序靠后（见表 35 -3）。

表 35 -3　宁夏城乡发展一体化实现程度排序

项目	2010 年	2011 年	2012 年	2013 年	2014 年	2015 年	2016 年
总指数	26	26	28	26	26	26	26
经济发展一体化	18	25	25	25	25	24	23
经济发展	16	15	17	17	16	16	16
产业协调	18	25	24	25	25	23	24
要素配置	19	23	24	24	24	24	22
社会发展一体化	25	26	30	26	25	26	26
教育均衡发展	25	25	24	24	24	24	24
卫生均衡发展	26	25	30	27	25	25	22
文化均衡发展	13	14	17	17	21	22	24
社会保障均衡发展	28	30	11	8	5	7	7
生活水平一体化	16	16	15	14	16	12	16
收入消费水平	20	24	23	25	22	24	24
居住卫生条件	17	12	11	11	12	10	12
生态环境一体化	29	30	30	30	30	30	28
水资源利用	25	25	25	25	23	20	20
污染物排放	29	30	30	30	30	30	30
环境卫生治理	10	25	23	15	15	20	18

（二）2010～2016年变化：城乡发展一体化总水平实现程度排序始终靠后

2010～2016 年，宁夏城乡发展一体化总水平实现程度排序除 2012 年位居第 28 位以外，其他年份均位列第 26 位。

四个一体化中，经济发展一体化实现程度排序大幅下降 5 位，其他指标排序均相对稳定。虽然生态环境一体化实现程度进展快速，但由于起点低，差距大，尚未对其排序产生大的影响，仅上升了 1 位（见表 35－3）。

三　简要评价

宁夏生态环境一体化实现程度进展快速，虽然目前实现程度还较低，但按目前进展水平，到 2020 年将如期实现目标；生活水平一体化实现程度相对较高，且进展保持一定水平，到 2020 年将接近实现目标。然而，由于经济发展一体化和社会发展一体化不仅实现程度较低，且进展较为缓慢，制约了总水平实现程度提高。总体上看，虽然宁夏城乡发展一体化总水平进程较快，但由于起点低，到期实现目标的难度大。按 2010～2016 年平均进展，到 2020 年，城乡发展一体化总水平实现程度只能达到 77%，距实现目标还有较大差距。

（一）提高农业劳动生产率和农业现代化水平，加大改善城乡二元经济结构力度

近几年来，虽然宁夏农业比较劳动生产率提高速度略快于非农产业比较劳动生产率提高速度，城乡二元经济结构有所改善，但城乡二元经济问题依然严重，2016 年城乡二元经济实现程度距离 2007 年全国平均水平还有较大差距。主要问题在于，农业劳动生产率低下，农业现代化水平低。2016 年，宁夏农业劳动生产率水平仅相当于同年全国平均水平的 80%，实现程度距目标还有巨大差距；农业水资源利用率低于全国平均水平；农业劳动力所占比重较大，远高于全国平均水平，仅相当于 2007 年全国平均水平。

（二）提高城镇化土地利用效率

2016 年，宁夏城镇化土地利用率不仅低于同年全国平均水平，而且远低于 2007 年全国平均水平。

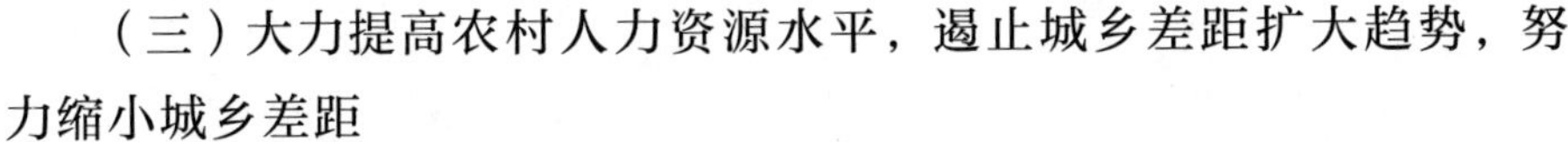

（三）大力提高农村人力资源水平，遏止城乡差距扩大趋势，努力缩小城乡差距

近几年来，宁夏农村人口平均受教育水平有所提高，但水平依然较低，低于全国平均水平；同时，不仅城乡人口平均受教育水平差距较大，而且呈不断扩大趋势，城乡差距大于全国平均水平。

（四）提高农民收入水平，缩小城乡居民收入差距

尽管宁夏农村居民收入水平不断提高，但农村居民收入依然较低，2016年仅相当于当年全国平均水平的80%；同时，虽然城乡居民收入差距不断缩小，但差距依然较大，大于全国平均水平。

第三十六章
新疆城乡发展一体化

一　城乡发展一体化实现程度与进展

（一）城乡发展一体化总水平实现程度距目标还有1/2的路程

2016 年，新疆城乡发展一体化总水平实现程度为 49.95%，比全国平均水平低 13.82 个百分点，距实现目标还有 1/2 的路程。

四个一体化实现程度均低于全国平均水平，其中经济发展一体化和生态环境一体化实现程度与全国平均水平的差距较大，分别相差 18.69 个和 23.88 个百分点。

12 个二级指标中，产业协调和文化均衡发展实现程度相对较高，高于全国平均水平，特别是产业协调实现程度比全国平均水平高 17.62 个百分点；经济发展、要素配置和卫生均衡发展实现程度均未超过目标的 1/3（见表 36－1）。

（二）2016年城乡发展一体化整体水平继续提升

2016 年，新疆城乡发展一体化总水平实现程度比上年提高 11.25 个百分点，延续了逐年提高的态势。四个一体化中，除生活水平一体化实现程度小幅下降外，其他三个一体化实现程度均有不同程度的提升。12 个二级指标中，除文化均衡发展和居住卫生条件实现程度小幅下降，其他 10 个指标实现程度有不同程度的提升（见表 36－2）。

表 36－1　新疆城乡发展一体化实现程度

单位：%

项目	2010 年	2011 年	2012 年	2013 年	2014 年	2015 年	2016 年	2016 年全国
总指数	8.20	14.52	16.53	28.00	33.09	38.70	49.95	63.77
经济发展一体化	13.87	13.88	16.73	23.36	30.61	36.52	41.34	60.03
经济发展	－8.20	－2.76	2.71	8.31	17.75	24.68	31.60	71.27
产业协调	72.93	64.93	62.04	69.18	70.39	72.36	75.07	57.45
要素配置	－23.12	－20.52	－14.56	－7.41	3.68	12.53	17.35	51.36
社会发展一体化	1.72	22.60	10.50	32.26	32.47	39.82	49.85	53.13
教育均衡发展	26.46	3.13	5.76	19.98	28.45	35.99	38.61	41.94
卫生均衡发展	－54.25	25.99	－38.75	19.03	－4.28	－8.10	17.51	23.44
文化均衡发展	17.82	29.01	32.89	48.22	60.21	79.26	77.57	73.23
社会保障均衡发展	16.85	32.28	42.09	41.81	45.50	52.14	65.71	73.92
生活水平一体化	37.23	34.22	40.78	51.71	56.94	57.59	56.64	66.07
收入消费水平	26.59	38.36	43.92	55.47	59.49	55.04	55.31	72.96
居住卫生条件	47.88	30.08	37.64	47.96	54.40	60.15	57.96	59.19
生态环境一体化	－20.04	－12.61	－1.91	4.68	12.33	20.86	51.98	75.86
水资源利用	－7.69	6.84	21.37	26.50	32.48	31.62	37.61	50.43
污染物排放	－57.08	－58.33	－42.18	－27.32	－14.50	5.55	75.54	100
环境卫生治理	4.66	13.65	15.09	14.86	19.01	25.40	42.79	77.17

表 36－2　新疆城乡发展一体化实现程度进展（环比提高）

单位：个百分点

项目	2011 年	2012 年	2013 年	2014 年	2015 年	2016 年	2010～2016 年年均提高	
							新疆	全国
总指数	6.33	2.00	11.48	5.08	5.61	11.25	6.96	6.71
经济发展一体化	0.01	2.85	6.63	7.25	5.91	4.82	4.58	6.46
经济发展	5.44	5.47	5.60	9.44	6.93	6.92	6.63	7.89
产业协调	－8.00	－2.89	7.14	1.21	1.96	2.72	0.36	6.78
要素配置	2.60	5.95	7.15	11.09	8.85	4.82	6.75	4.70

续表

项目	2011 年	2012 年	2013 年	2014 年	2015 年	2016 年	2010～2016 年年均提高	
							新疆	全国
社会发展一体化	20.88	-12.11	21.76	0.21	7.36	10.02	8.02	5.22
教育均衡发展	-23.33	2.63	14.22	8.47	7.54	2.61	2.02	3.93
卫生均衡发展	80.24	-64.74	57.78	-23.31	-3.81	25.60	11.96	3.67
文化均衡发展	11.19	3.88	15.33	11.99	19.05	-1.69	9.96	6.31
社会保障均衡发展	15.43	9.81	-0.28	3.70	6.64	13.57	8.14	6.99
生活水平一体化	-3.01	6.56	10.93	5.23	0.65	-0.96	3.23	7.15
收入消费水平	11.77	5.57	11.54	4.02	-4.45	0.27	4.79	8.59
居住卫生条件	-17.80	7.56	10.32	6.44	5.75	-2.19	1.68	5.72
生态环境一体化	7.42	10.71	6.58	7.65	8.53	31.12	12.00	8.00
水资源利用	14.53	14.53	5.13	5.98	-0.85	5.98	7.55	5.98
污染物排放	-1.25	16.15	14.85	12.82	20.05	69.99	22.10	8.76
环境卫生治理	8.99	1.44	-0.23	4.15	6.39	17.39	6.35	9.25

（三）2016年城乡发展一体化进展大幅加快

2016 年，新疆城乡发展一体化总水平实现程度进展比上年大幅加快 5.64 个百分点，进展速度仅次于 2013 年水平。

四个一体化中，经济发展一体化实现程度进展有所减缓，生活水平一体化实现程度下降；但是，社会发展一体化和生态环境一体化实现程度进展大幅加快，特别是生态环境一体化实现程度大幅提高了 31.12 个百分点，由此拉动总水平实现程度的大幅提升（见表 36－2）。

（四）2010～2016年城乡发展一体化整体进展略快于全国平均水平

2010～2016 年，新疆城乡发展一体化总水平实现程度年均提高 6.96 个百分点，比全国平均进展快 0.25 个百分点。

四个一体化中，社会发展一体化和生态环境一体化实现程度进展较快，分别比全国平均进展快 2.8 个和 4 个百分点，进展速度分别位居全国第 2 位和第 5 位。但是，经济发展一体化和生活水平一体化实现程度进展较为缓慢，低于全国平均进展，特别是后者，比全国平均进展慢 3.92 个百分点（见表 36－2）。

二　城乡发展一体化实现程度排序与变化

（一）2016年：城乡发展一体化总水平实现程度排序小幅上升，排序靠后，但产业协调领先

2016 年，新疆城乡发展一体化总水平实现程度排序小幅上升 1 位，但依然靠后，处于全国第 23 位。

四个一体化中，除生活水平一体化实现程度排序下降 2 位外，其他三个一体化实现程度排序均小幅提升；经济发展一体化实现程度排序相对较高，位于中游，比总水平实现程度排序高 6 位；但社会发展一体化和生态环境一体化实现程度排序依然靠后，分别位居第 24 位和第 26 位。

12 个二级指标中，产业协调继续位居全国第 2 位；文化均衡发展与居住卫生条件排序也相对靠前，分别位居第 11 位和第 13 位；经济发展、要素配置、社会保障均衡发展、收入消费水平、污染物排放和环境卫生治理等排序靠后（见表 36－3）。

表 36－3　新疆城乡发展一体化实现程度排序

项目	2010 年	2011 年	2012 年	2013 年	2014 年	2015 年	2016 年
总指数	23	23	25	24	24	24	23
经济发展一体化	15	20	22	22	20	18	17
经济发展	22	23	24	24	24	24	25
产业协调	2	4	5	2	3	2	2
要素配置	27	27	27	26	25	25	25
社会发展一体化	27	25	26	24	26	25	24
教育均衡发展	20	24	25	23	21	20	19
卫生均衡发展	27	19	27	20	24	27	21
文化均衡发展	23	23	23	22	13	7	11
社会保障均衡发展	25	28	30	30	29	30	25

续表

项目	2010 年	2011 年	2012 年	2013 年	2014 年	2015 年	2016 年
生活水平一体化	10	12	11	13	15	17	19
收入消费水平	18	19	17	21	25	25	26
居住卫生条件	10	11	12	12	11	13	13
生态环境一体化	27	25	26	27	28	28	26
水资源利用	19	18	17	17	17	19	19
污染物排放	28	28	28	29	29	29	27
环境卫生治理	24	22	27	26	26	28	27

（二）2010～2016年变化：总水平实现程度排序较为稳定，生活水平一体化实现程度排序大幅下降

2016 年与 2010 年相比，新疆城乡发展一体化总水平实现程度排序未发生变化。

四个一体化中，生活水平一体化实现程度虽然起点较高，但由于进展缓慢，排序呈不断下降趋势，由第 10 位下降到第 19 位，下降了 9 位；社会发展一体化实现程度虽然进展速度高居全国第二，但由于起点低，与其排序前的多数省份之间的差距较大，因而排序仅上升了 3 位，排序依然靠后；经济发展一体化实现程度排序经历了下降到上升的过程，虽然 2016 年比 2010 年下降 2 位，但比最低排序的 2012 年和 2013 年上升了 5 位（见表 36－3）。

三　简要评价

新疆生态环境一体化实现程度进展快速，按目前进展水平，到 2020 年将实现目标；经济发展一体化和生活水平一体化不仅实现程度较低，且进展缓慢，到 2020 年距实现目标依然有较大差距；虽然社会发展一体化实现程度进展较快，但实现程度较低，也难以如期实现目标。按 2010～2016 年平均进展，到 2020 年，城乡发展一体化总水平实现程度只能达到 77.79%，距实现目标还有一定差距。

（一）加快经济发展，大力提高城镇化水平

2016 年，新疆人均 GDP（2010 年不变价）与当年全国平均水平还有一定

差距；同时，人口城镇化水平过低，不仅远低于全国平均水平，而且城镇化水平提升较为缓慢。

（二）改善劳动力就业配置，提高城镇化土地利用效率

2016 年，新疆农业依然容留了过多的劳动力，第一产业劳动力比重高达 42.4%，不仅远高于同年全国平均水平，也高于 2007 年全国平均水平；但是，新疆农业劳动生产率水平较高，2016 年居全国第三，如果进一步减少农业劳动力，加快城镇化步伐，将有助于提高城乡发展一体化水平。

2016 年，新疆城镇化土地利用率不仅低于同年全国平均水平，而且低于 2007 年全国平均水平。

（三）进一步提高农村人力资源水平，努力缩小城乡差距

新疆农村人口平均受教育水平高于全国平均水平，但距离目标依然还有较大差距，还需要加快提高；近几年来，新疆城乡人口平均受教育水平差距不断缩小，但缩小幅度较小，2016 年城乡差距依然较大，不仅大于同年全国平均水平，而且距 2007 年全国平均水平还有较大差距。

（四）提高农村妇女健康水平

新疆农村孕产妇死亡率较高，2016 年农村孕产妇死亡率远远高于全国平均水平，为全国最高，实现程度低，是全国唯一一个实现程度尚未达到 2007 年全国平均水平的省份。

（五）提高农民收入水平，缩小城乡居民收入差距

2016 年新疆农村居民人均可支配收入仅相当于当年全国平均水平的 81%，实现程度未达到 60%；同时，近几年来，城乡居民收入差距缩小进程极为缓慢，远慢于全国平均水平，城乡居民收入差距依然较大，大于全国平均水平，距实现目标还有较大差距。

（六）改善农村居住卫生条件和环境卫生状况

新疆农村居住卫生条件和环境卫生治理水平差，2016 年，农村无害化卫生厕所普及率、农村生活垃圾处理率和农村生活污水处理率均远低于全国平均水平，实现程度均未达到 40%，距实现目标差距较大。

图书在版编目（CIP）数据

中国城乡发展一体化指数．2018：以全面建成小康社会为目标 / 朱钢，张海鹏，陈方著．-- 北京：社会科学文献出版社，2018.10

ISBN 978 - 7 - 5201 - 3484 - 2

Ⅰ．①中… Ⅱ．①朱… ②张… ③陈… Ⅲ．①城乡一体化 - 发展 - 指数 - 中国 - 2018 Ⅳ．①F299.2

中国版本图书馆 CIP 数据核字（2018）第 222559 号

中国城乡发展一体化指数（2018）

——以全面建成小康社会为目标

著　　者 / 朱　钢　张海鹏　陈　方

出 版 人 / 谢寿光
项目统筹 / 邓泳红　吴　敏
责任编辑 / 吴　敏

出　　版 / 社会科学文献出版社 · 皮书出版分社（010）59367127
地址：北京市北三环中路甲 29 号院华龙大厦　邮编：100029
网址：www.ssap.com.cn
发　　行 / 市场营销中心（010）59367081　59367018
印　　装 / 三河市尚艺印装有限公司

规　　格 / 开　本：787mm × 1092mm　1/16
印　张：20　字　数：349 千字
版　　次 / 2018 年 10 月第 1 版　2018 年 10 月第 1 次印刷
书　　号 / ISBN 978 - 7 - 5201 - 3484 - 2
定　　价 / 98.00 元

本书如有印装质量问题，请与读者服务中心（010 - 59367028）联系